大中史・小思考

許玉麟——著

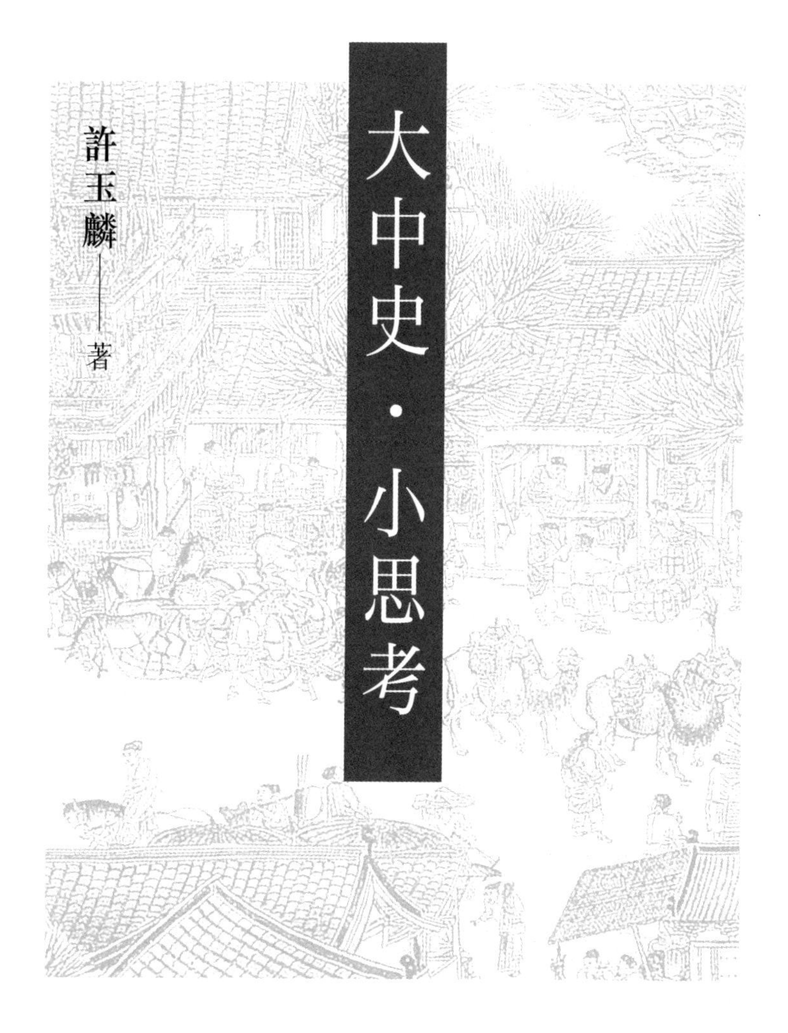

匯智出版

責任編輯：羅國洪
封面設計：張錦良

大中史・小思考

許玉麟　著

出　　版：匯智出版有限公司
香港九龍尖沙咀赫德道2A首邦行8樓803室
電話：2390 0605　　傳真：2142 3161
網址：http://www.ip.com.hk

發　　行：聯合新零售（香港）有限公司
香港新界荃灣德士古道220-248號荃灣工業中心16樓
電話：2150 2100　　傳真：2407 3062

印　　刷：陽光（彩美）印刷有限公司

版　　次：2021年11月初版

國際書號：978-988-75441-2-8

序言

從2011年執筆之始，到成書之時，時光荏苒，不知不覺，前後十載。十年光陰，投諸歷史長河，根本微不足道，只是人生苦短，十年間的世情，既恍如隔世，卻又歷歷在目，猶如昨日發生似的。十年之內，香港先有國民教育的風波，再來是佔領行動，隨後有中學中史科課程修訂，接着是歷時超過半年的反修例社會事件，教師出現歷史教學的認知問題，再下去是全球世紀大疫症、通識科檢討等等。以上種種，皆是歷史的部分，當中更涉及香港人對自己過往身份認知的理解；由此可見，歷史教育的重要，不言而喻。另一方面，一帶一路倡議、粵港澳大灣區發展，如火如荼，看似中華民族迎來了一次大復興，歷史發展不會停步，太陽底下無新事，歷史的發展總是不斷地循環又重複。想到這裏，以十年時間去檢視自己平生所學，作一次總結，亦是人生的快事，於願足矣。歷史好像是一條漫漫長河，日夜川流不息，所到之處，遇上不同地貌，急灣湍流，勝景無限，然而，總是順勢而行，無可阻擋，一處的高地阻撓，只是短暫現象，反而是蓄勢待發的機會，長河或有涸水期，河道沙磧處處，也有暴漲澎湃時，洪水更會沖刷河岸，造出新的河灣，甚至改道而行，自然的長河與歷史長河，在時間銷磨之下，對世間的陶鑄，都是異曲同工。本書就歷史上的重要時刻，不論興盛或敗亡，比喻為長河灣轉，提出深刻的反思，探索其對歷史轉折的作用。長河灣轉既表明歷史的延續，也顯示當中的曲折變化，曲折變化就激發哲人的思考。本書定名為《大中史・小思考》，意思是在波瀾壯闊的歷史長河、千堆的浪花中，尋找點點的沖刷痕跡，撫今追昔。事實上，歷史沉積，白首窮經，根本是無法完全梳理，當中的疑團，箇中的真相，更是千古懸案，因此本書只好名為《大中史・小思考》，虛己以待。思考的對象，可謂包羅萬象，既有文物古跡實體的真偽辨疑，也有事件現象具體的因果剖析，更有文明演進宏觀的正反推敲。撰寫過程中，總是膽顫心驚，擔心出錯誤導。事實上，隨意寫點東西，嘩眾取寵，聊以自誤，無益於世道人心，至於為了刻意目的而寫作，或是杜撰胡謅，更不可饒恕。因此，要認真作好總結，就只得誠惶誠恐，戰戰兢兢，以免因引用失據，或一己偏見，誤導他人。所以，書成面世之後，望各方友好，多多賜教，亦多多包涵。

本書對象定調，為中等教育的讀者，所以本書並非學術專著，而是普及讀本，讓廣大讀者可以容易讀通，以作為推廣普及歷史教育之用，敬希讀者雅諒，以免期望落差。本書初時構思，選出十個歷史的轉折時刻入題，可是動筆以後，總覺歷史發展，好像自有生命，一脈相承，環環相扣，如果只選取其中部分，就可能掛一漏萬，以偏概全，後來索性以通史形式，抽取當中三十個歷史發展重點，串聯編寫，理順出一個脈絡。

本書以傳統治亂興衰為主軸，原因有以下兩點：第一，政治發展，治亂興衰的歷史，是中國史學傳統正宗，明得失，知興替，鑑古知今。第二，歷史發展，總以政治事實為縱軸，層層相扣，一脈相承，因此，讀歷史，不能不讀通政治演變，否則，對歷史的種種現象，知其然而不知其所以然。以治亂興衰為骨幹，就可以經絡分明，再旁及其他歷史發展，一目了然，而不是支離破碎，瞎子摸象。始終所有歷史事件總離不開當時政治環境。如果強調歷史專題，抽離當時政治現實的影響，會變成只見樹木，不見樹林。本書詳今略古，所以關於夏商周三代，以簡略而輕鬆的筆法去編寫，反正古史的史料不算多，真實性亦充滿疑問；到了春秋以後，中國大地的苦難，有增無減，史料亦汗牛充棟，不得不懷着沉重的心情寫下去。本書自軒轅黃帝開始，一直到日寇侵華，以治亂興衰為縱軸，亦涉及制度史、文化史、戰爭史、交通史等各方面。書中專章撰寫孔子事迹、科舉制度與鄭和下西洋。表面上，他們不屬政治史，但是因為他們對中國歷史發展有劃時代的意義，不容忽視，所以書中專案討論。孔子是中國文化發展的關鍵人物，更重要的是，孔子學說又支撐了往後二千年的政治思想和行為。科舉制度是劃時代的制度創舉，是中國文官系統的特色，又與中國文化發展息息相關。鄭和史事，是交通史的重點，是探討近代世界文明轉折時期、中國與西方文明此消彼長的關鍵線索，不得不提。

本書的最大特色，在於「思考」。本書從三十個歷史講題入手，每一章的前部分史事，可視為引子，重點是在每一章結尾的「思考點」，回應及反思相關的歷史現象。最後，每講再加上「延伸思考」，讓讀者有更多的探索空間去研究歷史問題。中國歷史上值得反思的問題，多不勝數，本書只選了些爭論不大的話題，稍作討論，希望拋磚引玉。同時，本書盡量避開有爭議的題目，無謂自墮泥沼。至於當代部分，數十年的發展，根本未能蓋棺論定，所以本書最後停於抗戰勝利，並且借此向戰時前輩英烈，致以最崇高的敬意。

本書得以刊行，實感謝匯智出版社羅國洪先生的厚愛。同時感謝當年啟蒙恩師的教導，他們包括慈幼中學的吳金源老師(已經息勞歸主)、白耀燦老師、香港大學中國歷史研究碩士課程的趙令揚教授，以及本人論文指導老師廖日榮博士。在此亦感謝中文大學中文系師兄朱振強先生，還有中文大學社工隊的歷史系師兄余志強先生，他為本書稿的內容提供了很多寶貴意見。另外，並感謝香港家風教育學會、文館會和香港中國法律研究及推廣學會的一眾好友支持。最後感謝本人太太多年的包容，使本人可以完成本書。

本書如有不足之處，敬希讀者原諒，並不吝賜教，期以文會友，共同推廣普及歷史和文化教育。

許玉麟

2021年初秋

目錄

1

中華文明的奠基
——涿鹿之戰

傳說中的涿鹿位於今河北，是黃帝戰勝蚩尤的地方。此役的意義是奠定中華文化的發展，而其文化版圖是以黃河中下游（稱為中原的地區，即今河南一帶）為核心，再向外輻射。時間大約距今五千年前，中國人自稱有五千年文化，實由黃帝計起。

從考古發現，中國雲南「元謀人」的出現，距今二百萬年前，而「北京人」亦有五十萬年的歷史，「山頂洞人」也有十萬年歷史。綜觀歷史傳說，中國自古經歷了三皇五帝的傳說，先開始於燧人氏、有巢氏、伏羲氏、神農氏，結束於帝堯、帝舜。上述傳說，是否真有其人，民國年間顧頡剛等疑古學者提出不少質疑。這些名號，可能確是真有其人，也可能是文明進程的代號。傳說中的黃帝，在疑古學者的研究中，難以確定其人，然而，可以相信的，大抵是古代先民，某些部落氏族發展比較先進，帶領其他部落一同邁向文明，過程中，口耳相傳，有些成為了中華民族古代傳說的偉人。各氏族的先後交替，反映了中華文化不同時期的發展。燧人氏是用火的部落，表明中華民族的先民已經掌握了用火之道，此舉對健康進食及防禦猛獸，有重大作用。有巢氏是築造房屋，從此先民不用再躲在天然石洞之中，擺脫了自然的束縛，可以自由遷徙，覓地而居，大大擴闊生活空間，有利於聚族而居。伏羲氏發明八卦，在算術方面，突飛猛進，在天文地理上，建立中華文明特有的解釋體系。神農氏嘗百草的傳說，說明了中華文明農業的興盛。「三皇」是伏羲氏、神農氏及黃帝；「五帝」指的是少昊金天氏、顓頊高陽氏、帝嚳高辛氏、帝堯和帝舜，相傳他們是黃帝的繼承人。這些上古領袖，是部落時代受其他部落擁戴的「共主」。「共主」者，即是各方諸侯部落共同擁戴的天下首領，是部落聯盟的領袖。傳說中，黃帝生平曾經歷兩場大戰役，首先是在阪泉戰勝神農氏炎帝的後人，成為共主，然後是在涿鹿戰勝蚩尤。

現在先看看阪泉一役。《史記》記載，黃帝率領「熊羆貔貅貙虎」，與炎帝後人作戰。炎帝就是神農氏。神農氏擅長用火，所以稱為「炎帝」，大抵是神農氏教人民以刀耕火種的方式開墾田土。炎帝後人日漸衰落，新的領袖自然會取而代之，黃帝應該是在這樣的背景下興起。所謂「熊羆貔貅貙虎」，不是神話中的猛獸，應該是當時部落氏族的圖騰符號，即是各族的標誌旗號，各族以猛獸為本身的圖騰，並以此作為族名。由此可見，黃帝取代炎帝後人，得到當時各方部落政權的支持。不過，這次領袖的交替，仍然是小範圍地域內部氏族政權更替的事情，真正具影響的，應是下一場涿鹿之戰。涿鹿一戰，黃帝擒殺蚩尤。神話記載蚩尤的一眾兄弟，「銅頭鐵額，食沙石子」，又能夠呼風喚雨。因此，戰鬥開始，黃帝立即陷於苦戰，被蚩尤的霧雨所困，後來因為黃帝使用指南車，才打敗蚩尤一族。綜合看來，蚩尤應是南方部落，擅長在風雨迷霧中作戰，同時也是能夠使用金屬兵器的。黃帝之所以戰勝，有兩個因素：一方面是黃帝得到其他部落氏族支持，根據歷史的記載，蚩尤是暴亂一族，不得民心；另一方面，黃帝一方掌握較高的科技及管理技術，所以能夠獲勝。所謂高科技，其實是指南車。由於指南車的指標，永遠指定一個方向，即使在濃霧之中，也不怕迷失方向。不論當時的指南車，是運用磁場原理，還是運用齒輪原理，總之，相對當時技術水平來説，肯定是高科技產物。在運用高科技之同時，必定要有相應的管理水平，由於黃帝一族擁有技勝一籌的文明本領，所以黃帝能打敗蚩尤。

黃帝一族，名為「軒轅氏」，所以，黃帝又稱為「軒轅黃帝」。從「軒轅」一詞來看（兩字均以「車」字為部首），可推斷黃帝應是發明車輛的領袖，而車輛是人類文明的重要交通發明。由此看來，軒轅黃帝一族的文明水平，應該比周邊的氏族部落為高。傳説中，黃帝除了發明指南車，妃子嫘祖還教人民養蠶繅絲，臣下倉頡創造文字，伶倫發明樂器。從黃帝種種流傳下來的記載，明顯看出黃帝時期的中原，已經出現非常安穩而繁榮的農業文明社會。在中國歷史的發展中，能夠帶領人民的領袖，必定是能令人民生活安穩，同時，在文明上有所貢獻的。從涿鹿一戰的結果來看，是兩個不同地域的文明較量，低文明水平的部落不敵高文明水平的部落，於是就確立了以高文明水平為領導的發展核心，不斷吸引周邊的部落民族加入。軒轅黃帝成為中國文明源頭的象徵，中國人自此成為了「黃帝子孫」。

阪泉一戰，是神農氏後人與黃帝之間的繼承權之爭。今天，中國人自稱為「炎黃子孫」，實在是確認了中原文明的繼承傳統；同時，肯定了中華文化的源流來自中原農耕社會。而這個農耕文化得以發揚，則是決定於涿鹿一役。來自南方的蚩尤能挑戰中原文明，可見當時中華大地，除中原外，其他地區亦已相當文明；不過，因為中原文明開化較早，社會較為進步，在長期比拼之下，中原遂成為中華文化的代表。

涿鹿之戰的意義，在於確立了以中原為中華文明發展的首位，中原文明成為中國文化的正統地位，正式開展中華民族的歷史，同時亦預告了以後中國歷史的發展，不斷重複着相同的歷史故事，就是周邊的少數民族，千百年來，不斷湧向中原。高文明水平的中原文明，就像磁鐵一樣，吸引着周邊低文明水平的部落民族內附。匈奴、鮮卑、突厥、吐蕃、女真、蒙古、滿州等民族，像古代蚩尤一樣，拼命要打進文明先進的中原，中國的版圖也因此變得愈來愈大。

歷史檔案室

中國文明的源頭

有謂「龍出遼河源，鳳起芙蓉國」，中國的北龍南鳳，成為中華文化的圖騰，然而，兩者皆非中原始創，可見中國古代文明多元複雜。從現在考古發現，中國古代文明源頭，分為若干大範圍，分別是：(1) 以晉陝豫三省接鄰地區為中心的中原地區，包括仰韶文化。(2) 以山東及其鄰境為中心的黃河下游地區，包括山東的大汶口文化、龍山文化等。(3) 長城地帶的北方地區，包括東北的紅山文化。(4) 以江浙（太湖流域）及其鄰境地區為中心的長江下游地區，包括河姆渡文化、良渚文化等。(5) 以洞庭湖及其鄰境地區為中心，西接四川的長江中游地區，包括長江中游神農架一帶的屈家嶺文化、大溪口文化等。(6) 以鄱陽湖——珠江三角洲一線為主軸的南方地區。（按：參見蘇秉琦於《文物》1981年第五期發表〈關於考古學文化的區系類型問題〉）另外，四川三星堆文化，亦各有發展。炎黃一系的文明，應是陝西河南中原一帶的文明結果。中華文明的首席位置，大抵是中原河南為主，兼及山東、陝西一帶的文明，亦即是所謂的中原文明。至於黃帝時期的阪泉和涿鹿，正確位置，眾說紛紜，應在中原一帶，或者附近邊陲的地區。

歷史檔案室

人類基因圖譜與中國人種來源的爭論

「人類基因計劃」(Human Genome Project) 研究工作，是1990年美英兩國政府合作，並由克來格．凡特 (John

Craig Venter）博士創辦的Celera Genomics公司承擔研究工作。此項研究，除凡特博士外，美國的法蘭西斯・柯林斯（Francis Collins）博士及英國的約翰・蘇爾斯頓（John Sulston）博士亦一同加入主持是項研究，中國、德國、法國、日本等專家也參加了研究工作。中國科學家負責鑑定第三對染色體上鹼基順序。

2003年，此研究計劃完成了人類基因排列圖譜，並於2006年完成整項研究。是項研究令人驚訝的，是基因圖譜顯示現今世界人類都是十萬年前，從非洲東部的某一個原始部落遷移和進化而來。換句話說，即是現代人類本是同一個種族。現今世界所謂的種族區別，是為了適應巨大環境壓力所產生的不足0.01%的基因變化。凡特博士從而指出：「種族是一種社會概念，而不是科學概念。」更有趣的是，從基因的差別來看，非洲肯尼亞境內的部落村莊，彼此的基因差別，竟然大於他們與美國紐約市居民的分別。至於世界上各地的古人類，他們都未能成功繁衍後代，流傳至今，即是說他們早已經絕種，這包括中國出土的古人類，例如元謀人、藍田人、北京人、山頂洞人等，因此，中國現代人種未必是中國古人類的後代。當代的基因研究，發現現代中國漢人人種，可能來自2萬至3萬年前，由非洲移入的後代，當中，可以分為五大分支，在學名上，命名為：泰皇、天皇、地皇、玄皇、海皇。他們的後代各佔現代漢人的10%至16%。

人類基因組圖譜，在醫學和人類學研究上有極大貢獻，對人種的研究，提供了確切的證據，除此之外，這亦對民族意識造成極大衝擊。至今，中國政府官方仍未承認此項研究結果。而這項研究再次刺激起中國民族起源的爭論。這個爭論盛於二十世紀二十年代，內容是涉及十九世紀以來，西方殖民主義侵略者與各地受侵略人民的民族意識之爭。中國自晚清備受列強欺凌，被視為次等民族，引發起中國人種的來源爭論，究竟中國人是來自西方，理應受西方文明管轄，還是本土自己發展，各自適應不同的地理環境，從而擁有獨立的發展權利？這就是中國人種起源的「西來說」和「本土說」的爭論，涉及中國人是否次等民族，還是平等的優秀民族。

自從上世紀二十年代，北京人遺骨化石出土，振奮國人士氣，中國人種本土說幾成定論。然而，現今隨着人類基因組圖譜的研究發表，再次掀起中國人種起源討論。不過，隨着中國復興，今天的討論是學術性質，不再是與殖民主義的抗爭有關，大家可以放開胸懷，進行學術探討。事實上，即使現今人類不是來自十萬年前非洲的同一祖先，亦離不開數百萬年前同種同源，天下本一家。

歷史思考點

中國上古的神話

古代各地文明，大多有其自身的神話傳說，表現對自然現象的理解，以及說明他們祖先的來源。古代神話反映了各自的民族性格，當中涉及的學問，包括人類學、民族學、詮釋學等等，當然也有歷史學。古代神話或多或少，哪怕是一鱗半爪，都顯示了各個民族的古代歷史發展、文化信仰。

中東美索不達米亞阿卡德人的《吉爾伽美什史詩》神話，古希臘詩人荷馬的《伊利亞特》和《奧德賽》神話，都是西方史詩式神話的瑰寶。中國古代沒有如此精彩絕倫的神話文學作品，有的是零碎片段，盤古開天闢地、女媧煉石補天、夸父逐日、精衛填海、刑天舞戈，全都是片言隻語，沒有西方波瀾壯闊的史詩式神話，即使是《山海經》，也不是完整的故事記錄，唯一可媲美西方的，就只有佚名的《穆天子傳》和屈原的《楚辭》。然而，他們已是戰國末年的作品，而且是文人嘔心瀝血的創作，與原始的神話有一大段距離。除了神話，中國亦欠缺大型的古代廟宇遺跡，不像古埃及和古希臘，眾多的神廟遺址成為研究的好材料。所以希望從古代神話去探究中國的歷史和民族性格，只好局限於神話片段記錄。

神話，並非完全是憑空想像，可能是上古真實歷史事件的美化，中國上古的神話傳說也可能有此特性。例如大禹治水，是否四千多年前真有大禹其人，那場傳說中的大洪水真實災情又如何，歷來都欠確實證據。在2016年8月，中國科學家團隊在《科學》雜誌發表學術論文，稱找到了中國古代大洪水的地質學證據，並成為夏朝建立的證據。該團隊對上古時代積石峽地區（位於黃河上游）因山體崩塌而形成的堰塞湖進行了研究，基於大量的考古學及地質學證據，論文主張積石峽堰塞湖潰壩令黃河改道並造成了大洪水，這次潰壩的時間點，與夏朝建立的時間點相近。研究團隊還在黃河發現了大規模的排水工程遺跡，其建造日期與上文提到的積石峽山崩相去不遠。大禹治水的傳説，總算初步有了考古證據。另一例子是《穆天子傳》。周穆王西去昆侖山，到瑤池拜會西王母。神話傳説反映的是華夏先民關於「河出昆侖」和「玉出昆崗」的神話地理想像。現代研究指出，《穆天子傳》同時也反映了西周最高統治者對西域資源的訴求，當中西域玉石是中原文明最渴望得到的戰略物資，對於建構中原王權意識形態起重要的作用。由上述兩例來看，中國神話並非憑空想像，而是有很重要的歷史事實作支持的。

中國古代神話的內容，多以人間生活艱難為主題背景，然後是不懼困境的主角，力挽狂瀾，當中或有成功，亦有不成功的，其中「夸父逐日」、「精衛填海」是悲劇收場，而成為英雄的，有「后羿射日」。「后羿射日」的故事，背景是天上十日並出，大地乾旱成災，上天既然不憐憫世人，只好由后羿一口氣連續射殺九日，來解救天下蒼生。以現代角度看，「后羿射日」的故事大有挑戰在上權威的味道。女媧煉石補天，亦是中國民間傳誦至今的神話；火神跟水神大決戰，火神祝融，據研究是黃帝後裔顓頊帝孫重黎，而水神共工是「人面蛇身朱髮」(《山海經．海內經》)，他因爭帝位失敗，一怒而撞斷不周山，弄得天地失衡，大水成災。《淮南子・天文訓》記載：「昔者共工與顓頊爭為帝，怒而觸不周之山，天柱折，地維絕，天傾西北，故日月星辰移焉；地不滿東南，故水潦塵埃歸焉。」幸虧中華大地之母女媧，煉石補青天，才解救人類一劫，自此天地由西北向東南傾斜，中國大江大河，皆向東流。女媧煉石補天的故事背景，是上天神祇你爭我奪，受苦的終歸是老百姓。有研究指出，火神和水神相鬥，其實是古代兩大氏族的爭戰，只不過這段史前歷史是以神話方式記載下來。這神話故事，同時解釋了中國地理特點，西高東低，這種以神話傳説解釋地理的做法，普遍存在於古代世界神話之中。

中國古代神話不同於西方的神話，中國的，即使是英雄人物，表現出來的都是以解決天下百姓困苦為首務，不像西方的，以自身挑戰命運安排為主題。簡單而言，中國古代神話的精神，一是以關懷人民生活為主調，二是對在上者權威帶來的困惑，作出反抗。由此推測，中國古代人民的生活情況，非常艱苦；然而，生活困難的來由是甚麼，就難一概而論。既然從神話中反映的生活是艱難困頓，於是不難理解中國古代文化中對聖君賢王是多麼的推崇，多麼的渴望，由此值得思考的，古代生活的實況究竟是甚麼模樣？神話背後，隱藏了人們心底的甚麼願望？

隨着文明演進，神話並未停止，新興的神話更形精彩。由於生活的困惑，人們更寄情於神話，期望神蹟出現，解救厄困。後代神話的佼佼者，非吳承恩《西遊記》莫屬。據胡適在其《西遊記考證》中說，孫悟空的原型是來自印度史詩《羅摩衍那》的神猴哈奴曼。若是如此，又可以見到中外文化交流的碩果。然而，孫悟空大鬧天宮，具有反抗精神，絕非印度文化可比，又是中國傳統中的一絕。

神話的出現從未間斷，中外如是，人類世界充滿矛盾，寄情神話，既是無奈，亦是文明得以昇華的表現。拜讀神話，神遊宇宙，馳騁歷史，上通天地，接連古今，問蒼茫大地，民生之艱如何。

延伸思考

- 「茹毛飲血」這句成語，反映了上古先民怎樣的生活情況？
- 為甚麼黃河中原的文明，在中國古代眾多的文明中，可以脱穎而出？
- 中華民族經歷數千年，地域擴張由中原輻射向外，人口包含超過五十多個民族，究竟「中國」這一詞語的定義，該如何理解？「中國人」的意義，指的是地域意義？政治身份意義？血緣意義？文化意義？還是其他？（可參考：葛兆光教授《何為中國》）

2

大同理想的終結
——夏家天下

中國歷史上第一個王朝是夏朝（約公元前二十一世紀－公元前十六世紀）。

夏朝以前的統治權位更替，歷史稱為「公天下」，採取一種後世美稱為「禪讓」的方式，公開傳與天下有才德的人，即所謂「天下為公，選賢與能」，來接掌天子一職，成為天下的共主。「選」是「選拔」，不是「選舉」。夏禹因治水有功，受帝舜禪讓天下，到了夏禹去世，據歷史上記載，原本禪讓給大臣益，但是因其他大臣諸侯擁護夏禹兒子夏啟，從而開君主世襲的局面。然而，據《竹書紀年》的另一說法，是夏啟奪權，搶去大臣益的地位。不管事實如何，夏啟繼位以後，帝位不再禪讓，只傳給子孫，開始了「家天下」的帝位繼承傳統，即是帝位的繼承，不再是能者居之，而是變為最高統治者的家族內務事情，帝位自此成為了王族的私有財產。天下共主一職，從過去由各方諸侯部落擁戴，轉為一家一姓的私家傳授，各方諸侯再無權過問。這種政權的傳遞，反映了統治核心的權力，越來越強大，天子的地位越來越高，其實在夏禹即位之初，已見端倪。夏禹即位時，立即召集天下各方諸侯，當時東南的防風氏遲到（按：長江口地區的部落諸侯，以防禦颱風而命名），就被夏禹殺掉，立信示威，從中可見核心權力的上升。夏啟繼位，標誌着傳說中古代大同世代的終結。

回頭說說夏禹治水，十三年中經過家門三次，公務為先，三次都不入家門，因而受到世人的稱讚，得到帝舜的賞識。中原洪水泛濫成災，夏禹父親鯀，以「息壤」防洪，結果水災不減，被帝舜處死，夏禹汲取教訓，改弦易轍，以疏導方式，開山劈石，苦幹十三年而成功。洪水退卻，人民生命得保，可以安居樂業。夏禹治水期間，同時考察各地地理形勢，劃分天下為九區，即是現在所稱「九州」。九州劃分的意義，是中央與地方政府分立的雛型，是統治水平提升的一大突破。夏禹即位，一再表明中國歷史對君主領袖的要求，是有能力、有才幹，可以有效管治國家，同時可以造福人民百姓。夏禹功績之偉大，不單令他自己登上天子之位，同時他的餘威更令子孫延續他的政治生命，成為一家一姓的天子。夏禹的管治能力，將中國歷史帶入皇朝天下的時代。

歷史檔案室

姓與氏的分別

現代人名，姓與氏合為一談，兩者都是指出祖先的來源，若按詞序的先後，「姓」比「氏」更重要，究竟兩者有何分別？哪一項出現較早？哪一項較為重要？

直接地說，上古只有「氏」，沒有「姓」。「氏」比「姓」出現得早。「氏」是部落的稱呼，以一個氏族的特徵來定名，例如燧人氏，以懂得生火來統稱那群用火的部落，有巢氏指懂得建屋的部落，神農氏指曉得耕種的部落，黃帝來自軒轅氏，表示這部落懂得製造車輛，夏禹出自有熊氏，即是以熊為圖騰的部落，防風氏以防禦颱風為其特徵，如此類推。上古是有名而無姓，人口稀疏，民智未開，根本上，不需使用「姓」。「氏」的運用，只是分辨那一部族的人，並說明那族人的生活特徵，或者是他們的文化程度。有人說有「氏」號的人，是古代的貴族，這是弄不清上古只有「氏」而沒有「姓」的現象。至於「姓」的出現，因為文明推演，人口增多，散佈多地，而生活技能亦多樣化，就出現以「姓」來指明自己的祖先來源。部分人口遷移他鄉，就用當地的地名來作為「姓」，以表示自己的出處，例如戰國時候的趙國，祖先造父，因功獲封趙城，所以姓「趙」。以地名為姓，在古代是很常見的。另外，也有種種原因而出現「姓」的，例如秦嬴，其先祖伯益輔助大禹治水有功，並能馴服鳥獸，受賞賜姓「嬴」。由此可見，「姓」的運用，本身就是一種認祖歸宗、不忘根本的文明現象。出現了「姓」之後，代表部落名稱的「氏」，就慢慢出現了詞義變化，轉用到女子身上，成為女子父家姓氏的代表，例如清朝的慈禧太后，就是葉赫那拉氏。現代姓氏合而為一，展示了文明的演進，如果要了解上古文化，就要好好認真學習，才能知道本來真貌。

歷史思考點

息壤

「息壤」是甚麼？根據神話傳說，息壤是天上的泥土，懂得自動生長。鯀幾經艱辛才偷得息壤，可惜的是，鯀用錯了治水方式，結果不但洪水治不了，更因息壤的堵塞，水災愈發嚴重，鯀因而被處死。究竟息壤是甚麼，文獻已經不可查考，不過，估計可能是磚塊。從考古發現，大致在夏王朝時期相若的遺址，出土了古代的磚牆，因此有理由推斷，夏朝已經發明了造磚的技術，而鯀可能用了磚石築堤來治水。磚石既然可以築堤，當然也可以修築城牆。磚塊是建立城市的基本物料，當人民懂得使用磚石，意味着城堡的出現，甚至是城市的存在，人民的生活空間就受到很大的安全保障，人民可以安全地生活在城堡之中，不怕野外的猛獸或者敵人的襲擊。城堡是進可攻，退可守。當社會繁榮發達起來，這是保障生命及財產的重要建設。城堡或城市的出現，進一步表明城中人的財富積攢，已經與城外郊野成對比，即是當時社會中，已經普遍存在私有財產。此外，磚塊的燒製，是以大量生產模式進行，斷不會只燒製一塊半塊磚頭，而這涉及一連串的管理技術，雖然這比不上現代大規模生產方式，但以古代的科技水平，這是一個突飛猛進的文明蛙躍。從以上的推論，可見文明的高低比較，在於生產技術各組織力的發展，勝者為王。夏家王朝，政治制度是一家一姓的天下，同時與之相應的社會經濟，是建立在磚石城堡保護上的私有財產制度。

鯀和禹兩種不同治水方式，一個圍堵，另一個採取疏導，成為後代治理黃河水災兩種主要方式，亦引申為政治家治理人民的兩種不同態度。夏家王朝，就是建立在治理洪水的功績上。

延伸思考

- 夏禹治水，工程艱巨。夏禹是怎樣組織人力去進行工程，當中反映了當時怎樣的生產和管理水平？這點與「家天下」有甚麼關係？
- 眾多中國漢字，有哪些是反映古代的社會生活狀況？
- 中國政治傳統推崇堯舜的「垂手而治」，究竟甚麼是「垂手而治」？

3

中國歷史上第一場革命
——湯武革命

夏朝經歷了大約四百年，十七傳至最後一位天子夏桀而亡。歷史記載，因為夏桀「不務德而武傷百姓」，所以諸侯叛離，由貴族領袖商湯帶領推翻夏桀，建立商朝（約公元前十六世紀一公元前十一世紀）。又過了約五百年，到了商朝第三十一任天子——最後一位天子帝辛，即是天下所稱的「紂王」，重蹈夏桀的覆轍，暴虐人民，結果引來另一貴族領袖姬發（史稱周武王）起兵叛變，推翻商紂，建立周朝。歷史上兩次的諸侯貴族起義，推翻現任天子，建立新的朝代，歷史上稱為「湯武革命」。周武王以帝辛的暴政失德，於是更改天子的名號，不再稱「帝」，貶為稱「王」，謙虛以待，所以周朝天子全部稱「王」。

湯武革命即使是武力叛變，但一直受到中國傳統道德讚許，例如孟子曾經就周武王伐紂一事說過：「聞誅一夫，未聞弒君。」孟子不當商紂是天子，只當他是一名流氓惡霸，死不足惜。商紂的「紂」，意思是：「殘義損善」。而「革命」一詞，自古以來，是屬於褒義詞，由此可見，「湯武革命」是中國歷史上一件重大而有正面意義的政治事情。只有施行仁政，民心所歸，才有資格成為統治者，否則，請讓路。

回來先看看夏桀如何失掉帝位。記載夏桀的政績及為人的歷史資料不多，《史記》記載很簡單，只是：「不務德而武傷百姓。」可見夏桀的罪名有兩項，一是「不務德」，即是個人操守敗壞，不過歷史並未有詳細說明，相傳是寵愛美人妹喜，可能是日夜花天酒地，荒淫放縱，又不理國事。另一宗罪，就是「武傷百姓」，歷史記載也沒有進一步說明，大抵應是濫用酷刑，殘害人民。「荒淫放縱」、「殘害百姓」，這兩宗罪，不單是夏桀的罪名，也成為了中國歷史上不少奸惡帝王的罪名。

續談商紂。《史記》記載商紂的惡行，非常詳細，包括：「好酒淫樂，嬖於婦女」，寵幸奸妃妲己，修築大量行宮，建酒池肉林，更用炮烙刑罰對付忠臣，王叔比干也因進諫而被迫剖心自殺。而紂王本人，才智出眾，據記載他是「材力過人，手格猛獸。智足以拒諫，言足以飾非」。由此可見，紂王確是有本事的人，只因為荒淫玩樂，又殺害忠良，於是諸侯叛變，歸附西邊領袖姬昌（即周文王）。姬昌死後，兒子姬發起兵革命，成功推翻商紂，建立周朝，定都鎬京（今陝西西安）。姬昌追謚為周文王，姬發死後亦被謚為周武王。歷代的帝王謚號，始於周朝。

武王伐紂，改朝換代，鬼哭神嚎。周武王統率八百多個諸侯起義，商紂親領七十萬大軍應戰。在河南牧野陳兵鏖戰，傳說死傷慘烈，「血流漂櫓」，紂王戰敗，放火自焚而死。血流漂櫓，即是說死傷者所流的血，多得可以匯集成河流，甚至漂浮得起櫓棍，而櫓棍實際就是武器的木桿部分。雖然看似誇張，但是由此可見，戰事應該廝殺慘烈，死傷無數。周武王滅紂以後，分封功臣，同時為了安撫商朝遺民，亦分封紂王的兒子武庚，完成了周初第一次封建。小說《封神榜》的故事，亦由此而來。

歷史上，很少人比較商、周兩個政權的國家實力。對兩個政權的組織能力、經濟能力、民心歸屬程度，一向研究不多；評論歷史，除了道德評價外，是否也應該包含管治能力的分析？

湯武革命，不論動機及歷史評價如何，事實就是，天子的帝位不是永久持續，而有力的臣民，隨時可以用各種手段，取而代之，中國歷史朝代更替，由此不絕。

歷史思考點

政績決定國祚

夏啟開始了家天下的傳統，部落諸侯的權力遭剝奪，不過，一家一姓的天下，始終逃不開各方勢力的制約。統治權力，永遠都是大家渴求的，有野心、有實力的諸侯，永遠都在覬覦最高的權力。只要天子失職，最終也要被武力趕下台。湯武革命的故事，說明了「家天下」的弊病，家族優勢並非一勞永逸，只要後代出現一位敗家子，不管是平常百姓，還是王家血裔，殘酷的現實總不留情面要統治者亡國破家。國破家亡之餘，還給你扣上道德帽子，成為歷史罪人，作為道德教育的最佳反面教材。而「荒淫放縱」、「殘害百姓」這兩宗罪，正正是中國歷史上不少統治者亡國的共通罪名。中國統治傳統沒有現代西方的民主選舉，只有「選拔」合適的領袖君主，而這些領袖君主能否得到臣民的擁戴，就視乎政績表現。政績好的，就得以延續政權；政績惡劣的，早晚會遭受到淘汰。所以，中國傳統政治，重視「德治」，是以政績的好壞來決定政權的延續。

延伸思考

- 商湯和周武王的身份是甚麼，所謂「湯武革命」與「堯舜禪讓」有甚麼不同？「湯武革命」是否美化了的英雄事跡？
- 上古歷史多推崇聖君偉人的政治，一方面，可能真有其事，另一方面，是否民生艱苦的寫照，人民只好寄望聖君偉人的出現？
- 上古的史事，大多是口耳相傳，所以民國期間，中國史學界出現了一片疑古風氣，有名的包括錢玄同先生、顧頡剛先生。從疑古的態度中，如何理解傳説中上古種種歷史事件？真有其事，還是史家的道德教材？

4

中華文明的定型
—— 周公制禮作樂

周朝自武王伐紂，取而代之，國祚八百多年。其中前近四百年是名義上的統一局面，定都鎬京，即今日陝西西安城範圍。因鎬京國都位於西面，史稱太平盛世的周王朝為「西周」(約公元前十一世紀－公元前771年)；自周平王東遷河南洛陽後至周赧王亡國，這混戰時期的周王朝，史稱「東周」。

武王伐紂後，周朝剛建立的第二年，周武王駕崩。武王死後，太子成王年幼繼位，由武王弟弟周公姬旦攝政。在天下初定之時，天子去世，自然引起野心家謀朝篡位之念。周初局勢發展，跟歷史宮闈戲劇橋段類似。首先是武王兩位弟弟管叔姬鮮、蔡叔姬度，連同商紂兒子武庚叛亂，然後由忠良除奸，最後天下太平。歷史稱這次叛亂為「三監之亂」。

「三監」是指周武王分封三位弟弟，圍繞商紂兒子武庚，以防止武庚作反，史稱「三監」。三監分別是管叔姬鮮、蔡叔姬度和霍叔姬處，而三監之中，分封到霍地的霍叔姬處沒有參加叛變。「三監之亂」形勢一度危急，整個中原陷於叛軍之手，於是攝政的周公旦親自督師，經過三年的東征，平定了「三監之亂」，過程艱巨，耗時甚長。《詩經》中多篇詩歌均有反映這件歷史事實，例如《豳風・東山》。為保天下太平，周公旦實施第二次封建，並且制禮作樂，奠定後世三千多年來中國封建禮樂的政治文化基礎。

平定「三監」雖然勞師動眾，要花上三年才平定，但正好給予這個新興王朝一個徹底創建的新機會。傳說中的商朝，非常迷信鬼神，現在流傳下來的甲骨文字，就是商朝統治者求神問卜的鐵證。周朝除了打敗紂王，更利用是次叛亂，徹底清除商朝遺民的影響力，完全改變商朝的整個統治格局以及文化精神，建立一個全新的、以人文精神為要點的統治模式。

整個周朝國祚長達八百多年，其中西周亦長達三百多年，當中，周公旦居功至偉。周公旦是周文王的兒子，周武王的弟弟，輔政周成王長達七年，奠定的基礎，不單是周朝八百年的國運，更奠定了中國三千多年來的文化傳統。

周公旦制禮作樂，實際上是建立了一套完整的國家體系。在政治上，周人建立「封建」制度；在文化精神上，建立「宗法」制度；在經濟民生上，建立了「井田」制度。政治、文化、經濟，三者扣成一起，成為一個超級穩定的國家架構，使國家可以長久安穩下來。禮樂文化，深入民心，即使周朝覆亡，中國文化中的禮樂教化，亦成為中國文化的核心部分。傳統講的「詩禮傳家」，就是這種文化思想的表現。

封建制度

封建，即是「封疆建國」，將土地賜給王族成員，或者有功

周公東征鼎，鼎上銘文記載了周公東征的史事。

的功臣，讓他們自行管理，並鞏衛王室。在古代社會未發達、國家未正式統一為大帝國之前，封建制度是常用的政治制度。武王滅紂後的第一次封建，目的就是賞賜功臣，籠絡舊有諸侯部族（即所謂「興滅繼絕」），以及監視商朝遺民（即所謂「三監」）。第二次的封建，卻是有系統地建立一套長治久安的政治制度。

第二次封建，除了再次分配平亂後的土地、重新佈局外，最重要的是有目的地擴展及鞏固周朝的勢力。具體表現，包括在山東建立齊魯二國，將商朝遺民分散為宋國及衛國。另外，分封山西的晉國、河南的蔡國，形成對中原的包圍圈。同時，北面挺進至現今北京一帶，建立燕國，並且繼續經營東都洛陽（河南洛陽）。從整體格局看，周朝勢力進一步擴張，所以已故國學大師錢穆先生謂：西周的封建是一種武裝移民和軍事佔領。

周朝的封建，不僅是一種政治賞賜活動，更是一種政治制度，是金字塔式的制度，乃是確立周天子為元首，然後分封次一級的諸侯，跟着分封再次一級的大夫，並且各自統領最低級而且數目廣大的農民（亦可以說是農奴）。意義除了武裝殖民、擴充周朝版圖外，同時徹底扭轉天子與諸侯之間的關係。過往，天子由各方諸侯所承認。從周朝封建開始，諸侯的存廢由天子所操縱，這成為真正的「家天下」。封建的金字塔，從上而下，周天子以下的諸侯，分為五等，即是公、侯、伯、子、男。諸侯依其等級擁有不同的權力，特別是軍力的配置，公、侯可以擁有三軍，伯爵擁有二軍，子、男兩級擁有一軍。諸侯負有朝貢、保護周王室的責任，周天子負有維持諸侯、穩定秩序的責任。諸侯分封屬下的大夫為采邑，同樣有相同的義務和責任。於是，透過層階式的政治架構，所有臣民都被安放入適當的階級，周天子就可以輕易地駕馭全天下，所謂「普天之下，莫非王土。率土之濱，莫非王臣」。全天下土地及人民，都是周天子的私人財產。

在政治架構上，周朝採用封建制度，但仍不足以鞏固政權至千秋萬代，於是在人倫道德文化上，周朝建立一套宗法制度，用以配合封建制度，形成內心的潛移默化，與外在紀律相配合，使周王室的政權長存不朽。

封建制度示意圖

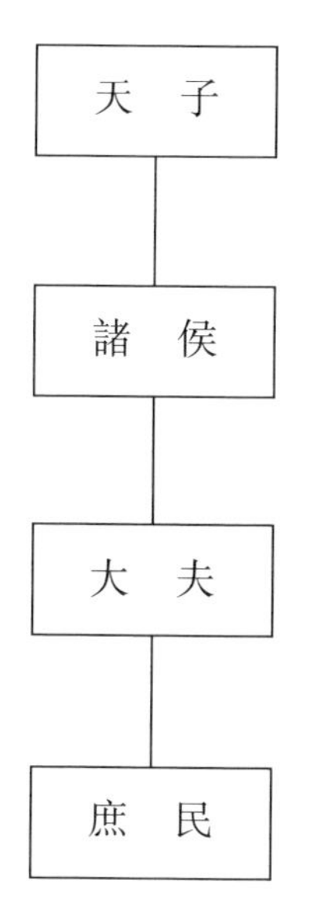

宗法禮樂制度

宗法制度是一套繼承制度，是確立家族合法繼承權的一種制度。制度的重點是以正室所生的長子作為繼承人，即是嫡長子的繼承權。

宗法制度的前提，是先確立婚姻是「一夫一妻」，而可以「多妾」的制度。「妻子」的定義是「元配」、「正室」，是經過正式的婚嫁程序（即是「三書六禮」），男女雙方家長族人認同，而成為男方的唯一的法定配偶，在家族中享有的地位，僅次於丈夫。因此，只有正室元配所生的兒子，才有合法的繼承權，才是嫡系，享有最高的家族地位，其他妾侍所生，皆為庶出，只有較低的家族地位。當然，如果連婚嫁過程都不依，稱為「淫奔」，則不為宗族和社會承認，遑論甚麼繼承權。

宗法制度的嫡長子繼承制度，依《春秋公羊傳・隱公元年》記載：「立嫡以長不以賢，立子以貴不以長。」即是不論人品才智，繼承人必須是正室妻子所生的長子。如果正室妻子無男兒，才不得不立妾侍之子。由此看來，繼承權是依地位來決定。從王室繼承來看，王位的繼承人是皇后所生的長子，即是太子，其他的眾子，分封作諸侯。諸侯的嫡長子世襲爵位，即是世子，其他的眾子，成為卿、大夫，分封作為采邑。大夫的嫡長子繼承采邑，其他眾子作為士，五代之後，成為平民。於是，一個非常清晰的社會結構呈現眼前，社會上各階層的人都清楚知道自己的名分地位，行事為人，尊卑有序，不可僭越。

宗法制度示意圖

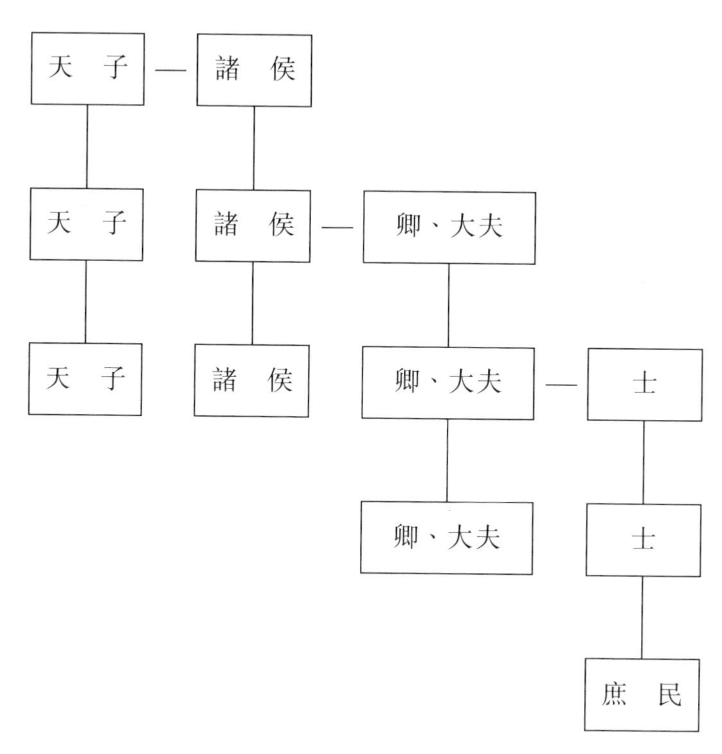

與此同時，周王室建立「吉（祭祀之禮）、凶（喪葬之禮）、軍（兵仗之禮）、賓（迎賓之禮）、嘉（冠婚之禮）」五種禮儀，以配合不同場合。直至後代，婚嫁中的「三書六禮」，或是休妻的「七出」，都是來自周禮。周禮同時要求各級諸侯，各按地位履行不同的義務責任，如果不依禮制要求，禮數太過，就是僭越，即是造反；禮數不周，就是傲慢，目無天子，也是造反。因此，禮制本身，在當時等同法律，是行為的規範，亦是朝綱的規範。違背禮制的行為，就應受到處罰，加以制止，以儆效尤，於是就運用「刑」去罰違禮的人，即是「出禮入刑」。所以「禮」與「刑」互相配合，互為表裏，兩者構成周朝完整的禮制體系。

《左傳．曹劌論戰》中「一鼓作氣」的故事，當中有一段關於禮節實踐表現的記載，頗為有趣。話説魯莊公十年（公元前684年），齊魯在山東長勺開戰，魯國一名平民曹劌自動請纓，協助魯莊公抵禦齊國侵略。在開戰前，曹劌問魯莊公憑甚麼去以小敵大，魯莊公其中一個回答，就是説自己在祭祀時，不敢妄加祭品規模，以示誠意，曹劌認為是小小的誠信，神靈不會降福。其實魯莊公的意思，是指自己依足禮制來祭祀，沒有任何僭越行為，所以精誠所至，應該可以得到上天的祝福支持。當然，打仗講實力，不是講祭祀，曹劌自然否定這種看法。由此可見，禮制規定了臣民的生活，透過潛移默化，深入人心，使政權得以穩定下來。

「禮」是外在行為的規範，而「樂」是音樂陶冶，內心的薰染。周人重視音樂教化，即是音樂的政治薰陶作用，《詩經》中的「風、雅、頌」，就是朝廷的政治音樂，只可惜因為年代久遠，有關的曲譜早已失傳，只餘下歌詞而已。而戰國以後，有關西周時期音樂的政治教育理論得到整理，散見於《禮記》的古籍之中。孔子以「六藝」，即禮、樂、射、御、書、數教導學生。六種技能，是做官的技能，由此看來，音樂是政治技能之一。周朝的音樂，不是普通的生活娛樂音樂，而是政治教化的音樂，與禮制結合，就成為周朝穩定人心的重要統治手段。加上封建制度，配搭成一外一內的政治生活規範。

有了政治制度，加上道德文化，還不足以達到永遠的天下太平，尚有人民的衣食問題，即是經濟的保障制度。為了使諸侯貴族及人民飽足，周朝統治者還推行「井田」制度。

井田制度

傳統上所理解的「井田」，顧名思義，就是將田地依「井」字的形狀，分為九份，農民八家，各自分得周邊的八份，一家一份，各自耕種，生產歸個人，而中間一份，劃為公田，由八家合力分擔耕種，生產所得，歸為公家，即是撥歸貴族統治者所有。

以現代計算方法，八家共耕一份公田，換算稅率為八分之一，即百分之十二點五。單從表面上看，如果再沒有任何其他苛捐雜稅、上繳負擔，基本上是可以接受的。不過，井田制度的管理模式，是將農民分批地綁在一起，牢固在土地上，不能自由開墾，也不能自由遷移，成為平民就是農奴的狀態。於是，整個周朝在階級分野上，只有貴族統治者以及廣大的農奴。這樣的制度，完全與封建制度和宗法制度配合，成為鞏固周王室政權的鐵三角。

從地理上看，中原河南一帶的大平原，或者陝西關中平原，容易將土地劃分為井字形狀，其他山區丘陵地帶，當然不易如此劃分。其實，周朝的井田制度實際是甚麼模樣，也是一個疑問。因為記載井田制度的典籍，只有《孟子》一書，其他先秦經典，都沒有提及。究竟井田制度是孟子自己心中古代的理想烏托邦，還是真有其事，仍有待研究，不過，一直以來，傳統上都視為真實。而井田制度的理想，成為歷代君主「制民恆產」

的良好基礎。如果不拘泥於井字的形狀，大抵可以理解為：以井字形狀作藍本，以八家為一單位，各自耕種所分的土地，並且合力耕種一份公田。古代人口稀少，生產力薄弱，在這情況下，井田制確是方便管理人口，同時保障統治者收入的上好制度。

歷史思考點

中國文化的超穩定結構

當代歷史學者金觀濤在其著作《興盛與危機》中，分析社會結構是由經濟結構、政治結構和意識形態結構三部分組成。三者互相調節，形成中國歷史上社會的超穩定系統。

總括而言，周王室推行封建制度、宗法制度和井田制度，三者配合，成為鞏固周王室政權的鐵三角。封建制度在政治上，宗法制度在文化思想和意識形態上，井田制度在經濟上，三者互相緊扣，這種統治模式成為中國日後三千年的超穩定結構模型。在分析中國歷史演變時，不難在各朝代找出政治、文化思想和經濟三角結構的結合模樣。

誠然，這種超穩定系統的說法，是眾多嘗試解釋中國文化穩定發展的理論之一，不排除與其他學說配合。讀者可以發掘有關學說，比較引證，相信更能了解中國文化的特點。

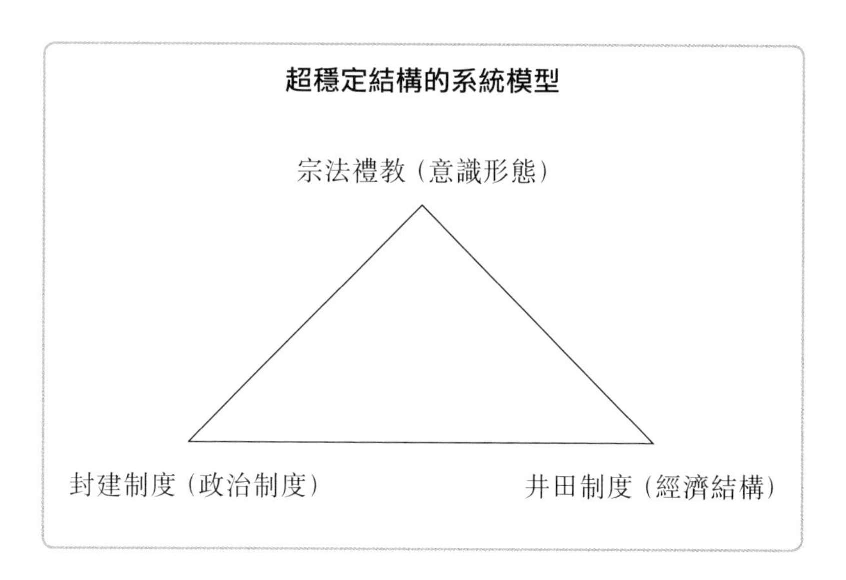

延伸思考

- 《詩經》是周朝禮樂文化的重要文獻，試從中找出周朝的文化生活內容。
- 古人說「商人尚鬼」，商人迷信，而周人重視人文素養，如果此說成立，試分析周朝對中國文化發展的貢獻。
- 周朝的禮樂文化，在諸侯貴族之間展開，對平民百姓，起了甚麼作用？對中國文化的發展，又有甚麼重要作用？

5

中華大一統前的陣痛
——烽火戲諸侯

周公東征之後，雖有成王和康王兩代的「成康之治」，但是周王室不免逐漸走向衰落，西周後期更經歷了「周召共和」。周厲王死後，太子周宣王（公元前827–前782年）即位。周王室一度中興起來，歷史稱為「宣王中興」；不過，周王室的衰落，已經成為趨勢，北方的玁狁（秦漢稱為匈奴）勢力龐大，造成中原北部邊境的軍事威脅。雖然經周宣王派大臣尹吉甫征伐，一度挫敗玁狁的鋭氣，但是中原的高度文明，永遠像磁鐵一般，吸引外族內侵的野心。除玁狁外，中原四境的游牧部族，例如山戎、犬戎等，亦對中原虎視眈眈。周宣王死後，由太子周幽王（公元前781–前771年）繼位。

周幽王寵愛妾侍褒姒，並且想廢掉皇后正室所生的太子，改立愛妾褒姒所生的庶子為繼承人，因而自招大禍。褒姒原是褒國一名「野女」，即是鄉村姑娘。周幽王征伐褒國，褒國獻出褒姒求和，從此，褒姒成為周幽王的愛妾。褒姒貌美，可是歷史的記載，説她不會笑，周幽王千方百計為博紅顏一笑，總是求之不得。褒姒不笑的原因，歷史上沒有記載，可能跟她的出身有關，總之，就是不會笑。

周幽王絞盡腦汁，出盡百寶，為求紅顏一笑，最後竟然來一招「烽火戲諸侯」。烽火是古代非常有效的傳遞戰爭消息的通訊方法，透過一座座相望連接的碉堡，以日間燒狼煙、夜間燒火光的方法來傳遞戰爭消息，一日之內，就可以將戰爭消息傳遞千里。周幽王以烽火召集勤王諸侯，當眾多兵馬在京城外忙不過來之時，褒姒終於忍不住大笑起來，周幽王樂極了。不過，這樣的一笑，換來的當然是國破家亡，真正的一笑傾城，再笑傾國。一招「狼來了」之後，周幽王竟然還重施故技，如是者，再忠心不二的諸侯，也不再上當，而周王室的滅亡，已經迫在眉睫。

有昏君，又有所謂的奸妃，自然少不了奸臣當道。周幽王起用一位名叫虢石父的大臣，史書記載此人「為人佞巧，善諛好利」，國中朝野怨聲載道。周朝局勢，岌岌可危。周幽王一錯再錯，大錯鑄成，此時廢掉皇后申后，並廢去太子宜臼。於是，太子出走，到了外祖父申侯家中。依周朝先祖所定的宗法制度，皇后無過失，僅因為國君的一己私慾，廢掉元配正室，此舉不合禮制，絕對是不能容許。申侯大怒，聯絡其他諸侯公然造反，並招引外族犬戎入侵，攻打周幽王。此時的周幽王再次點起烽火，不過，再沒有勤王諸侯趕來救助，京城被破，周幽王被殺，三百多年的國運，就此完結。褒姒被擄，紅顏薄命，雖然免於一死，不過，再次成為俘虜，被犬戎帶走，淪落風塵，身世堪悲。

公元前771年，幽王被殺，鎬京被毀，諸侯擁立原太子姬宜臼為天子，是為周平王。周平王在第二年，即公元前770年，以鎬京殘破不堪，於是遷都洛陽，開始所謂「東周」的時代。自此，周王室的威信掃地。

由上古到周朝，中國政治發展，雖然經歷了由部落共主，發展成為統一王朝，但是真正統一王國所需的政治硬件及軟件，還是欠奉。鎬京殘破，周平王東遷，造成野心諸侯離心離德，各踞山頭。表面上，東周是中國政治上的黑暗時代，另一方面，卻是造就一次磨練的機會，讓中國文化在苦難之中，掙扎求存，從而找出新的出路，並且透過劇烈的競爭，為統一的帝國，奠定基礎。

歷史檔案室

周召共和與中國信史的開始

「共和」一詞，現代人都不約而同，想到了民主、民權。中國歷史上最早出現「共和」這一個詞語，是在西周厲王被國人驅逐出走之時，時值公元前841年。這一年更是中國信史的開始，亦即中國歷史確實紀年的開始；自此，中國歷史的紀年年份，有確實的根據，有明確的考證。

周朝經歷了三百年，傳至周厲王。周厲王在位三十七年。在位期間，好利，多行暴虐，人民怨聲載道。周厲王執政最後數年，為了禁止人民批評他、誹謗他，於是召來衛國的巫師監視人民，凡再有批評誹謗厲王的，一律處死。國中人民自此不敢再在大街上出聲發言，相見時，只以眼神相交。大臣召公進諫，以洪水泛濫比喻人民的怨氣，如果再不疏導，一旦決堤，一定死傷無數，以此勸諫厲王廣開言路，讓人民發聲表達不滿，並且多行善政。當然，忠言逆耳，周厲王反而變本加厲，結果，人民不堪壓迫，群起叛變，周厲王出走，離開首都鎬京，逃至一處名為「彘」的地方，一直至老死。古代夏鯀以堵塞方法治理洪水，結果因而遇害，周厲王重蹈覆轍，給自己堵塞出來的洪水所淹沒。周厲王出走，這是中國歷史上第一次平民起義驅逐統治者。周天子被驅逐出國，國家無人統治，於是國人商議，由大臣召公和周公兩人共同處理政事，號稱「共和」。共和執行了十四年，直到厲王死後，由太子即位，是為周宣王，共和時代才告一段落。「周召共和」的意思是周公、召公共同執行政事。

除了史書記載上述內容，《竹書紀年》另外一個說法：周厲王出逃，於是國人在一處名為「共」的地方，找來當地名為「和」的諸侯來執政。以爵位名號來說，這人稱為「共伯和」，由他來行政。所以「周召共和」的意思，就成為周人召請共伯和來執行政事。

年代久遠，不論事實是周公召公行政，或者是由共伯和行政，周厲王因過錯而自招民怨，這是不爭的事實。「共和」一事，又一次成為中國歷史上施行德政仁政很重要的明證。雖然中國古代沒有發展出民主思想，但是「周召」共和一事，再一次確定了人民的福祉才是統治者應該首要關心的事情，而不是統治者個人的喜好或利益。歷史上的巧合，周厲王出逃，剛好是公元前841年，是中國信史紀年的開始；自此，中國歷史的可信性與中國仁政的思想，永遠合而為一。

歷史檔案室

鄭國先霸

周平王東遷洛陽後，鄭武公與鄭莊公父子都做過周平王的卿士，位高權重，同時鄭國亦出兵吞併了附近弱小鄰國，例如胡國。可能由於鄭國權重強橫，周平王逐漸依賴虢國。周平王四十九年駕崩，太孫周桓王繼位。此時，鄭莊公並不把周王室放在眼內，不但侵擾周王室土地，並派兵割取王室田地的禾穀。桓王因此不接受鄭莊公的朝覲，而鄭莊公亦不忿桓王不接見他，兩者勢成水火。其後，鄭莊公與魯國自行換取一處名為「許田」的地方，此地是周王室祭祀太山的地方，並且建有周公廟，周天子自然不許。鄭莊公此時索性不再朝見桓王，周桓王於是起兵討伐鄭莊公。周桓王十三年（公元前707年），周鄭終於開戰，可是一開戰，周桓王就被鄭軍射中肩膀，桓王不得不接受失敗的現實，議和作罷。從此，周王室威信一落千丈，諸侯爭霸，已成定局。至於鄭國，因為地處中原核心，未能向四境擴充領土，雖然首先圖霸，始終是實力有限，不久就被其他大國取代，並開始了春秋五霸的爭雄年代。

歷史思考點

人文精神的核心

中華大地，西高東低，流水向東，奔流入海，孕育中華文明的雙子河：黃河及長江，日夜川流不息，這個中國自然地理的常識，從古到今，在幼年的教育，已經深印在每個炎黃子孫心中，詩人李白名句：「君不見黃河之水天上來，奔流到海不復回。」正是這種理性常識詩意化的表達。中華文明，從一開始已經與她的地理面貌一樣，全面鋪開，猶如一張大網覆蓋大地，當中以山陵及江河為交界，形成各自的文明發展，從而出現不同的文明區域。華夏文明，就是在這樣的環境下形成。所以，各個地域因應各自的環境挑戰，形成多采多姿、豐富不同的民俗風貌，而當中因為發展程度的不同，出現了文明的落差。這些高低的比較，往往表現在不同部落氏族上的戰鬥中，勝者為王，敗者為寇。不過，中華文明偉大之處，不在於以武力決勝，而是以道德感人。在不同文明區域的比較中，中原文明成為中華文明的領袖，雖然如此，中原文明卻以謙和的態度，接納四周的文明，「近者悅之，遠者來之」，正是這種寬宏胸襟的寫照。早期中華文明，亦在這種心胸氣度中，不斷茁壯成長。

西周王朝的統治者有意識地推行封建制度，利用分封諸侯，進行武裝殖民政策，把天下變成周王朝的天下，「普天之下，莫非王土」。綜觀由上古的傳說年代，直到西周封建的確立，中國歷史的演變，由散居大地遍野的部落，逐漸走向統一，並確定以黃河中下游為發展中心。期間傳說中的傑出領袖，莫不是對民生有所貢獻的人物。燧人氏發明使用火種，有巢氏發明建屋，伏羲氏發明算術，神農氏發明耕種。黃帝平定天下，教人養蠶繅絲，夏禹治水有功。統治者如果單憑武力取勝，在古代歷史的傳統中，絕對不受推崇，受推崇的是真正對人民有貢獻的人物。例如商湯周武王，撥亂反正，驅除暴君，為百姓帶來幸福。誠如孟子所言：「禹聞善言則拜。大舜有大焉，善與人同。舍己從人，樂取於人以為善。自耕、稼、陶、漁以至為帝，無非取於人者。取諸人以為善，是與人為善者也。故君子莫大乎與人為善。」(《孟子・公孫丑上》) 古代聖君最重要的就是捨己為人，造福黎民百姓。所以，商紂、秦始皇帝是暴君，因為他們只顧自己的私利，不照顧黎民百姓的疾苦，以致民不聊生。中國所讚許的「聖王」，就是能夠以人民福祉為依歸的政治領袖，而這些人物，在古代民智未開的年代，自然成為政治領袖，因為他們同時肩負保護人民的責任。中國歷史一步一步走向統一，並且建立以民生幸福為目標的人文精神。儘管中國歷史經過了多少黑暗的歲月，人民生活在水深火熱之中，但卻建立起中國文化的精神核心，聖人是用謙和守命的態度，以追求大眾幸福為依歸。

延伸思考

- 有謂「周弱而綿」，西周國力逐漸衰弱，但不致滅亡，得以延續，原因是甚麼？
- 中國的成語，很多來自春秋戰國，試從成語中，歸納東周時期的政治、社會、民生概況。
- 東周諸侯割地為王，禮崩樂壞，中原陷入長期混亂，此段歷史對中華民族的發展有何意義？

6

萬世師表

——孔子行教

公元前770年，周平王遷都河南洛陽，開啟了東周時代。中國歷史的巨輪，就此加快了滾動。隨着王綱解體，列國爭雄，燦爛光輝的文明，在熊熊戰火中，茁壯成熟。周平王東遷後，「春秋」年代開始。首先挑戰周王室的，是鄭武公和鄭莊公兩父子，但鄭國地盤小，夾於中原地域，難於發展。鄭國霸政，只是曇花一現。隨後周邊大國輪番興起，成為「春秋五霸」。五霸之中，首先是山東的齊國興起，齊桓公任用管仲為相，提出「尊王攘夷」的口號，一方面尊重周王室，挾天子以令諸侯，同時出兵擊退入侵中原諸侯的周邊外族。齊桓公死後，宋襄公希望繼承霸業，但因宋國為小國，加上婦人之仁，圖霸不成，不過，史上仍將他列入五霸之一。宋襄公之後，晉國興起，晉文公流浪外地多年，得秦穆公幫助回國，七十多歲高齡才稱霸中原。秦國因偏處西陲，東出之路，受阻於晉國，只能稱霸西方。南方楚國一直覬覦中原，直到楚莊王才能問鼎中原。齊、晉、楚三國戰爭，年年如是，幾乎佔據了大部分春秋時期。到了春秋末年，東南方長江口，吳、越兩個小國強大起來，兩國互相厮殺爭霸外，更禍及中原。

春秋時代，禮崩樂壞，天子威信盡失，諸侯以武力霸道橫行。《史記．太史公自序》有云：「春秋之中，弑君三十六，亡國五十二。」所謂「春秋無義戰」，當霸主恣意以武力為所欲為的時候，戰火不絕，自然哀鴻遍野。到了戰國期間，只餘下大國七個，即所謂戰國七雄，以及小國若干，政局已經發展至白熱化，接下來的二百年血戰惡鬥，會決定誰是中原大地的主人。然而，腥風血雨的環境，亦是陶鑄人心的黃金時機。春秋末年，飽經劫難的中華文明，就鑄造了世界文明史上的一個偉人——孔子。

孔子生平

孔子，姓孔，名丘，字仲尼，生於魯國陬邑，約在公元前551年誕生，即魯襄公二十二年（另一說孔子生於公元前552年10月9日），死於魯哀公十六年（公元前479年3月9日）。

孔子出生於魯國，其先世是殷商王室，所以孔子以身為商朝後人而自豪。孔子的父親叔梁紇居於魯國昌平鄉鄹邑，為鄹邑大夫。叔梁紇在七十二歲時，第三度娶妻，娶了十八歲的顏徵在，生下孔丘。由於這段婚姻不合禮制，被史書稱為「野合」。顏氏曾到尼丘山祭祀尼丘山神以求子，所以孔子取名為丘，字仲尼。

孔子據説身高九尺六寸，被後世稱為「長人」。孔子早年生活極為艱辛。孔子三歲時，父親叔梁紇去世，葬於魯國東部的防山，但孔母未將父墓的所在地告訴孔子。顏氏移居曲阜闕里，將孔子撫養成人。幼年的孔子常將祭祀用的禮器「俎豆」擺設起來，練習行禮，作為一種遊戲。孔子十七歲時，母親去世，孔子希望將父母合葬。為了打聽父親葬處，他將母親棺殯停於路口，向路人打聽。後從鄰居得知父親的墓處，這才將父母合葬於防山。十九歲，孔子娶宋人亓官氏為妻。第二年亓官氏生子，魯昭公派人送鯉魚表示祝賀，該子便起名為孔鯉，字伯魚。當年，孔子開始為魯國貴族季孫氏做委吏和乘田等小吏，管理倉儲和畜牧。二十三歲時，孔子開始在鄉間收徒講學，學生有顏由（顏回之父）、曾點（曾參之父）、冉耕等。孔子五十一歲仕魯（魯定公九年），初為中都宰，一年以後又做司空，後為大司寇，攝相事。孔子五十二歲（魯定公十年），魯定公與齊景公會盟於夾谷，孔子陪同魯定公前去，以智勇取得外交上的勝利，使齊國歸還侵佔魯國的汶陽等地。孔子五十四歲（魯定公十二年），為重新確立魯國公室的權威，實施了「隳三都」的政治軍事措施，希望能夠削減三桓的實力，於是先墮叔孫氏郈邑，再墮季孫氏費邑城牆，然而最終功敗垂成。孔子五十五歲，魯定公十三年春（公元前497年），齊大夫黎鉏設計，向魯國贈送女樂文馬，造成魯定公荒怠，不問朝政。孔子心灰意冷，最終離開魯國，開始周遊列國的行程。

離開魯國以後，孔子率眾弟子周遊各國，輾轉於衛、曹、宋、鄭、陳、蔡、葉、楚等地，然而均未獲重用。在匡、宋、蒲等地，孔子一行曾經多次被困遇險。顛沛流離凡十四年之後，公元前484年，年近七十歲的孔子，被季康子派人迎回魯國，但未受魯哀公的任用。公元前479年3月9日，孔子逝世，

孔子像（宋代馬遠 繪）

終年七十三歲，被葬於曲阜城北的泗水岸邊。眾弟子為其服喪三年，子貢為孔子守墳六年。

孔子成為中華文化的代表人物，成為萬世師表，建立了儒家思想，綜其思想學說內容，核心是環繞政治理想而出發。大抵生逢亂世，如何可以使天下太平，消弭戰禍，這是春秋戰國時代思想家的夢縈所在。

孔子的政治主張

孔子及其學生所建立的儒家思想，在世界歷史及哲學思想中，最偉大的貢獻就是建立了一套要求極高但合理的政治道德標準。而這套標準，放諸四海而皆準，不論古今中外，所有為政從政的人，有權有勢的，都應遵守。

孔子的政治主張，就是「復禮」。「禮」是指周禮。周朝以禮樂政治文化，建立起中國人文政治傳統，以「禮」來規管人的行為，不逾越，不怠慢，從而建立安定和諧的政治和社會秩序。東周禮崩樂壞，上下交戰，所以孔子以「復禮」的主張來重建世道人心。因為「禮」是一種行為的規範，所以《論語》有言「非禮勿視，非禮勿聽，非禮勿言，非禮勿動」，既然不合規範的，就不應該接觸，甚至不應該去做。而「禮」的實施，必須主體和客體互相對位，否則「禮」就無所落實。所以，在實踐時，孔子主張「正名」，即所謂「君君，臣臣，父父，子子」，各人要做對做好各自的職份。「名不正則言不順，言不順則事不成，事不成則禮樂不興，禮樂不興則刑罰不中，刑罰不中則民無所措手足。」(見《論語・子路》。)

「正名」之後，就是「無苛政」，孔子曾言：「苛政猛於虎。」然後，就是「立信」和「德治」，孔子認為：「自古皆有死，民無信不立」，又認為「道之以政，齊之以刑，民免而無恥。道之以德，齊之以禮，有恥且格」。後來孟子再進一步，提出「制民恆產」、「庠序之教」，後世再將這種政治道德，結合人性操守道德，演化出「內聖外王」的主張。

「禮樂」是表現出來的政治文化。政治理想和政治道德，要解釋其合理的要求，不能單靠社會秩序的功利一面，應該從人性深層去說明人性的道德核心價值。孔子的道德哲學核心就是「仁」。在孔子《論語》中，並沒有對仁的定義正式下一個界說，而是因材施教。「仁」是活生生的，因不同的情景、不同的對象有不同體驗。因而在實踐上，是有所針對的，「里仁為美」、「剛、毅、木、訥，近仁」、「巧言令色，鮮矣仁」、「仁者其言也訒」、「克己復禮為仁。一日克己復禮，天下歸仁焉」、「當仁，不讓於師」、「無求生以害仁，有殺身以成仁」、「君子去仁，惡乎成名？君子無終食之間違仁，造次必於是，顛沛必於是」、「仁者安仁，智者利仁」。以上都是孔子對「仁」的主張。孔子不是解釋甚麼是「仁」的定義，而是說明究竟怎樣才是「仁」的表現。從這點來說，也可以說出中西哲學的不同。「忠恕」二字是「仁」的表現，孔子自己確實在言行上，以身作則。綜觀孔子對「仁」的看法，從被動而言，「仁」的實踐是「己所不欲，勿施於人」，從積極來看，就是「己欲立而立人，己欲達而達人」。孔子心目中的理想為政者，應該是以身作則，樹立一個好榜樣，並用倫理道德來教化人民，徹底洗滌人心，激發內心善性，人民才會安居樂業，社會才得天下太平。

孔子的教育實踐

孔子以教育來實踐自己的政治理想。孔子的教育重點，就是培育學生成為政治人才。孔子教學生「六藝」，「六藝」就是做官的技能，分別是「禮、樂、射、御、書、數」。「禮、樂」是具體的禮儀和行禮音樂，這是做官必備的修養。「射、御」是戰鬥的技術，包括射箭和駕駛戰車。古代的貴族，文武俱備，更貼切地說，武功是古代貴族出身的必要條件。「書、數」是文書和算術，是做官不能少的管理技能。「六藝」是必修的課程，所以孔子開玩笑地說：「行有餘力，則以學文」，學做官之餘，才去學文藝。其實孔子也是重視文學的，「孔門四教」就是「文、行、忠、信」。「文」，指《詩經》、《尚書》、《禮記》、《樂記》等古代文獻。孔子重視《詩經》，提倡「詩教」。孔子對《詩經》評價極高：「小子，何莫學夫詩！詩，可以興，可以觀，可以群，可以怨。邇之事父，遠之事君，多識於鳥獸草木之名。」孔子又說：「興於詩，立於禮，成於樂」，以及「溫柔敦厚，詩教也」。孔子在教育事業上，自己做到「學不厭，教不倦」。他主張「有教無類」，學生多至三千人，其中精通六藝者七十二人，稱「七十二賢人」。據《史記》記載，孔子有十位傑出弟子，號稱「孔門十哲」。以德行出眾的，有顏回、閔子騫、伯牛、仲弓。在政事出眾的，有冉有、子路。在辭令出眾的，有宰我、子貢。在文學出眾的，有子游、子夏。十哲以外，還有子張、曾參、子羽、子思、公冶長、樊遲、子有、子華，皆為孔子入室弟子。

孔子的個人典範，是「活到老，學到老」、「入太廟，每事問」。苦難當中，往往可以陶鑄仁人君子的胸襟，孔子經歷了政治失敗的磨練，年過五十歲，被迫自我放逐，周遊列國，在困難境況下，仍能「固窮守節」，過了十四年的流亡生涯，七十歲回到山東曲阜故鄉。他對人生的深刻反思，總結周朝文化精粹，提出仁義的主張，並廣納弟子，因材施教，開啟了百家爭鳴的燦爛時代，奠定了中華文化敦厚仁愛的人倫基礎。孔子晚年回首一生，說：「吾十有五而志於學，三十而立，四十而不惑，五十而知天命，六十而耳順，七十而從心所欲，不逾矩。」孔子以「中庸」之道，達到修養的最高境界。對孔子的貢獻和評價，古人推崇備至，南宋大儒朱熹更讚歎：「天不生仲尼，萬古如長夜。」(《朱子語類・卷九十三》)

孔學的延續與傳承

孔子逝世後，當時政局旋即進入戰國時代，政治現實更形殘酷，士人說客及諸侯霸主之間互相依賴的情況，亦日益增加，而由孔子開創的私人講學，蔚然成風，戰國學術因而得以百花盛放。孔子之後，學說分為十二學派，戰國時，儒家出現了兩位大學者，完成儒家學說理論，使儒家成為中華文明的核心思想。兩位分別是孟子和荀子。孔子之孫，子思一派，其再傳門人學生就是孟子。孟子在政治上進一步發揮孔子的仁政思想，提倡「王道」，反對「霸政」的主張，主張「法先王」，以古先聖王為政治模範，提出「制民恆產」，使人民衣食充足，然後加以教化，「謹以庠序之教，申之以孝悌之義」，民心歸厚。在人性上，孟子認為「與禽獸幾希」，即是人的本性與禽獸分別不大，然而人性最難能可貴的，就是懂得道德反省。在反省上，孟子提出「性本善」及「四端」說，即是惻隱、羞惡、辭讓、是非四種心，為仁、義、禮、智之開端，強調凡人可以透過道德反省，保持及擴充天良本心，並在實踐時，藉着「義利之辯」，修練成「內聖外王」。荀子則從現實環境出發，認定「性本惡」，因而主張「法後王」，強調學習教育的重要，所謂「駑馬十駕，功在不捨」。荀子的「性惡」說，屈服於人性的物質需要，未能從道德反省的層面着眼，其實是不能與孟子的「性善」說相比的(這點可參考已故勞思光教授的《中國哲學史》)。孔子的地位及學說，在漢武帝「獨尊儒術，罷黜百家」之後，受到歷世重視，成為中華文化的代表。

歷代帝王祭祀孔子，始於漢高祖。《漢書・高帝紀》:「過魯，以太牢祠孔子。」而學校祀孔，自東漢明帝開始。在中國山東曲阜，仍保留有孔廟、孔林、孔府，合稱「三孔」，這是中國歷代推崇孔子、重視儒學的象徵。孔廟始建於公元前478年(周敬王四十二年，魯哀公十七年)，經歷二千多年而祭祀不絕，是中國祭祀時間最長的祠廟。孔林是孔子死後下葬之墓地，也延續使用至清，是中國也是世界上使用時間最長的家族墓地。孔府是中國現存最古老的貴族府第，也是中國現存規模最大、保存最好、最為典型的官衙與宅第合一的建築群，孔子後人保有世襲的爵號，歷時二千多年，均住在孔府內。孔子學說在中國周邊地區發揮很大的作用，成為東亞文明的核心。

歷史檔案室

鄭晉鑄刑鼎

公元前536年，鄭國鑄刑書。公元前513年，晉國鑄刑鼎。

公元前536年，時值鄭國子產執政，將鄭國的法令律例，鑄在鼎上，公佈給國人知道，史稱為「鑄刑書」。這事的意義是中國歷史上第一次公佈成文法。當年是魯昭公六年，孔子時年十六歲。鄭鑄刑鼎，孔子是非常反對的，因為這是違反周朝禮制。

公元前513年，晉國鑄刑鼎。晉國趙鞅執政，將前任執政范宣子所編的刑書，鑄在鼎上，向國人公佈。這是中國歷史上第二次公佈成文法。孔子時年三十九歲（魯昭公二十九年），孔子就鑄刑鼎之事，批評：「晉其亡乎，失其度矣。」

經過了兩次的刑法公佈後，自此，中國歷史進入了成文法年代。清晰的法律是國家行政不可缺少的基石，刑法的正式頒佈，證明了中國已經進入了完整國家體制。這是中國法制史的重要里程碑。

歷史思考點

復古與理想

《禮記・禮運》篇所載，孔子對大同世界的看法：「大道之行也，天下為公，選賢與能，講信修睦，故人不獨親其親，不獨子其子，使老有所終，壯有所用，幼有所長，鰥寡孤獨廢疾者皆有所養，男有分，女有歸。貨惡其棄於地也，不必藏於己，力惡其不出於身也，不必為己，是故謀閉而不興，盜竊亂賊而不作，故外戶而不閉，是謂大同。」節錄中的文章，清楚說明了孔子心中嚮往的理想世界，比起西方的「理想國」、「烏托邦」，來得更和諧、更美好。然而，這是未來的理想國度，還是孔子對上古世界的回憶追述？

孔子的學說，在當時被詬病的，在於其復古的精神。連孔子的後學荀子，也主張「法後王」，可想而知，儒家思想總是讓人覺得是迂腐陳舊的。更何況，孔子心目中的古代大同世界，究竟是否在現實世界中出現過，一直是疑問，即使曾經存在，又是否只是原始部落的簡單生活，將之美化而已，根本不值一哂。然而，究竟是沉醉於已經消逝的歷史，還是追求人類社會未來的終極理想，這點是見仁見智。就這一點的討論，如果不是出自儒家，而是其他思想家的主張，可能有另外一種的解讀。撇開儒家背景，大同世界的和諧，是否就是人類追求美好生活的目標，這倒是大家應該認真考慮思索的。合理的看法，是人類的生活目標，應是追求更美好的生活。當然，不同的人對「美好生活」有不同的理解和定義，從〈禮運〉篇所呈現的大同世界，不論出自何種學說，都可以配得上成為人類社會嚮往的一種生活狀態，至於如何實現這種生活，就得看全人類的努力了。

延伸思考

- 試從孔子《論語》，歸納孔子的理想政治是甚麼？
- 先秦道家和法家的學說中，不少以孔子作為反面教材，試找出這些內容，並分析當中目的。
- 後世對孔子為甚麼愈來愈推崇？試說出其中的原因。

7

帝國的基石
——商鞅變法

從春秋後期開始，政治上流行客卿問政，吳國起用孫武（《孫子兵法》作者）及伍子胥，稱霸江東。事實上，孔子晚年所謂的周遊列國，亦是客卿問政。隨後各國諸侯多採用他國的游士說客，圖強一方。一批又一批的客卿，各自提出針對當前形勢的政治主張，當中既有成功的，亦有失敗的。例如洛陽的蘇秦，後來以合縱的政策，聯合六國諸侯抗秦，身繫六國相印，即所謂「六國大封相」，成為一時佳話，而他未發跡之前，游說秦王失敗，回到家鄉，備受家人冷落，從而使他發奮圖強。這些客卿憑着個人的識見主張，逐步改良了政治措施，而西周封建以來的城邦小國局面，隨着彼此的兼併，以及客卿的改革，逐漸走上大一統的道路。不過，客卿初起之時，他們的作用仍局限於幫助諸侯短期稱霸，而真正令諸侯改弦更張，以建立統一國家為目的的關鍵人物就是商鞅。

商鞅本姓公孫，是衛國人，所以又稱為衛鞅，入秦拜相後，因功封商邑地，才稱商鞅。商鞅得到秦孝公重用，本身是一個有趣的故事，時值公元前359年，已到了戰國中期時候。

當時天下的局面，三家分晉後，趙魏兩國互相爭雄，而齊楚亦已復霸，中原各國大混戰，只有秦國偏處西隅，無力東征，難與一眾諸侯爭一日之長短。秦孝公時期，秦國處於斯人獨憔悴的局面，備受冷落。雖然秦國是處於邊陲地區，被人冷眼，但卻是難得的機會，不受侵擾，得以培養國力，取得西部更大的戰略空間，準備日後爭霸。

商鞅初見秦孝公，游説之辭，竟令孝公昏昏入睡，幸好商鞅深明游説之道，經多番晉見，最終令孝公茅塞頓開，秦國得以強大。孝公任命商鞅為左庶長一職，推行變法。經過幾年的新政，秦國強大起來，東面打敗死敵魏國，盡取關中黃河以西的土地，使秦國完全控制陝西關中盆地，得以在地理上，進可攻，退可守，可以安枕無憂，劍指中原，恣意宰割東面六國，最後統一天下。商鞅以取得魏國河西地，而獲封為商君（公元前341年，變法十八年後）。

商鞅變法，非一蹴即就，商鞅可謂費盡心思。為了令人深信變法的決心，重視新法，商鞅在都城南門，豎起一根木柱，下令有能力將木柱扛移到北門的，獎賞十金（鎰）。起初沒有反應，於是賞金加至五十。結果有人真的扛起木柱，移到北門，商鞅立即獎賞黃金，以示信用。秦人從徙木立信一事，學到了信賞必罰的道理，於是，新法得以施行。新法是嚴苛的，不願服從的人，數以千計，商鞅就逐一依法治罪，甚至連太子犯法，商鞅亦不手軟，重罰太子的老師公孫賈和公子虔，以示決心，以儆效尤。商鞅變法，成效昭然，《史記》清楚記載秦國是「道不拾遺，山無盜賊，家給人足，民勇於公戰，怯於私鬥，鄉邑大治」。其他各國，對秦國刮目相看，甚至周天子送胙（祭祀豬肉）致賀。

商鞅變法的內容

商鞅變法的內容，涉及整個秦國的全面發展，觸及各階層。

中央政制的改革，建立軍功授爵制。商鞅廢除封建世襲的傳統，沒有軍功，不得授爵，宗室貴族也不例外。宗族如無軍功，不得入為宗室屬籍。軍功爵位分為二十等，按軍功大小而授爵。此舉是建立以君主為首的中央集權制度的基石，斬斷政府與王室的關係，以免裙帶關係影響國家政治，同時將全國的人心，聚焦在君主身上，作為國家精神所在。

地方政制的改革，確立縣制度。商鞅建立縣制，建三十一縣（另一記載是四十一縣），設置縣令、縣丞來管治。於是由中央到地方的政制，自上而下，一脈相承，令中央集權制度，得以上下貫通，順利執行。

軍事改革，建設軍事力量。軍功制度不單改革中央政制，同時亦改革了軍事力量，殺敵賞爵一級，降敵有罰，在有賞有罰的制度下，除了提高士氣，亦使軍隊完全聽命於國家的指揮，效忠於國君。事實上，商鞅改革的軍隊，是一支虎狼之軍，對外作戰，戰敗或投降的，固然受罰，即使戰和的，未有斬獲的，亦要受罰，戰勝才不受罰，還可加官晉爵。士兵戰死沙場，比苟全性命可能更好，因為受罰的不止於士兵，更禍及全家。另外，秦國兵器的標準化監督製造，有利於大量生產，以及質素的保障。現時出土的商鞅時期兵器，刻有「大良造」等字，至今仍然鋒利，而「大良造」即是商鞅升官後的官職名稱。

自由經濟的改革，開阡陌。商鞅鼓勵人民自由開發土地，並明確稅率，又劃一稅收所用的標準，增加國庫。其實井田制的實質意義是公田稅制，縛束人民在固定的土地上，在春秋時期，井田制逐漸式微。到了商鞅，國策是重農抑商，以農養戰，鼓勵人民盡量開墾耕種，增加糧食收入。對於爭霸天下，廢井田，開阡陌，這是必然的政策。

社會制度的改革，是設立戶籍制。商鞅以五家為一保，十保相連，互相監視，實行「連坐法」。如果其中一家有人犯法，保內知情不報，腰斬處罰，但是如果告發的話，功同戰場上殺敵，可以授賞，於是地方治安得以徹底整頓。古代井田制度，是束縛人民成為農奴，而商鞅的戶口保籍制度是順應社會的變化，但不失為控制人民的重要手段。古代並無現代先進的人口資料普查及保存技術，但是戶口保籍制度，就使全國人民牢牢固定在籍貫之中，透過層層的統治制度，中央朝廷完全掌握全國人力分配，保障了國家穩定收入。有了此法，徵兵、力役、徵糧，或者收稅，甚至稽查地方官員政績，皆一目了然。

社會法律的改革，改變民風。商鞅推行一連串的法令，意圖改變社會陋習，包括禁止私鬥，如有犯者，按罪而罰。禁止父子兄弟同室休息，強制分房。鼓勵多勞多得，多生產的奴婢，可以回復自由身。懶惰的人，收為官家奴役。同時禁止放高利貸，如有犯者，亦收為官奴。總之，就是所有人民必須努力勞動，增加國庫收入，以農養戰，以備戰爭。

中央集權　奠定基礎

商鞅的變法，在秦孝公全力支持下，國力提升神速，不久，秦國成為中原各國的最大威脅。秦國首先向魏國開刀，乘着魏國被齊國多番打敗，秦國出兵佔領魏國在陝西的領土，從此，秦國盡得陝西關中盆地，據關而守，其他諸侯國根本無法侵擾。其後，秦國於公元前350年遷都咸陽（今西安市北岸），將大本營移近中原，為出兵六國做好政治和軍事部署。商鞅的成功，取得空前成就，當然不能缺少秦孝公的決心和全力支持，變法觸及層面之廣度和深度，使秦國走上一統天下的起步線上，秦國日後能夠統一天下，實有賴商鞅所打下的基礎，所以商鞅可說居功至偉。商鞅變法，不但是空前，亦可謂絕後，後世歷次的變法，不敢作如此翻天覆地的大動作，即使有，也未能取得好的結局；北宋神宗時，王安石的熙寧變法，最後含恨收場，便是明顯例子。

商鞅變法，不單令秦國強盛起來，更重要的意義，是使秦國建立起一套完整的國家體制，使之能夠有效發展國力，最終在列國爭雄中，憑藉其強而有力的國家體制，戰勝其他諸侯國，一統江山。而這套完整的國家體制，在國家精神方面，建立起忠於國君、勇於為公的精神。行政主幹在以君主為首的中央集權制度，由朝廷下達至地方郡縣，莫不聽命於國君，所有的裙帶關係，王親國戚，一律迴避。同時，司法則以嚴峻清晰的刑律，使人民不敢徇私。在管治平民及發展經濟上，推行戶籍制度，人民皆踏實耕種，為國庫收入而努力，於是在經濟實力上，得到充分保障。因此，商鞅的創建，是一個國家的體制規模，為日後秦國統一天下，在理念上，在實踐中，提出了明確的目標，打好了紮實的基礎。商鞅的成功，就是秦國統一天下的基石。

商鞅以嚴苛手段推行變法，自然開罪了不少人，還包括太子在內。所以，變法成功後，在商鞅登峰造極之際，已經有人勸退商鞅，但是此時的商鞅，既放不下名利權位，同時亦騎虎難下。不幸的，就是最為支持他的主人，秦孝公逝世了。孝公一走，太子即位，是為秦惠文王。惠文王立即反面翻舊帳，商鞅不得不出走，最後更被迫造反，當然，以商鞅一人之力，怎能敵得過自己一手養大的虎狼巨獸。商鞅造反失敗，被處以車裂的死刑，即是將死囚縛上多部馬車，然後馬車一齊向不同方向走，將死囚身體撕開而死。刑罰殘酷，不過，這不是商鞅自己一手造成的嗎？商鞅施政，嚴刑峻罰，為求目的，殘害無數，收場只不過是自食惡果而已。

歷史檔案室

秦的先世

秦國的出身，家族歷史可以追溯至帝舜時，其先祖伯益輔助大禹治水有功，並能馴服鳥獸，受賞賜姓「嬴」。後人因支持商紂對抗周武王，被罰遷到陝西一帶，受西周監視，於是秦國的祖先，長期居於西部邊疆，與胡人雜處。其中一支，在西周穆王時，因平亂而獲封「趙城」，成為後來趙國的祖先，所以秦、趙本是源自同一先祖。到了西周孝王時，祖先非子因養馬有功，受封「秦」地（今甘肅省天水市清水縣與張家川回族自治縣一帶），成為采邑附庸，「秦」的國號由此而來。周宣王時，西戎反周朝，秦仲為周朝大夫，征伐西戎，但是戰死沙場，周宣王封秦仲後人為「西垂大夫」，地位顯赫。到了周平王時，秦襄公因護駕有功，加上鎬京關中一帶，受犬戎的戰火破壞，周平王索性放棄原來的京畿，賜封給秦人，讓秦人來收拾陝西關中殘局，並正式封秦襄公為諸侯。秦國到秦穆公時，曾經想東出中原爭霸，先後扶植晉惠公及晉文公，回國就晉國諸侯之位。後來秦穆公更想偷襲中原鄭國，回程時被晉國截擊於崤山，秦軍三千人，全軍覆沒。秦國東出圖霸，一直受阻於晉國，只好向西發展，吞併西邊的部落。自秦穆公以後，秦國幾乎絕跡於中原重要大事，唯一是秦哀公曾應楚國申包胥請求，出兵趕退吳國的侵略，復興楚國。到了秦孝公時，任用商鞅，自此，秦國強盛起來。

歷史檔案室

胡服騎射

趙國武靈王於公元前307年推行軍事改革——「胡服騎射」。之前，中國的軍事裝備，以馬車作戰為主力，而戰士的服裝，仍是傳統中原兵飾，寬袍闊袖。馬車作戰，只有利於中原大平原，在山區或河沼，毫無優勢可言。至於寬袍闊袖，亦不利格鬥。趙國長期與北邊匈奴作戰，從中汲取了胡人的作戰經驗；同時，趙國不斷與各國作戰失利，形勢迫在眉睫，所以趙武靈王毅然進行軍事改革，推行「胡服騎射」。放棄馬車作戰，改為直接騎馬，而士兵的衣著，改為束袖穿褲。改革的成效，立竿見影，趙國軍力大振。公元前295年，即改革後不足十年，趙國派兵滅鄰國中山國，揚威諸侯，其他諸侯國紛紛仿效，自此，中國的軍事裝備，進入了新年代，成為中國軍事歷史的重大里程碑。另外，「胡服」亦成為中國服飾史上劃時代的改革。

歷史思考點

挑戰與回應

「挑戰與回應」的概念，由歷史學家湯因比提出。重點是討論一種文明面對挑戰，如果要繼續生存下去，必須能夠作出適當的回應。過強的挑戰，根本就把受挑戰的初起文明消滅掉；過弱的挑戰，又起不了作用。只有適當的挑戰與合適的回應，才能將文明提升。

春秋戰國是中華文明的嚴峻時期，原有的西周禮樂制度，土崩瓦解，新的文明必須能夠領導民族走向穩定繁榮的局面，否則中國可能走向永遠四分五裂的局面，而個別的諸侯國，亦無時無刻面對殘酷的生死存亡挑戰。主張改革的謀士客卿，無不向各自的主子，提出富國強兵的良方。不只商鞅，還有魏國李悝、楚國吳起、韓國申不害、齊國鄒忌，國君如趙武靈王都提出變法，以回應生死存亡的挑戰，當然成效不一。亂世出英雄，這批政治改革家，再加上當時百家爭鳴，思想家輩出，整個局面充分發揮人類的智慧，光芒四射，影響至今。這批思想家、政治家費煞思量，為中華文明下一步的發展，拼死打出一條生路，勾畫出中華民族往後的發展藍圖。

商鞅是時代的代表人物，他能夠前瞻局勢，看通全局，深悟「愚者闇於成事，智者明於未萌」的道理（見《史記・商君列傳》），對秦孝公提出：「治世不一道，便國不法古。故湯武不循古而王，夏殷不易禮而亡。」商鞅有別於其他政治改革家，能夠優勝於其他改革者，就是他正正看準了秦國的強弱所在，從通盤考慮，同時回應了時代的要求，總結得失，提出了前所未有的改革，雷厲風行，死而後已，結果是成就了一個國家的規模，亦為以後二千年中國的國家模式，奠定了基礎。

延伸思考

- 試比較春秋跟戰國，在政治、軍事和社會上有甚麼不同？
- 戰國時期，推動變法的人物眾多，獨有商鞅得到完全的成功，原因何在？
- 戰國時期，百家爭鳴，各種思想學說，光芒燦爛，為何後世再沒有出現這種局面？

8

告別上古
——千古一帝

公元前221年，歷時五百五十年的血腥紛亂，終於由秦始皇帝，以狂風掃落葉的姿態，統一起來，並以千古未有的雄才大略，建立了中國第一個宏大的帝國。而這個亙古未有的大帝國，東到太平洋西岸，南至越南北部，西達甘肅省之東，北至蒙古草原南邊，所到之處，是古代中原文化的極限邊界，為東方最強大的帝國，奠定了往後二千年中國版圖的基礎。

秦國自商鞅變法（公元前359年）開始，到秦始皇帝掃平六國，統一天下（公元前221年），共經歷了138年之久。期間，戰國形勢複雜多變，計有於公元前333年，蘇秦提出的「合縱」抗秦的策略，公元前313年齊滅燕，公元前307年趙武靈王「胡服騎射」，公元前279年齊國田單火牛陣大破燕軍，公元前260年秦趙長平決戰，秦將白起坑殺趙國四十萬降兵。公元前256年，秦國滅西周君，周赧王獻地稱臣，周朝國祚正式完結。至此，短短一百年，天下局勢，秦國獨大，一統江山，夷平六國，指日可待。

秦王政統一六國

秦始皇帝，名政，生於趙國，出生時姓趙，回秦國後，才改回嬴氏國姓。統一天下前，史稱他為「秦王政」，統一海內之後，自己冠名為「始皇帝」。「始皇帝」意思是千秋萬世，子孫一代傳一代，自己就是第一位皇帝，所以自稱「始皇帝」。

嬴政，生於公元前260年，剛好是秦國大破趙軍於長平的那一年。嬴政的出生，有一段頗為淒酸的經歷。嬴政父親名叫子楚，本名異人，因庶出而不受重視，年輕時被送到趙國作人質，流落異鄉。然而，年輕的異人，得到趙國大商人呂不韋的賞識，以「奇貨可居」，收留接濟。呂不韋一方面出資，籠絡秦國宮禁內的后妃們，幫助異人回國，另一方面，更將自己懷有身孕的妾侍趙姬，送給異人。不久，異人果然回國，承繼大位。而趙姬亦誕下麟兒，就是趙政（嬴政）。不過，趙政並未立即跟隨父親回國，直到九歲，才接回秦國。

嬴政的曾祖父是秦昭襄王，當了秦國大王五十六年。祖父是秦孝王，大抵等得太久，無福享受國君尊榮，只臨朝三日，便撒手塵寰。幸好，嬴政的父親，公子異人此時已經被立為太子，順利登上王位，是為秦莊襄王，但在位不足四年而崩。

嬴政即位時，只有十三歲，國政由呂不韋主持。至於呂不韋，因扶植異人登基有功，封為文信侯。其時，呂不韋官拜丞相，受秦王政尊為「仲父」，意思是義父，權傾朝野。

隨着年齡漸長，秦王政與仲父呂不韋之間的權鬥，日漸浮現。呂不韋為保權勢，安排一名假宦官嫪毒，與秦王政生母趙姬（時為太后）相好，控制內宮，而自己就繼續在外廷專心把持朝政。此時，除了秦王政與呂不韋的矛盾，秦贏宗室亦對秦王政的身份起了疑心，宗室懷疑秦王政不是莊襄王親生。到了秦王政在位第八年，他開始親自執政，異母弟公子成蟜造反，但很快就被平定了。到了第九年，嫪毒造反，亦一下子被討平。平亂後，秦王政罷免呂不韋一切官職，並放逐到四川。呂不韋未到四川之前，就自殺身亡，結束了傳奇一生。從此，秦王政徹底清除一切國內政敵，再無任何力量阻礙他執政。

秦王政起用李斯、尉繚等人輔政，以商鞅建立的帝國基礎，自公元前230年開始，先滅韓國，再滅趙國，繼而滅魏、滅楚、滅燕，最後在公元前221年滅齊國，以十年時間，風捲殘雲，鯨吞天下，統一六國，結束了五百五十年的大紛亂。

秦王政在位第二十六年，武力統一海內之後，立即推行一連串建立大一統帝國的措施。簡單而言，政治上，計有改名號為「始皇帝」，廢封建制，行郡縣制，拆毀各國各城大都，沒收天下兵器，遷徙富豪到咸陽以便監視。經濟上，統一貨幣，統一度量衡。軍事上，修築馳道、直道，修築長城，派兵北逐匈奴，南開百越。文化上，統一文字，並罷黜百家思想，只「以法為師」。

秦始皇帝建立起一個前所未有的統一大帝國，依《史記》所載，秦朝疆域，「地東至海暨朝鮮，西至臨洮羌中，南至北向戶，北據河為塞，併陰山至遼東」。如何統治如此宏大的帝國，是一項高難度的挑戰。這個新興的帝國，能否維持統一，費煞思量。綜觀而言，大秦帝國與其他世界上的偉大帝國，如出一轍，在大一統的理念下，除了武力統一，還完成以下四點的要素，以維持和鞏固大帝國的生存。

(1) 精神統一

秦始皇帝確立自己為帝國唯一的元首領袖，不論在實質上，或者精神上，只有秦始皇帝一人是帝國的核心。於是他改名號為「始皇帝」，以示自己「德尊三皇，功高五帝」，並廢除謚號，以「始皇帝」為首，期望江山傳之子孫萬世，同時規定天子自稱為「朕」，群臣稱天子為「陛下」，皇帝的命令稱為「詔」或者「制」，印信稱為「璽」。秦始皇帝更編製一套皇帝拜祭天地的禮儀，使宗教信仰上，祭祀天地是皇帝獨享的專利，人民不得僭越，鞏固皇帝來自天命的信仰，而這就是泰山封禪的儀式。一連串尊崇皇帝的禮儀外，秦始皇帝在民間思想上，箝制百家思想，獨尊法家。公元前212年，因博士淳于越引用古書批評朝政，秦始皇帝接受李斯建議，下詔焚書。他充公並燒毀百家思想書籍，禁止私藏書籍，只准民間保留農耕、醫藥和占卜的書籍，天下「以法為師」，只准人民向官吏學習朝廷律法。再有談論《詩》、《書》(儒家經典) 的，一律處死，私藏禁書或誹謗朝廷，誅滅全族。次年，更坑殺誹謗朝廷的儒生讀書人和術士，多達四百六十多人 (一說是四百七十六人)，這是歷史上稱為「焚書坑儒」的史事。秦始皇帝一連串的措施，目的是建立專制獨裁的帝國，使人民百姓一心一意、一生一世服從皇帝的威嚴，以此鞏固宏大的帝國。

(2) 行政統一

帝國的穩定和發展，必須有一套行之有效的政治制度，確保帝國的運作正常。在秦國統一之前，早已建立起中央及地方各級的中央集權政制，這點歸功於商鞅變法，歷代的繼承者亦不負所託，帝國行政規模早已確定，在此不再重複。而現在討論的是秦始皇帝「廢封建，行郡縣」的做法。統一之初，一班大臣竟然主張重新推行封建，以為這樣可保千秋萬世基業。倒是當時仍任廷尉的李斯，深知君心，與秦始皇帝心意相通，力排眾議，認為春秋戰國之亂，是分封諸侯的結果，要江山永固，天下太平，就不可以再行封建，要以郡縣制度代替，由中央任命官員統治，一切政績都向皇帝負責。秦始皇帝當然接納郡縣制度的建議，分全國為三十六郡，下轄縣，縣之下，實行鄉亭制，並行「連坐法」。自此，中國政治正式告別上古分封、各自為政的局面，走入中央集權的政局。

(3) 交通統一

統治版圖偌大的帝國，必須地理暢通，文書來往、物質運輸、軍事調動，都要暢通無阻，否則就無法維持帝國的統一，而地方勢力也容易割據稱王。首先，從統一開始，就拆除各國的關卡堡壘，確保交通暢順，防止割據，並以首都咸陽為中心，修建貫穿全國的馳道。主要幹道有兩條，一條直達東方的燕齊舊地，另一條直抵東南方的吳楚地區。另外，又修建由咸陽到北方九原（今內蒙古包頭市）的直道（直通的馳道），以便軍事運輸，抵禦匈奴。馳道規模，路面寬五十步，兩旁種植松樹。秦始皇帝迷信五行之說，以秦配五行中之「水」德，而術數為「六」，所以一步定為六尺。而馬車的闊度，兩輪之間，定為六尺，即是「車同軌」，統一全國的交通標準。補充一點，秦朝的一尺長度短於現代。除了打通原有陸路，秦始皇帝下詔重新疏濬河南鴻溝，打通黃河與淮河兩水系；又為了南征嶺南百越（今廣東），克服地形的阻礙，解決軍事補給的困難，鑿通運河靈渠，貫通湘江和珠江兩大水系，使中原兵馬，順利南下，開發嶺南。而靈渠成為世界首條運用升降水閘的人工運河。在交通建設上，以古代地理常識的局限，以及技術的不足，秦始皇帝卻以遠大的目光，超越當時的眼界水平，統一交通，使帝國的交通運輸，暢通無阻。

（4）訊息統一

廣袤的中國版圖，千村萬落，一盤散沙，而老百姓的心態，是日出而作，日入而息，山高皇帝遠，朝廷政令，與老百姓有何相干，即使武力統一，帝國也難於維持下去，所以訊息的統一，是帝國持續的關鍵所在。秦始皇帝為了帝國統一，除了「車同軌」，還統一度量衡，統一貨幣，統一文字，務令全國一切生活訊息，都統一起來，「定於一」。統一度量衡，秦始皇帝廢除六國舊制，以秦國為唯一標準，監製各種標準的度量衡器具，頒佈全國。統一貨幣，禁止使用六國舊幣，規定以黃金為「上幣」，銅錢為「下幣」。銅錢造型，圓形方孔，每枚重半兩，所以又稱為「半兩錢」。而圓形方孔，成為中國歷代鑄幣的標準造型。統一文字，秦始皇帝廢除六國文字，命李斯將秦國原本通用的大篆，簡化為小篆，頒行全國，成為官方唯一使用的書體。秦始皇帝命李斯、趙高、胡毋敬分別用小篆編寫〈倉頡篇〉、〈爰歷篇〉、〈博學篇〉，作為標準字本，推行全國，即是「書同文」。後來，一名小吏程邈將小篆再簡化，成為隸書。隸書，意思是隸役使用的書體，由於此種書體書寫更方便，不久就被朝廷接納，也頒佈天下。文字的統一，解決了中國版圖宏大、十里不同音的困境，透過相同文字，東西南北都可以溝通無礙。而大一統的局面，在生活訊息上，再無隔膜。

秦始皇帝雄才大略，建立中國歷史上第一個統一的帝國，然而，偉大的功業總是要付出無可估計的代價。而這種代價，在古代就是人民的生命。蒙恬攻打匈奴，出兵三十萬；屠睢遠征嶺南百越，耗兵五十萬；修築長城，估計又動用三百萬人；後來修建驪山陵，亦花了人力二十萬以上，還未計算其他工程建設，而當時秦朝人口估計約三千萬人。基本上，這些人力都是有去無回，離開家鄉，徵召之後，能夠活着回來的，機會渺茫。又由於刑律的極度嚴苛，犯法而受罰的刑徒，估計多達一百餘萬人，人民是生活於水深火熱之中。在如此情況下，國家虛耗異常嚴重，表面上風光強大，實際上是隱憂重重，太子扶蘇眼見情況不妙，向父皇進諫，亦因而被放逐到邊疆，跟隨蒙恬。這種擴張，根本是不可能無限地持續下去，整個國家好像處於活火山之上，動亂隨時爆發。

勞民傷財　秦朝覆亡

秦始皇帝好大喜功、窮兵黷武之餘，亦窮奢極侈，享盡人間繁華。從公元前221年統一天下，至公元前210年駕崩，十二年之間，除了大興土木、泰山封禪，又前後五次出巡，東北至渤海灣（今秦皇島市），東南到會稽（今杭州），南抵洞庭湖。公元前211年十月，秦始皇帝作第五次出巡，二太子胡亥隨從出發，地點南至湖北，東達會稽（今杭州），北折上山東。秦始皇帝到了平原津（今河北省與山東省交界的德州），終於病倒了。公元前210年七月，自知不久人世的一代雄主，在趕回老家咸陽途中，敵不過病魔，在沙丘（今河北邢台附近）與世長辭，終年五十一歲。人間千秋的帝國，只能留下後人去享用。然而，就在秦始皇帝撒手塵寰的一刻，他的心腹寵臣李斯和趙高，因着個人的榮華富貴，合謀出賣了主人秦始皇帝，矯詔更改遺囑，殺掉因諫勸而被放逐的太子扶蘇，改立二太子胡亥。在秦始皇帝駕崩後不足一年，陳勝、吳廣因為天雨受阻，恐怕未能及時報到服役，爆發了大澤鄉起義，一下子，整個秦朝就沸騰造反起來，三年後，公元前206年，秦朝覆亡。秦始皇帝一手營造的萬世基業，亦跟隨他進入黃泉，任由後人憑弔。

秦始皇帝駕崩一事，足以令千秋的獨裁者引以為鑑。秦始皇帝出巡，因為害怕刺客，所以造了多部御用馬車，輪流使用，以避開刺客襲擊，保密程度，甚至連出巡隊伍也弄不清楚，只有兩三名心腹得知。事實上，秦始皇帝曾經被張良（韓國貴族後人，後輔助漢高祖劉邦）所收買的大力士刺客在博浪沙用大鐵椎襲擊，幸好「誤中副車」，得以保存性命。秦始皇帝駕崩，只有二太子胡亥、丞相李斯、中車府令趙高等少數心腹隨從知道皇帝駕崩大行。趙高為胡亥的老師，希望胡亥可以登基，自己權勢可以更上一層樓，而李斯為保自己權位，合謀矯詔，殺太子扶蘇，改立二太子胡亥。秦始皇帝臨終前，自知不久人世，令趙高下詔給太子扶蘇，回首都咸陽主持自己的喪禮。當時，詔書已經寫好，但是仍未送出，亦沒其他人知道死訊。於是，趙高和李斯合謀，偷改詔書，以秦始皇帝名義，賜死扶蘇。假詔書去到邊疆，太子二話不説，就自刎而死。至於蒙恬，沒有立即自殺，被囚禁起來。胡亥登基，是為二世皇帝。趙高恐怕蒙氏家族勢力，不斷向二世進惡言，最終蒙恬服毒自殺收場。不久，二世將其他兄弟姊妹，全部殺盡，以絕後患；史書記載，殺了十二位皇子，十位公主。後來，趙高排斥李斯，李斯獲罪，李斯父子兩人被腰斬處死，全族被殺。李斯死後，趙高為鞏固權位，上演「指鹿為馬」的鬧劇，牽了一隻鹿上朝，硬説是馬，弄得二世皇帝也遷就趙高，承認是馬。就在趙高權傾朝野之際，六國舊地的起義軍，已經打到關中，趙高恐怕二世皇帝怪責，索性弒殺二世，改立宗室子姪子嬰。子嬰即位，設計捕殺趙高，至此，趙高的亂政，終告一段落。不過，子嬰即位三個月，劉邦大軍攻入咸陽，子嬰出降，秦朝亦告覆亡。不久，項羽攻入咸陽，殺子嬰，燒咸陽，秦朝盛世，只留歷史記載，文物考古。

秦始皇帝擁有絕對權力，主宰天下，萬想不到，絕對權力竟然未能幫他鞏固天下，更為親信利用，加速江山滅亡，而自己的眾子，同室操戈，只餘下二世一人，不過，最後二世亦被自己的親信趙高所弒殺。秦始皇帝視人命如草芥，一聲令下，殺人如麻，使多少幸福家庭毀於一旦，料想不到，秦始皇帝亦因而絕子絕孫，跟隨他的功臣幾乎無一得以善終，天理循環，善惡有報。由秦襄公開始，六百多年的秦國心血，在秦朝統一後，短短十五年間，消耗殆盡。秦始皇帝留下來的大帝國遺產，就由名不見經傳的流氓皇帝劉邦全部承繼。

歷史檔案室

陳勝吳廣起義

公元前209年七月，陳勝、吳廣兩人帶九百平民，前往東北的漁陽（今北京附近）服役，路經淮河附近大澤鄉，因天雨連月，滯留不前，按照秦刑律，誤期要殺。兩人商量，橫豎要死，不如拼死一搏，造反起義。兩人為使起義成功，先不動聲色，秘密製造神怪輿論，包括暗中在魚中藏有紅字的書布，寫着「陳勝王」等字，讓同行的人買下發現；另外，晚上在野外祠堂，假扮狐叫：「大楚興，陳勝王。」當時一眾同行，都是無文化的貧農，人人信以為真，於是陳吳兩人乘機殺了監督的軍尉，陳勝自立為將軍，吳廣自立為都尉，揭竿起義。兩人最後均被秦將章邯所滅，然而，大澤鄉起義，一呼百應，星星之火，強秦立即走上滅亡之路。

歷史檔案室

秦俑與秦陵

秦俑與秦陵的考古資料，坊間汗牛充棟，在此不再重複。扼要而言，秦陵是秦始皇帝在陰間延續陽間帝國美夢的偉大建設。整個秦陵的建築，可以理解為將地面陽間的宮廷建設，倒轉放在地下陰間。地理上，秦陵在驪山腳下，位處今西安市南部，即古代咸陽首都南部，與咸陽相隔一條渭水。參與建造秦陵的人數，多於二十萬，所以整個工地就是一座超過二十萬人的大城市。

秦陵主體是一座人工山丘，平正像金字塔，從考古發掘，陵寢圍以兩道城牆，北面近渭水方向，有一座水禽俑池，內有銅製水禽和樂師俑，與人間池塘無分別。其他的還有兵馬俑、文官俑等等，人間威儀，應有盡有。秦陵四周有很多墓葬群，大抵是當時工人死後葬身之處，部分有瓦片覆蓋，並注明身份名字。墓地當中，有一組非常特別，有六具屍骸，為暴力殺害，無身份識別。但當中一具有官印傍身，官職為「少府」，為秦中央九卿之一，相當於今日的財政部長。究竟這個墓穴的主人是誰，有待考證，有學者認為是二世所殺的兄弟姊妹。

兵馬俑在秦陵東面，大抵是象徵秦國統一天下，平定山東六國。秦俑依身份分為三級，高低長度，因應官階，略有不同，而外形辨別，非常容易。低級武士，頭戴弁帽

秦代兵馬俑

（皮帽）或梳髻。中級軍官，頭戴平板帽。高級將軍，至今共出土十件，頭戴鶡冠，造型至高。鶡是一種兇猛禽鳥，冠以鶡羽毛造成。秦俑造工仔細，不盡相同，而且細部亦清晰逼真，例如髮辮眉毛，指甲掌紋，清楚分明。

秦陵至今仍未正式考古開掘，不過，現代已經有不少小說故事，以秦陵為背景，率先加以渲染推敲，可見秦陵魅力無限。中國政府已經將秦陵列為大文化古蹟區之核心，成為中華文明的寶貴遺產。

歷史思考點

定於一

「定於一」，此句來自《孟子．梁惠王》（上篇）。書中記載魏國梁襄王問孟子，天下是否希望統一，孟子回答是：「定於一」。孟子隨即提出行仁政，不隨意殺人的，就可以統一天下。「定於一」的意思，就是天下統一，即是天下人民的意向是「定於一」。

中國文明，自古有傾向統一的方向，黃帝戰蚩尤，決定誰是中原主人，當中就是以統一中原為前提。為何不可以黃帝還黃帝，蚩尤歸蚩尤，各自為政，相安無事？春秋五霸，為何要爭霸中原，何不各自獨立，各自稱王？秦代統一以後，歷來南北對峙，北方政權，莫不以正統自居，誓要南下統一江南。南北朝時期，隋統一南朝陳國。五代十國，趙宋統一天下。元蒙吞金滅宋。清初大軍掃平南明政權。有趣的是，即使在「五胡亂華」期間，以胡人的殘暴，竟有統一天下的大志。打打殺殺，血流成河，目的都不離開一統山河。前秦苻堅，底定中原，揮軍南下，投鞭斷流，目的是做大一統的皇帝。北魏孝文帝力推漢化，長遠目的，也是為統一南北作好準備，志氣遠大。三百多年的分崩離析，「五胡亂華」的結局，也是「六王畢，四海一」，天下太平，盛世一統的局面。可見，中國的政治傳統思想，都是以大一統為最高目標。「天下合久必分，分久必合」這句《三國演義》的名言，說明了歷史政權興替，以亂而起，以統而終，結局都是以大統一來完場。而且「合」的時間，比「分」的時間長得多，「分」的過程，總是要以統一來作完結，大有過場之感，「分」只是過渡而已。

大體上，漢文化的向心性非常之強，古代的中國，中原本土的各方力量，以成為中原主人為目標。而中原文化又像一塊巨大的磁石，吸引着周邊的少數民族內附。中原與周邊的少數民族衝突，都以入侵與反入侵為主格調，所謂的入侵，就是外族不斷以武力試圖進入中原；反侵略，就是中原政權力保家園。說到底，中國歷史就是以中原為核心進行發展，而各少數民族也以漢化為其最終目標。由此可見，漢文化的巨大向心力使整個中華民族的發展，最終還是以大一統為主調，這再一次呈現中國文化的超穩定性。

這種大一統的心態，心底思想來源如何，有待學者去分析。曾經有馬列主義的思想家，提出一個名為「亞細亞生產模式」來解釋東方人大一統思想，有關內容，大致是指東方的大自然災害嚴重，人民要統一起來，才可以對抗自然災害。可惜，有關的學說，並未深入分析，僅此而已。

如果將中國歷史與其他古代大一統帝國相比較，不難發現，只有中國的帝國可以延續下來，改朝換代，只不過是改了主人，換了門牌，帝國傳統依然存在。反觀世界各大古老帝國：亞述、巴比倫早已煙消雲散；波斯帝國，屢有興替，亦已湮滅；亞歷山大帝國，雄主一死，立即四分五裂；古羅馬帝國，精神雖在，不過實體只餘下大批文物，供人憑弔；古埃及帝國，更不足一提；奧圖曼帝國，只餘下土耳其。反而中國可以長存到今日，無可否認，大一統思想，是維繫中華文明的重要支柱。大秦帝國就是這條支柱的首位工程師。當然，為了維繫大統一，中華文明犧牲了其他重要價值思想，例如尊重個體、尊重民權。大一統思維的核心，就是對統治者的絕對忠誠，丹心不二，任由差遣。

時至今天，全球已經步入地球村的年代，大一統思想幫助中國發展到今日，屹立不倒，與世界接軌，功不可沒。然而當這種大一統觀念與世界其他文明接頭之時，面對大千世界，如何再發展下去，有待深思。中國的大一統思想，因何而來，如何下去，涉及的當然是歷史哲學的課題，同時，亦可能是中國未來發展、與世界共存共榮的政治課題，這有待有識之士去探究。

延伸思考

- 秦朝輕易統一天下，山東六國為何如此速亡，這反映了六國內部政治如何？
- 試計算一下，秦始皇帝統一中國後，各方面的建設耗用了多少人力，這些人力換算為糧食生產，或者工資（可用現代工資代入計算），又會是多少？
- 秦始皇帝被後世冠以「暴君」之名，秦朝被稱為「暴秦」，這些稱謂反映了中國文化上甚麼的道德內容？

9

東方帝國的總成
—— 漢武大帝

公元前206年，劉邦帶兵率先攻入咸陽，秦朝經歷了十五年而亡，隨即進入四年的楚漢相爭局面。劉邦依據群雄約定，「先入關中者王」，原本可以稱王，統領天下，不過西楚霸王項羽以其武力，迫使劉邦忍痛讓出天下霸主之位，屈居漢中，做其漢王。不過，爭奪天下者，豈止劉邦、項羽兩人，當項羽忙於收拾群雄之時，劉邦東山再起，經過了四年的陳兵鏖戰，結果項羽烏江自刎，漢家天下（公元前206－公元8年）也正式開展。

經歷了十五年秦朝苛政，以及四年的苦戰，社會經濟異常凋萎，有鑑於此，西漢初年的六十多年，由高祖劉邦、惠帝、少帝、文帝到景帝各朝，都奉行「黃老之術」，以黃帝「垂手而治」、「無為而治」的傳說，和老子學說的清靜無為，作為政治上不擾民的施政根據，實行無為而治，不興土木，不動干戈，厲行節儉，與民休息，鼓勵生產。六十年的政局，雖然經歷了惠帝、文帝時的「諸呂之亂」，以及景帝時宗室藩王的「七國之亂」，然而，社會上大致平定安穩，結果是經濟復興，國力復甦，史稱「文景之治」。不過，因為無為政策，同時形成國家另一危機。國內方面，郡國諸侯，各踞山頭；對外方面，北方匈奴，不斷侵擾。在內憂外患夾擊之下，漢朝統治，隱憂重重。歷史好像自有生命意識，就在漢朝面臨種種考驗之際，漢室就誕生了一位雄才大略的君主——漢武帝（公元前141年－前87年）。漢武帝不但扭轉乾坤，更承接秦始皇帝的風範，將中國發展推上了一個史無前例的高峰。

漢武帝劉徹十七歲登基，朝政聽命於祖母竇太后，初時仍奉行無為而治的國策。不久，竇太后薨，漢武帝立即進行改革，整個中國歷史便進入了空前輝煌燦爛的時代。漢武帝的改革，基本上有四大重點。

精神改革：獨尊儒術，罷黜百家

漢武帝年幼已經受舅父田蚡的薰陶，愛好儒學。即位第二年（公元前140年）下詔全國，徵求賢良方正。儒生董仲舒從中脫穎而出，援引《春秋》，提倡天下一統，鼓吹「三綱五常」，隆君權，興教化，獨尊儒術，罷黜百家。漢武帝對董仲舒的說法，非常讚賞，當竇太后薨，漢武帝立即將董仲舒的對策，定為治國的思想。在公元前136年，置五經博士，傳授《詩》、《書》、《易》、《禮》、《春秋》五部儒家經典。公元前124年，漢武帝為五經博士設置弟子員生五十人。他們跟從博士學習，修業一年後，成績優異者，可獲推薦留京出任郎官。從此，儒學成為出仕做官的重要途徑。漢朝因為大量起用儒家士子，於是「士人政府」亦正式出現。經董仲舒改造後的儒家，重視君權，講究正統，正好符合漢武帝的雄才大略，而儒家思想成為中國文化精神的代表。

補充一點，漢武帝本人嗜好權力，表面上起用儒生，建立士人政府，另一方面，他使用大量心思，削弱諸侯王，將天下之權歸於他一人身上。董仲舒雖然深受漢武帝賞識，但董仲舒從未獲得重用，反而法家酷吏張湯、杜周、趙禹等，執法嚴厲，獲得重用。所以後世學者有評價武帝施政，實際是「外儒內法」。

政治改革：眾建藩國，鞏固中央

漢初鑑於秦亡的教訓，加上安撫功臣，推行封國與郡縣並行的「郡國制」。不過，封國的權力與野心，很快就已經威脅到漢朝中央政府的威信。文帝及景帝兩朝，皆嘗試對封國作出抑制，只是成效不彰，反而激起「七國之亂」。漢武帝為鞏固中央力量，採納主父偃的建議，頒佈「推恩令」，規定諸侯王把封地分封給嫡長子以外的其他庶子。表面上，是推恩及眾子，實際是分薄諸侯王的實力。同時，漢武帝又採用一系列的措施，使諸侯王不能參與政事，並且更以諸侯王所獻祭祀宗廟的黃金「酎金」成色不足，或數量不合，削廢了一百多名諸侯爵位。至此，經漢武帝全面的整治，封國侯王的問題才基本解決。

漢武帝解決了諸侯王勢力，在全國推行郡縣制。在公元前106年，分全國為十三個監察區，稱為「州」，長官稱為「刺史」，由御史中丞統領。刺史每年秋天八月巡視地方政績，防止貪贓枉法，打擊地方豪強，加強中央管治權力。

中國地方政治，秦始皇帝率先全國推行郡縣制，由中央統率，而由漢武帝竟全功。從此中央政令可以直達到地方，通行無阻。不過，漢武帝的十三州刺史，在東漢末年，竟然成為軍閥割據、天下大亂的源頭，這是漢武帝始料不及的。

對外主攻：北伐匈奴，開通西域

北方匈奴經秦始皇帝派兵掃蕩，氣勢稍為收斂，但是不久，在楚漢相爭之際，匈奴再次逞強，漢高祖劉邦曾親自領兵三十萬和匈奴大戰，結果是劉邦被匈奴人圍困了七日七夜，還要大臣陳平出「奇計」才得脱險。自此，漢朝政府一直對匈奴人採取和綏政策。到了漢武帝這一雄才大略的皇帝即位，決心一改前朝對匈奴的政策，誓要消除北方的大威脅。

公元前139年，武帝建元二年，漢武帝命張騫出使西域大月氏，戰略上是「斷匈奴左臂」，史稱「張騫鑿空」。公元前127年，武帝派衛青、霍去病等大將出征匈奴，結果是先收復甘肅河西走廊，並大敗匈奴。

漢武帝主動出擊，大敗匈奴，開通西域，今新疆維吾爾族自治區自此成為中國的一部分。而西域的疆界，不限於新疆，遠至中亞亦為當時的西域範圍，正因為疆域遼闊，所以開闢了舉世聞名的絲綢之路。事實上，除了絲綢之路，張騫通使西域期間，意外發現中國西南的貨品，可以通過現今雲南一帶流入身毒（今印度），這一路線，就是後來貴州、雲南的「茶馬古道」前身。漢武帝征伐匈奴，經營西域，令中國的版圖得到空前的擴大，這是繼秦始皇帝之後，另一次的國土擴展。而是次的國土擴展，一方面是以武力解決北方長期的威脅，另一方面是以和平使者的形象，開拓西域的疆界，結果是提升中國的文明水平，同時亦提升中亞一帶的文明，這是世界文明史上一次難得的、和平的大規模文化交流。漢武帝的疆界，東盡遼左，西極流沙，北逾陰山，南越海表。當然，開疆拓土，不是紙上談兵，漢武帝數十年對匈奴的征戰，犧牲的無名士兵，不計其數，所耗的財力物力之巨，亦非一般可想，所以，不消數年，對匈奴的征戰，把漢初七十年的積蓄，一下子消耗殆盡，迫使漢武帝不得不作大規模的經濟改革，以支持征戰的開銷。

經濟改革：均輸平準，抑制強豪

漢武帝的新經濟政策，一方面是應付龐大的軍事支出，另一方面借經濟改革，誅除地方豪強，鞏固大一統漢家江山。

新經濟政策包括統一幣制、國營專賣、增加賦稅、推行均輸、平抑物價。

在統一貨幣方面，武帝一改漢初任由諸王富商自鑄錢幣的政策。公元前113年，下令嚴禁私鑄錢幣，規定以五銖錢為標準的唯一合法貨幣。漢制二十四銖為一兩，五銖的重量約為3.33克。

公元前117年，武帝下令將鹽、鐵、酒三種商品，收歸政府專賣，嚴禁民間私營。政府在全國各地設鹽官、鐵官及榷酤官，專責管理生產及銷售這三種商品。

為增加稅收，武帝除增收人頭稅外，還針對富豪商人，特別是放高利貸的，擴大對他們的徵稅範圍，並提高稅率，包括增收舟車稅、馬車稅、財產稅等等。徵收財產稅，稱為「算緡」

(「緡」是穿串錢幣的繩子，「算」是課稅的單位，以一百二十錢為標準)。如有隱瞞或不實，沒收財產及罰戍守邊疆一年。為獎勵告發，公元前114年，武帝頒下「告緡令」，凡舉報瞞稅者，查明屬實，可獲得充公財產的一半。

公元前115年，推行均輸法，各地設均輸官，將各地方郡國每年獻給朝廷的土產貢品，運到價格較貴、利潤較高的地方出售，錢歸國庫。又於公元前110年，推行平準法，在京城設平準官，負責收購各地貨物，平買貴賣，調節供應，平抑物價，既防止奸商囤積居奇，又可增加國庫收入。

漢武帝是繼秦始皇帝之後，將中國再推向新高峰的皇帝，國土空前擴張，奠定今天中國版圖的雛型。中央政府的威信牢牢建立，不但鞏固漢家天下，亦成就了中國往後二千年的政治文化，包括以儒家思想為核心價值的士人政府，同時樹立了英明聖君的典範。在經濟上的改革，支持了帝國浩大的軍事消耗，種種的經濟措施，使漢朝成為世界上最早的金融帝國。往後東方中華帝國模式，就是由秦始皇帝開創，而由漢武帝完成。當然，漢武帝的功績，一如歷代有為的君主一般，是以犧牲人民大眾的生命和財產來建立的。武帝晚年，因為征戰過度，漢初七十年的積蓄，早已花光，人民要承擔沒完沒了的戰事消耗，成為國家由盛轉衰的關鍵。除此之外，武帝因為長壽，迷信長生不朽，導致皇家內部繼承權的明爭暗鬥，最後太子被迫造反。凡此種種，都是因國家過度膨脹而起。漢武帝在朝政上重用寵信的外戚，前期任用外戚衛青，死前又令外戚霍光輔助幼主，武帝自己開外戚干政的惡例，種下日後王莽篡漢的禍根。

歷史檔案室

絲綢之路

「絲綢之路」一名，是由德國地理學家李希霍芬（Ferdinand von Richthofen，1833-1905年）在1877年出版的《中國——親身旅行的成果和以之為根據的研究》中首次提出的，此名沿用至今。「絲綢之路」的前身是「青銅之路」和「玉石之路」。古代的絲綢之路，是指由公元前二世紀西漢時期，一直到公元十四世紀元明之際的交通路線，它東起長安城（今陝西西安市）及洛陽城，經甘肅河西走廊，離開甘肅敦煌，西出新疆，沿天山山脈南北兩面，分為天山南路及天山北路，越過新疆西邊葱嶺，進入中亞地區，一直西走，到達地中海東岸，最後以羅馬城為西端終點。路線東西長度超過一萬公里，南北寬度達五千公里。

除了傳統的陸上絲路，從現代考古發現，海上的絲路早在漢朝已經出現，廣西合浦、北海一帶是當時漢朝出海的重要港口。現今北海發掘的漢墓群，有不少西亞的首飾珠寶陪葬，可以證明當地是漢朝海外貿易的繁榮港口。香港的李鄭屋東漢古墓，其穹型墓頂就是西亞建築技術，也算是海上絲路的證據。

歷史思考點

漢武帝模式

——超穩定結構系統的再探索

超穩定系統模式，是由經濟結構、政治結構和意識形態結構三部分組成。三者互相調節，形成中國歷史上社會的超穩定系統。在分析西周的政權時，已經提及周王室推行封建制度、宗法制度和井田制度，三者配合，成為鞏固周王室政權的鐵三角。三者互相緊扣，這種的統治模式成為中國日後三千年的超穩定結構的模型。在分析中國歷史演變時，不難在各朝代找出政治、文化思想和經濟三角結構的結合模樣。

秦朝以法家精神治國，自然推行中央集權制，同時在經濟上釋放人力，形成自由農經濟。在此補充，所謂自由農，其實並不自由，只是相對不再依附貴族而言。秦朝國策建立之後，只因刑法過苛，又勞役過度，忽略了人民安居樂業的需要，結果引來全國的叛變。秦朝的經驗教訓，說明了只靠法家思想，不能有效治國，所謂「可以馬上得天下，不可以馬上治天下」。法家思想有利於建構軍事強國，但不是長治久安的良策。

秦朝的超穩定結構模型

法家精神（意識形態）

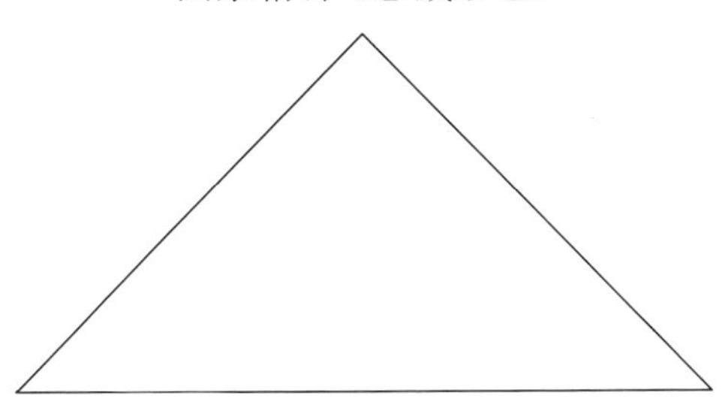

中央集權制度（政治制度）　　自由農制度（經濟結構）

到了漢初，因應秦亡於苛政的教訓，在施政意識上，與民休息，推行黃老之術。

在政制上，因為要酬謝功臣，又鑑於秦亡之際，無宗室藩籬救助，所以一方面推行郡縣制，又一方面推行封國制，形成畸形的郡國制。畢竟，秦朝全面郡縣制，在中國而言，是新生事宜，國人未必全面適應。當然，封國的問題是諸王離心離德，自立為王的野心很快暴露，而黃老之術的放任政策，更助長封國諸王的氣焰。由高祖至景帝，皇帝與藩王的衝突乃是家常，問題一直到武帝時才解決。由此可見，大一統的帝國，是要求中央政府有所作為，不是放任無為。

漢初的超穩定結構模型

黃老無為之術（意識形態）

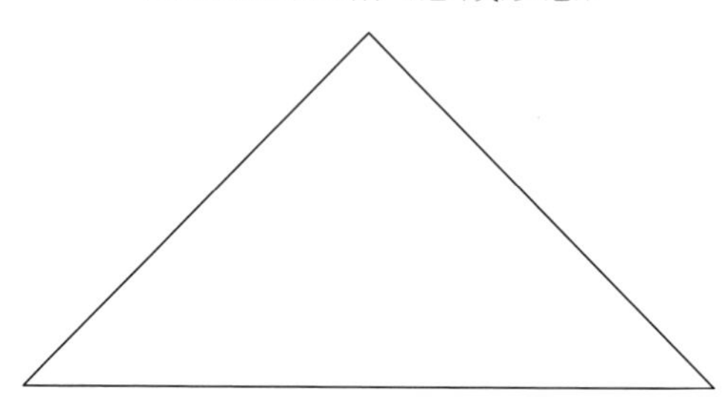

郡國混合制度（政治制度）　　自由農制度（經濟結構）

經過了法家、道家的政治實驗失敗後，到了武帝時，儒家思想終於登場。漢武帝建立的士人政府，一直為後世採用。而施政的方向，有評論是「儒表法裏」，即外表是儒家思想，內裏是法家主導，又有評為恩威並濟，總之，這種儒家思想的中央集權政體，成為了歷代中國政治的典範。這個典範模式，在此稱為「漢武帝模式」。簡單而言，對內是「儒表法裏」的中央集權政體，對外是「天朝朝貢」的國際體系。漢武帝的政權模式，為中國古代政治找到了正確的出路，成就了中國歷史第一個高峰，也奠定了往後二千年的中國政治格局。

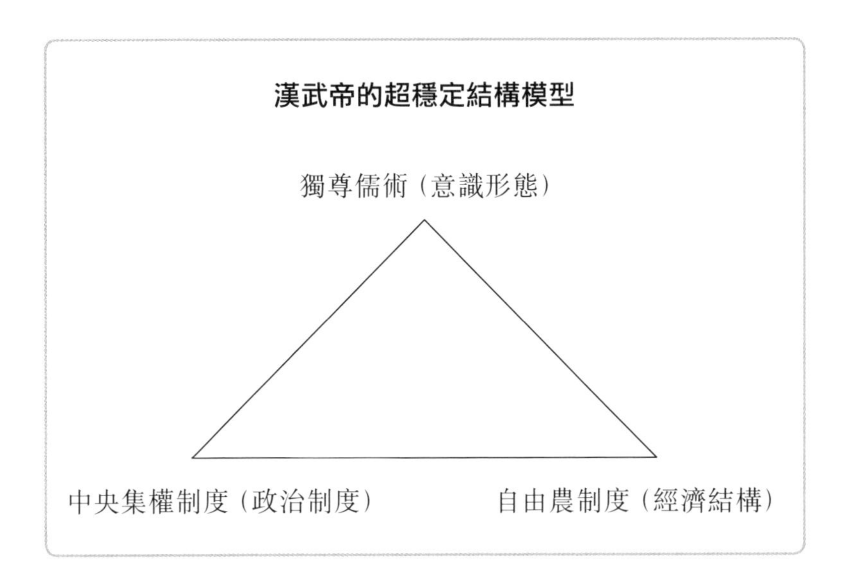

延伸思考

- 試比較漢武帝和秦始皇帝二人在治國上有甚麼異同？為甚麼秦始皇被評為「暴君」，而漢武帝被後世盛讚歌頌？
- 生活在漢武盛世的平民百姓，是否可以安居樂業，能否過着如後世所稱讚盛世般的繁華生活？
- 中國漢朝與古羅馬帝國同期並列，兩者對中西文化的發展各有貢獻，試研究兩者對人類文明的影響。

10

浴火與重生的循環
——黃巾之亂

「天下大勢，分久必合，合久必分。」這出自《三國演義》的名言，不單道出了兩漢到三國的政局變化，更高度概括了東漢到五胡亂華，以至隋唐大一統的發展趨勢。

漢武大帝將中國國勢推上另一高峰，然而，高峰過後，必定走向下坡。漢武帝因為信任皇后的外戚，導致西漢後期的朝政由外戚把持，並最終由王莽篡奪。王莽篡漢，建立新朝（公元9年–23年），並以古制為藉口，進行一連串經濟和社會改革，即後世所稱的「託古改制」。不過，他很快便經歷痛苦失敗，改革在天下民變中徹底破產。短命的新朝，十五年後，由劉氏的後人重新掌政，建立東漢王朝（公元25年–220年）。東漢光武帝劉秀重新建立劉漢政權，定都洛陽。出身太學生的光武帝，鑑於王莽篡漢時，群臣支持，無一阻止，所以大力提倡節義精神，強調不仕二主的精神，臣下要對主子忠貞不二，以防朝臣的變節行為再現。而「忠貞」二字，就成為中國政治文化的核心。光武帝之後經歷了明帝、章帝，國家一片昇平，史稱「明章之治」。東漢的強盛，在於徹底解決千年的北方大患，將匈奴人趕走。東漢和帝時，大將軍竇憲打敗北匈奴，匈奴人不是內附中原，便是西走。匈奴人西走，力壓西亞及東歐的部落民族，促成了羅馬帝國的陷落。

和帝時，東漢政局，好像已經從如日中天的光景，步向日落西山的境地，暗湧頻生。表面上，只有零星地方民變，四海清平，可是皇家內部的權力鬥爭，漸趨激烈，皇帝與太后外戚的矛盾，外戚與宦官的衝突，令朝政日壞。權鬥的原因，在於多位皇帝早崩，幼主即位，權力由太后及外戚把持，到了小皇帝長大親政，年輕的皇帝重用自小照顧他的宦官，抗衡外戚的勢力，外戚與宦官的權鬥因而形成。到了桓帝（公元147–167年）和靈帝（公元168–189年）時期，宦官勢力達到頂峰，政府供養的太學生不滿朝政敗壞，於是聯合朝中清廉官員，對宦官發起抗爭，但是他們立即遭到宦官毒手。在公元166年及169年，分別發生了兩次宦官借朝廷力量，鎮壓太學生及清廉官員的事件，史稱為「黨錮之禍」。另一方面，邊疆外族的侵擾，令東漢政府付出巨大氣力，才稍稍平息。在國力急下、朝政敗壞、民生日艱的情況下，大一統的帝國，已經步入夕陽，只等待時機，帝國就會覆亡。而「黃巾之亂」，就成為大帝國分崩離析的開始。

歷史上稱為「黃巾之亂」，因起事的民眾以黃巾裹頭，作為標誌識別，所以被稱為黃巾賊。黃巾亂起，實為道教一支派，以宗教名義，聚眾起事。東漢之際，道教成形，以先秦道家思想，結合陰陽五行之説，再混合民間巫術，終於成為道教。黃巾賊首領張角、張寶兄弟，以「太平清領書」在民間廣泛流傳，於是以書為名，創立「太平道」，廣收門徒。十多年間，聚眾十多萬人，勢力遍佈中原各州。公元184年（靈帝中平元年），張角自稱「天公將軍」，張寶稱為「地公將軍」，宣稱「蒼天已死，黃天當立，歲在甲子，天下大吉」，發動叛亂，並用黃巾為識別。黃巾賊所到之處，殺人縱火，劫掠搶奪，局勢一發不可收拾。就在天下失控、大火燎原之際，公元188年，太常劉焉建議，改刺史為州牧，選九卿尚書出任州牧，賦予軍政財大權，全力平亂。一時難於收拾的亂局，竟然很快就平定了，不過，黃巾餘黨仍然四處作亂。最後雖然黃巾亂平，可是，更大的禍患，接踵而來。孱弱不堪的中央朝廷，一下子放權地方州牧，易放難收，無法駕馭地方州牧，形成了地方軍閥割據局面。東漢政權至此，覆亡已近在眉睫。

公元189年，靈帝駕崩，少帝即位。大臣何進召并州牧董卓入京，希望捕殺宦官，但事情洩露，一場宮廷政變，立即發生，何進反被宦官張讓所殺，袁紹以三代公卿身份，領兵入宮，盡殺宦官。不過，宦官中常侍張讓及時逃出，並挾持少帝出走，其後張讓等人投河自盡，而少帝卻在路上遇上董卓，董卓就開展了挾持天子的行為，而各路州牧軍閥，藉機以討伐董卓為名，紛紛自立，漢帝國就此走上分崩離析的不歸路。

歷史思考點

探索大帝國分崩離析的原因

東漢末年，原意剿殺宦官，以朝中大臣之力，足以應付，事實證明，袁紹以宮中之力，就能盡殺宦官，可惜節外生枝，引來真正的大患董卓，結果是漢室就此斷送。東漢帝國滅亡，原因歸納為三個。

第一，外戚干政，甚至篡奪。西漢的滅亡，就是王莽以外戚身份篡位，改為「新」朝。東漢的外戚問題，又再重演，不過，東漢的皇帝看來汲取了教訓，外戚的勢力不斷受到打壓，皇帝加上宦官合作，外戚只淪為二流角色，但是東漢戚宦之爭，終令國家元氣受損。外戚的力量來源，始終是依附皇后，更要求皇后長命百歲，可以撐到老皇帝駕崩，新主繼位，於是皇后榮升皇太后，外戚才可以當權話事，否則，一旦皇后去世，原來的外戚勢力，必定煙消雲散。東漢以後，除了西晉賈后之外，外戚干政，偶有為之，但都是曇花一現，大抵與權力來源不穩定有關。

第二，宦官亂政。秦朝之亡，實與趙高干政有關。而東漢之亡，桓帝、靈帝兩代，宦官跋扈，引致兩次黨錮之禍，國家清流精英盡失，朝政如江河日下，自然走上亡國之路。後來唐、明兩代，宦官之患，為禍之烈，一朝比一朝更深。因為宦官無後人，同時亦深為朝臣所恥，所以宦官為禍，一般在於干擾朝政，令政事不能正常進行，而並非在篡奪皇位的事情上。不過，正因為如此，宦官只求眼前權力，不會為日後發展着眼，宦官的行為往往令人髮指，結果是正直大臣、朝政精英清滅殆盡，而野心分子，不論是外族武力或是內部軍人，必趁機動手，最終使國家走上滅亡之路。東漢亡於曹魏，唐代亡於朱溫，明代亡於滿清，都是在宦官亂政的背景下國家覆亡。

第三，軍閥割據。當國家動盪之時，野心軍人乘時而起，憑藉手中軍力，初時爭奪地盤，不理中央皇命，繼而爭奪天下，篡奪政權。東漢的州牧割據，唐末藩鎮之亂，都是中央政府力量衰弱、地方軍人趁火打劫的結果。然而，因為他們手握軍力，往往他們就是國家動亂中的最後勝利者。

至於民變，現代史學稱為「農民革命」，非常強調他們的歷史作用，其實東漢黃巾之亂、唐末黃巢之亂、明末李自成等，只是在糜爛的政局下一條導火線而已。這些政治上的配角，不過是宣佈大王朝沒落的報幕員，而真正改朝換代的主角，還是手握重兵的軍人。二千年的歷史，不斷重複，王朝陷落的悲劇不斷上演，大抵離不開中央集權的政治生態。權力長期而且過分地集中在皇帝手中，嚴重的人治格局必然導致不同人事黨派的鬥爭，結果自然是陷入動盪的循環之中。

延伸思考

- 從人民生活實況來看，漢朝是一個怎樣的國家？
- 試說出「五行」之說的內容，以及其演變過程，並從而分析漢人是否迷信。
- 借宗教名義起事作亂，在古代是家常便飯嗎？

11

大江淘盡英雄豪傑
——鏖兵赤壁

公元189年，東漢靈帝駕崩，少帝即位，宮廷政變，董卓入京，改立獻帝，挾持天子命令諸侯，各路州牧軍閥藉機自立，三國英雄故事由此而起。往後的歲月，統稱為「魏晉南北朝」。中國歷史又一次走上了分崩離析的大混亂時代，此次歷時長達四百年，僅次於春秋戰國，不過，春秋戰國是由零散走向統一，而魏晉南北朝則是由大一統轉而為瓦解局面。

群雄逐鹿，巧取豪奪，天下英雄以討伐董卓為名，乘機崛起。董卓不久被義子呂布出賣，死於其手。獻帝落難，逃亡之時，巧遇兗州牧曹操，從此，另一個挾天子令諸侯的局面又再出現。不過，曹操雄才偉略，漸次翦滅北方群雄。公元200年（獻帝建安五年），曹操在河北官渡打敗袁紹，奠定北方霸業，其後在207年（獻帝建安十二年），北征烏桓，消除北方邊患。當時長江以南的群雄，有荊州劉表，東吳孫權，益州劉璋，以及漢中張魯。為統一全國，曹操決定揮軍南下，劍指江南，希望一統河山，於是爆發了公元208年（獻帝建安十三年）的赤壁之戰。

赤壁之戰是三國時期最重要的戰役，該戰役決定了三國鼎立的形勢，也是中國歷史上第一次在長江流域進行的大規模江河作戰。結果人數處劣勢的孫劉聯軍發動火攻，將曹操水陸大軍徹底消滅。曹操大敗，逃回北方，從此失去了統一中國的機會，也確定了往後三國鼎立、三分天下的局面。

赤壁之戰的戰場所在，數百年來，爭議的地點至少有七處。歷來爭論的焦點，在蒲圻說（今湖北蒲圻市西北的赤壁山）和嘉魚說（今湖北武昌縣西赤磯山）之間，現代考古證據偏向蒲圻說。蒲圻，原是湖北省蒲圻縣。《元和郡縣圖志》稱：「赤壁山在蒲圻縣西一百二十里，北臨大江，其北岸即烏林，即周瑜用黃蓋策，焚曹公舟船敗走處。」1970年以後，蒲圻市赤壁山及長江對岸的烏林，連續出土了大量東漢時期銅鐵器、箭簇、貨幣等文物，包括1973年出土的銅馬鐙和刻有「建安八年」（公元203年）字樣的瓦硯，1976年赤壁山下土層中的沉船遺址、赤壁山上的各式漢朝帶鈎。1998年，蒲圻市正式改名為赤壁市。

公元208年（東漢獻帝建安十三年），七月，曹操自宛（今河南南陽）揮兵南下，期望先滅荊州牧劉表，再順長江東進，擊敗孫權，一統天下。九月，曹軍進佔新野（今屬河南），當時劉表已死，其次子劉琮不戰而降。依附劉表而屯兵樊城（今屬湖北）的劉備，被迫倉促南撤。曹操收編劉表軍隊，號稱八十萬大軍，向長江推進。劉備在長阪（今湖北當陽境）被曹軍擊敗後，於逃亡途中，派諸葛亮赴柴桑（今江西九江西南）會見孫權，說服孫權結盟，以長江天險，共抗曹操。

孫劉結盟，孫權任命周瑜和程普為左右都督，魯肅為贊軍校尉，率三萬精銳水軍，聯合屯駐樊口（今湖北鄂州境）的劉備軍，共約五萬人，溯沿長江西進，迎擊曹軍。十一月，孫劉聯軍與曹軍對峙於赤壁、烏林兩岸。當時曹操親率的大軍，約二十多萬，在長江北面沿岸烏林地區駐紮，劉備、孫權聯軍在對面南岸赤壁遙望。曹軍新編荊州水軍，戰鬥力較弱，又遭瘟疫，以致初戰不利。曹操北方士兵不慣船上生活，曹操於是下令，用鐵索將戰船連鎖在一起，結為一體，以減輕風浪顛簸，便利訓練水軍，伺機進攻。十二月，周瑜採納部將黃蓋所獻火攻計，並令黃蓋詐降曹操，接近曹操戰船，曹操中計。黃蓋乘颳大東風的時機，率蒙衝鬥艦，滿載薪草膏油，外用帷幕偽裝，上插與曹操約定的旗號，乘風駛入曹軍水寨縱火。曹軍船隻，首尾相連，不能解散，大火連環，船陣被燒，火勢波及岸上營寨，孫劉聯軍乘勢出擊，曹軍死傷無數，狼狽北退，留下征南將軍曹仁固守江陵。孫劉聯軍乘勝擴張戰果，兩軍分佔荊州要地。此戰後，劉備勢力迅速崛起，在接下來約十年的時間內，佔領了荊州（湖北）和益州（四川）大片土地，並以此為根據地，建立了蜀漢。而孫權亦鞏固了江東政權。為日後魏、蜀、吳三國鼎立奠定了基礎。

曹操勞師遠征，天氣盛寒，士卒疲憊，加上北方士兵不習水戰，而荊州新降民眾，尚未心服。曹操更高估了荊州水軍，低估了吳軍實力和長江天險。赤壁之戰，曹操自負輕敵，指揮失誤，終致戰敗。孫權、劉備在強敵面前，冷靜分析形勢，結盟抗戰，揚水戰之長，巧用火攻，成為中國軍事史上以弱勝強、以少勝多的著名戰例。

赤壁之戰不但對當時歷史產生了深遠影響，參戰雙方的主要人物如曹操、周瑜、諸葛亮等，也為後代所熟知敬仰，而民間文藝中，更流傳了一大批生動的故事，如舌戰群儒、草船借箭、借東風、連環計、華容道等，「火燒赤壁」成為了中國歷史上最知名的以少勝多的戰事之一。

歷史檔案室

建安風骨

東漢獻帝年號為建安，曹操挾天子以令諸侯，而曹操本人雄才大略，亦有文采，除他之外，兒孫亦以文學出名。曹操本人（魏武帝），兒子曹丕（魏文帝）、曹植（陳留王），加上孫子曹叡（魏明帝），世稱為「三祖陳王」。而曹操手下，另有六位名士以文學著稱，合稱為「鄴下六子」，另外再加上一個年長而被曹操所殺的孔融，七人統稱為「建安七子」。他們全以優美的文采，表達感懷傷世的人文精神，後世文評家稱他們的文風為「建安風骨」，南朝梁代昭明太子蕭統，為「建安風骨」下定論，評為「慷慨以任氣，磊落以使才」。

「建安七子」之稱，始於曹丕所著《典論・論文》：「今之文人，魯國孔融文舉，廣陵陳琳孔璋，山陽王粲仲宣，北海徐幹偉長，陳留阮瑀元瑜，汝南應瑒德璉，東平劉楨公幹。斯七子者，於學無所遺，於辭無所假，咸以自騁驥騄於千里，仰齊足而並馳。」七人名稱，分別是：孔融、陳琳、王粲、徐幹、阮瑀、應瑒和劉楨。

歷史思考點

南面稱王

中國幅員廣大，並以中原為核心發展，秦始皇帝開發嶺南，經歷了三國鼎立、五胡亂華，形成了以長江為界，南北各自發展的局面，出現了江南江北的分野。北方以政治發展為重心，南方則以經濟與文藝為發展重點。唐朝就有以江南魚米之鄉，養西北兵馬之説。歷代科舉考試，金榜題名，狀元數目，亦以江南為全國之冠。到了晚清，五口通商，地緣上的分野，令早得經濟貿易之利的南方，按捺不住北方重視政權穩定而不思進取的心態，率先爆發多次革命，以期推翻北方的政權，然而後來政局的發展，還是以北京為首都的北方政權佔上風。

就南北之分，北方一直是政治重心所在，而政權的統一，從來都是由北而南，所以，北方對南方而言，在軍事上，是嚴重的威脅，只不過南方人早已習慣了向北方稱臣。向北面稱臣，又是中國傳統政治特色，古代有所謂「南面稱王」之説，即皇帝的坐向是背北朝南。中國的古宮殿建築，皇帝的金鑾大殿，以至龍椅，必定是坐北朝南的縱軸走向。另外，中國風水堪輿，亦重視坐北向南，連陶淵明也有「倚南窗以寄傲」(《歸去來辭》)的名句。由此可見，中國人的民族心理，打從心底裏，早就對北方充滿敬畏之情。為甚麼有這種心理，有待研究，不過，這裏有一段說話，可以作為對這種心理的一種解釋。在《論語》中，孔子曾說道：「為政以德，譬如北辰，居其所而眾星拱之。」(《論語・為政》)孔子形象地將天上的北斗星比喻為統治者，其他臣民好像眾星圍繞北斗星而運行。這裏或多或少，以星象解釋了中國人的政治心理以北方為核心。研究中國文明的發展，南北分野是一個非常有趣的課題。

延伸思考

- 在地理上，三國各處的地理位置，各自有何優勢？這種優勢如何影響古代的政治形勢？
- 從三國群雄逐鹿的故事，試歸納出成功的霸主具有甚麼的條件？
- 三國鼎立是中國歷來最為人津津樂道的故事，這反映了中國文化中怎樣的心理狀況？試選出其中的片段，並分析當中對後世的文化影響。

12

終極一亂
——永嘉之亂

三國鼎立，到了公元220年（東漢獻帝建安二十五年），曹操去世，其子曹丕襲爵位，旋即廢獻帝，篡漢自主，建國魏國，都於洛陽。三國形勢，進入了後半期，蜀國及吳國亦先後稱帝自立。曹丕稱帝，是為魏文帝，起用司馬懿。司馬懿在曹操生時，見疑蟄伏，但得曹丕信任，東山再起。在魏明帝曹叡時，司馬懿西拒蜀漢，東平遼東，軍功卓越。明帝死時，更遺詔以司馬懿及宗室曹爽同輔廢帝。司馬懿以手中軍力，殺曹爽，獨專朝政。司馬懿死後，其子司馬師、司馬昭相繼專政，罷掉廢帝，改立曹髦。其後司馬昭又殺曹髦，改立曹奐為元帝，自為相國。公元263年，司馬昭命鍾會、鄧艾滅蜀，因功封為晉王。265年，司馬昭死，其子司馬炎襲爵位，逼元帝讓位，改國號為晉，改元泰始，仍都洛陽，是為晉武帝，史稱「西晉」（公元265–316年）。280年，晉武帝命杜預、王濬率兵攻吳，吳主孫皓出降，吳亡，晉統一中國。

晉武帝統一全國，從一開始，舉國上下就徹底沉浸在腐敗之中。晉武帝本身就荒淫至極，史書記載他由於妃嬪太多，難以選擇寵幸對象，索性以羊車代勞，任由羊車到達哪裏，就寵幸哪一位妃嬪。上有好者，下必甚焉。石崇誇富，朝臣以鬥富為能事。貪贓枉法，賄賂風行，朝政極為糜爛。西晉的弊政，還表現在一連串的錯誤國策上，重點包括：

第一，復行封建。晉武帝鑑於曹魏敗亡，是因為沒有分封子弟為屏藩，為了加強統治，監督異姓功臣及吳、蜀殘餘勢力，於是仿照西漢初年的做法，恢復封建制度。在公元265年，大封皇族二十七人為王，分鎮要地，作為屏藩，諸王得自行選任官吏，組織軍隊，因而形成諸王擁兵自重、外重內輕的局勢。結果諸王專擅朝政，終於釀成「八王之亂」。

第二，罷州郡兵。武帝鑑於東漢在黃巾亂後，州牧割據，於是在平吳之後，盡罷州郡之兵，大郡置武吏百人，小郡五十人。刺史只能掌管察舉等事，不再領兵。造成地方兵力薄弱，後來胡人叛亂，各地也無力抵禦。

八王之亂與五胡亂華

公元209年，晉武帝死，兒子惠帝繼位，世代學者皆認為惠帝是智力不足的智障人士。惠帝除了享樂以外，甚麼事也不懂，當時天下荒亂，百姓多餓死，他得知後竟說：「何不食肉糜？」(為甚麼不吃肉粥？) 惠帝由皇太后之父楊駿輔政。楊駿獨攬大權，橫行無忌。惠帝皇后賈南風，與禁軍將領司馬瑋 (楚王) 合謀，殺害楊駿，約同汝南王亮入朝輔政。隨後，賈后先後殺司馬亮及司馬瑋，又殺太子司馬遹，專權達八、九年之久。在京師洛陽任車騎將軍的趙王司馬倫，藉詞為太子報仇，利用自己掌握的宿衛禁兵，入宮殺掉了賈后和她的黨羽張華、裴頠等，並重用嬖人孫秀，殺害異己。趙王倫進一步，更想廢掉惠帝，自己稱帝，於是引起諸王不滿。齊王司馬冏聯合成都王司馬穎、河間王司馬顒，起兵殺了趙王。後來長沙王司馬乂、東海王司馬越也先後出兵，加入混戰。最後，東海王獲終極勝利。公元306年，東海王弒惠帝，立懷帝，掌握大權，戰亂才告結束，史稱「八王之亂」，亂事席捲全國，長達十六年。這場惡鬥，雖然爆發在惠帝統治時期，可是禍根卻在其父晉武帝實行的分封制，諸侯王國就成為晉朝內部的強大割據勢力，最後演成「八王之亂」。戰事的結果，直接釀成「永嘉之亂」，晉室覆亡，終致「五胡亂華」。

「五胡」指匈奴、鮮卑、羯、羌、氐，五個胡人的游牧部落。自東漢以來，中國西部和北部周邊的各少數民族，逐漸內徙，遷居塞內。魏晉時，因為戰亂，北方漢族人口銳減，關中地區人口百萬，其中胡人約佔一半。胡人內徙後，未能同化於中原漢人文化，另一方面，漢人統治者認為內徙的胡人為化外之人，非但不加教化，反而加以虐待，以奴隸看待，胡人時思報復，造成民族仇恨。西晉初，一些大臣提出「徙戎」北返的主張，晉武帝時，郭欽主張徙胡，但武帝不僅不接受，反而准許北邊大批匈奴歸附。惠帝時，大臣江統的〈徙戎論〉，主張用武力，將內遷的胡族強制遣返原住地，並以「內諸夏而外夷狄」的辦法，隔絕胡漢接觸，防止胡人造反，但均未能被朝廷採納。危機之中，火上添油，因為戰火，需要大量兵源，胡人的強悍，正合用於中原戰事。胡人參軍，早在三國時期，已有先例。八王之亂，大量動用胡兵參戰。嚴重的民族問題及潛在的政治危機，一觸即發。胡人參戰，直接引發出胡人對漢人報復的熊熊烈火。

八王之亂，晉室元氣殆盡，胡人軍事首領於是乘機作亂。公元304年（晉惠帝永興元年），匈奴人劉淵叛晉，起兵於離石（今屬山西省），稱王於左國城，國號漢。公元308年，劉淵又改稱帝，建都平陽。劉淵連敗晉軍，佔領了山西中部及南部一帶地方。公元310年（晉懷帝永嘉四年），劉淵死，次子劉聰繼位，立即派兵攻打洛陽。公元311年，劉聰攻陷洛陽，擄懷帝北去，並縱兵燒掠，殺太子、諸王及百官等三萬多人，又挖掘皇陵，焚掠官府宮廟，史稱「永嘉之亂」。晉懷帝被擄後，第二年被殺，其姪秦王司馬鄴於長安即位，是為湣帝，改元建興。公元316年，劉聰派劉曜攻長安，湣帝投降，乃擄湣帝北返，西晉滅亡。從武帝建立晉朝，到湣帝出降，西晉國祚僅歷51年。

「永嘉之亂」，終致「五胡亂華」，西晉滅亡。自公元304年，匈奴人劉淵稱王，至公元439年，鮮卑族的北魏統一北方，期間136年，匈奴、鮮卑、羯、羌、氐等五胡擾亂中華。百餘年間，北方各族及漢族在華北地區，建立數十個強弱不等、大小各異的國家，因為鮮卑北魏史官崔鴻著有《十六國春秋》一書，該書將較具代表性的十六個政權獨立記錄，所以後世史學家稱這一時期為「五胡十六國」。即西晉永興年建立的漢（匈奴），西晉亡後建立的前趙（匈奴）、後趙（羯）、前涼（漢）、後涼（氐）、南涼（鮮卑）、北涼（匈奴）、西涼（漢）、前燕（鮮卑）、後燕（鮮卑）、南燕（鮮卑）、北燕（漢）、前秦（氐）、後秦（羌）、西秦（鮮卑）、夏（匈奴）等十六國，史上又稱「五胡亂華」。當時實則數目遠多於十六個，建立者也不限於胡人，亦有漢人政權。五胡亂華，是中國歷史上最黑暗的一頁。

永嘉亂後，北方士族為避戰火，中原人口大量遷往長江中下游，史稱「衣冠南渡」，是中國第一次國內民族的大遷移。北方士族流入江南，設立大量的僑州僑郡，深刻地影響了東晉的政治面貌，促進了長江中下游經濟的發展，中國古代經濟中心逐漸遷往南方。民俗學家認為，現代閩南人、客家人的先祖，來自於此時期南遷的中原人。另外，「衣冠南渡」對中國文化格局的變化，也有莫大影響，它使以黃河流域為中心的中國文化，第一次移向長江流域。此後，不僅南北經學學風和研治方法，因南北對峙而呈現明顯的差異，而且在文學、佛學、道教、書法、美術、音樂等方面，也呈現不同風格，而相映成輝。

西晉表面上是亡於胡人之手，其實自西晉建國以來，施政缺失甚多。晉武帝腐化荒淫，繼位的惠帝又愚昧不堪，政局混亂，朝臣明哲保身，崇尚清談，漠視國計民生。武備不修，但是內戰不休，胡人首領中，有野心的，乘機以武力建立割據政權。統治者荒淫昏庸，朝政腐敗，國家內戰，外族作亂，終極一亂，實屬必然。

當時琅邪王司馬睿鎮守下邳。後來琅邪王就移鎮建業（今南京），在江南發展，奠下了東晉的基礎。晉湣帝死後，司馬睿在江南士族王導等的支持下，即位為帝，即晉元帝。此後，偏安江南，以建業為首都的晉朝政權，史稱「東晉」。

歷史檔案室

竹林七賢

「竹林七賢」是指魏末晉初的七位名士：阮籍、嵇康、山濤、劉伶、阮咸、向秀、王戎。

竹林七賢之名的由來，據東晉孫盛《魏氏春秋》：「(嵇)康寓居河內之山陽縣(今河南省焦作市東)，與之游者，未嘗見其喜慍之色。與陳留阮籍，河內山濤，河內向秀，籍兄子咸，琅邪王戎，沛人劉伶相與友善，游於竹林，號為七賢。」

七人是當時玄學的代表人物，大談老莊哲學。他們在生活上不拘禮法，聚眾在竹林喝酒縱歌，甚至服食丸散及裸露身體。在政治態度上，嵇康、阮籍、劉伶等仕魏，對執掌大權的司馬氏持不合作態度。結果是嵇康被殺害，阮籍佯狂避世。山濤、王戎等人於西晉朝廷中，卻歷任要職。七人的荒誕表現，其實是亂世之中，不依附權勢，但又不能脫身，無可奈何之下，一種反傳統、反社會的自保方法。

歷史檔案室

五胡後代

匈奴

漢朝南北匈奴分裂，北匈奴西遷，去了歐洲，建立匈奴汗國，從而導致日爾曼民族的大遷移，間接滅了西羅馬帝國。南匈奴內附中國後，最終漢化，隋唐以後再沒記載。

羯

羯族身份來歷最含糊不清。從記載中，羯族是最兇殘強悍的一族。冉魏破滅羯族後趙，羯族被屠殺殆盡，僅剩下一萬餘人投降了東晉，但沒多久，東晉爆發內亂，這僅餘的一支羯族人，趁亂叛變，最後在戰亂中被殺盡滅族。

鮮卑

鮮卑族建立政權後，部落大都解體，人民多轉向農業定居生活。到了隋唐時期，鮮卑融入各民族之中，逐漸消失。當年一些鮮卑族人，先是漢化，後來又胡化，散居東北雪原，融入後起的少數民族之中。

羌、氐

原本生活在青藏高原的幾支，在唐初年間，被松贊干布統一，建立了吐蕃王國。另外南遷的一部分，在雲貴高原形成六詔，最終統一為南詔國。南詔滅亡後，分裂為多個少數民族，部分繼續南遷，成為緬北的少數民族。

歷史思考點

槍桿子出政權

毛澤東名句：「槍桿子出政權。」一語道盡中外千古的政治交替特殊情況。亂世出英雄，政局動盪，出現武力衝突的時候，往往是誰人掌握兵馬大權，誰人就是真正的主子。所謂「勝者為王，敗者為寇」，手握殺人兇器，順我者生，逆我者亡，將反對勢力徹底剷除，自己自然就是皇帝。所以自古有云：「大丈夫不可一日無權」，當中的歷史意義，就在於此。有關的歷史佐證，在此無須贅述，翻開古代世界的歷史，血案堆積如山，不只在於中國，世界各地亦如是。以武力來奪取政權，在古代勞力密集的社會，因民智未開，民盲普遍，生產力低下，聽天由命，這種政治生態，在所難免。今日，慶幸在二十一世紀的年代，教育普及，尊重人權，通訊發達，重視知識，依賴科技，回頭探討這種以殺人奪權方式的政治，現代人應否再接受呢？特別是現代人，經歷了兩次世界大戰，血淚教訓，成王敗寇的思想，確實要深思反省。如果現代人不接受「槍桿子出政權」的話，人類社會未來的理想政治，應該是怎樣？現代人應該如何去構建理想的政治模式？成王敗寇，「槍桿子出政權」的劣根思想，現代人應該如何去糾正更新，這是現代人承先啟後的道德責任。

延伸思考

- 試說出「五胡十六國」中哪一位君主最為殘暴，有甚麼的暴行惡事？
- 為甚麼周邊少數民族入主中原，總是使到中原受到重大的破壞？試比較中國歷史上各次外族入主中原時候，中原受破壞的程度如何。
- 試比較東周的亂局與「五胡亂華」對中華民族的發展有何意義。

13

天下一家的先鋒
——孝文帝漢化

漢朝經過了武帝的雄才經營，帝國版圖空前擴張，然而，國家的內耗，亦是空前，到達高峰後的帝國，漸漸走向下坡。東漢光武帝劉秀建立東漢政權，恢復西漢的版圖。經歷不足二百年，東漢政權終於敵不過宦官和外戚循環惡鬥的摧殘，中國歷史再一次交上分崩離析的宿命。東漢末年的黃巾之亂，開啟三國鼎立。經過半世紀的戰亂，三家歸晉，短暫虛假的盛世，掩飾不了荒淫敗壞的滅亡，西晉很快陷入王室的內戰，血腥最終引發已經內徙的少數民族的野性，五胡亂華成了中國歷史上數一數二最黑暗的時代。

公元311年，匈奴人劉聰攻陷洛陽，擄西晉懷帝北去，並縱兵燒掠，殺太子、宗室諸王及百官等三萬多人，焚掠洛陽，時為西晉懷帝永嘉五年，史稱「永嘉之亂」。自此，南方東晉政權（公元317–420年），苟延殘存，北方陷入五胡亂華局面。南北對峙，北方雖有前秦國苻堅的短暫統一，但在公元383年淝水之戰中，苻堅戰敗，落得「草木皆兵」、「風聲鶴唳」，北方又再四分五裂。公元386年，鮮卑族拓跋珪建立北魏（公元386－534

年)，在平城(今山西大同東北)稱帝，號為道武帝。公元439年，北魏太武帝拓跋燾統一華北。北方經歷五胡亂華的混戰，終由鮮卑族拓跋氏統一，建立北魏，史稱「北朝」。與此同時，東晉北府兵將領劉裕，起兵討滅篡晉稱帝的原荊州刺史桓玄，滅南燕、後秦，於公元420年篡東晉稱帝，建國號為宋，號為宋武帝，與北魏隔黃河對峙。東晉滅亡後，出現宋、齊、梁、陳四朝的更替，史稱「南朝」。

孝文帝是北魏第七任皇帝，其時北魏歷代君主都重視學習漢文化，一洗其他胡人君主的殘暴風格。到孝文帝即位初，已有馮太后與朝臣李沖的改革，建立均田制，重新建立以農業為主體的大帝國。由於孝文帝由屬漢人的馮太后撫養，深受漢文化影響，即位後繼承祖母馮太后遺志，繼續全力推行漢化政策，目的是以漢文化建立帝國。北魏孝文帝在位時所推行的政治改革，史稱孝文帝漢化，重點包括推行均田制和戶調制，變革官制和律令，遷都洛陽，改易漢俗，改從漢人姓氏等。

孝文帝拓跋宏從小受到漢文化的薰陶。他自幼愛好讀書，手不釋卷。《魏書．高祖紀》說他：「五經之義，覽之便講，學不師受，探其精奧。史傳百家，無不該涉。善談莊老，尤精釋義。才藻富贍，好為文章，詩賦銘頌，任興而作。」馮太后還親自創作〈勸誡歌〉、〈皇誥〉等文章督促他閱讀背誦，將儒家的忠孝、仁愛、禮義等道德思想傳授給他，並用自己的言行感染他。馮太后生活節儉，「不好華飾」，對待下人比較寬慈，孝文帝也依樣仿行。這些，都成為他日後推全盤漢化的思想基礎。當然，孝文帝習文的同時，也練就了一身武功。他從小善射，

「及射禽獸，莫不隨所志斃之」，臂力也好，十多歲時即能以手指彈碎羊的肩骨。孝文帝既具胡人的尚武精神，又富漢文化修養，可謂是文武兼備的君主。

太和十年（486年），孝文帝年滿二十歲，長大成人。馮太后將權力交給孝文帝。馮太后於公元490年去世，時年四十九歲。馮太后死後，孝文帝十分悲痛，遵照古禮，厚葬太后，守孝三年。

改革的總標誌——遷都

孝文帝親政，漢化的最關鍵，亦是最重要的一步，就是遷都洛陽城。孝文帝決心把國都從平城遷到洛陽。

北魏南下，早已有過遷都的歷史。道武帝拓跋珪建立北魏時，定都盛樂（今內蒙古和林格爾北），後於公元398年遷都平城。平城相對盛樂而言，自然是一個較為理想的定都之地。隨着形勢的發展，北方柔然、高昌的威脅業已解除，南方的領土不斷擴大，具有雄才大略的孝文帝已明確了北魏的戰略目標——南征齊朝，統一中國。平城地處黃土高原東北部，氣候寒冷，土地貧瘠，交通不便，顯然已不能適應當時的發展戰略。最主要的一點是，這裏的鮮卑貴族集中，他們思想保守，堅持鮮卑舊俗，已形成了一股反對改革的頑固勢力。由此可見，北魏若要發展，就必得改革，而改革的關鍵，就是離開平城，遷居中原。孝文帝目光落在了居古代「天下之中」的洛陽。他看重洛陽，最主要是因為這裏是漢文化中心。另外，洛陽接近南朝，也便於隨時用兵，「南蕩甌吳」，實行一統天下的雄心。

為了遷都，孝文帝怕大臣們反對，先提出要大舉進攻南齊。公元493年，孝文帝親率兵馬三十多萬南下，從平城出發。到了洛陽，正好碰到秋雨連綿，到處泥濘，行軍困難，足足滯留了一個月。但是孝文帝仍舊戴盔披甲騎馬出城，下令繼續進軍。大臣本來不想出兵伐齊，又出來阻攔。尚書李沖等就出來反對，安定王休等伏在地上痛哭失聲，苦苦勸諫。於是一場精心安排的好戲，終於上演。

孝文帝嚴肅地說：「這次興師動眾，半途而廢，豈不是給後代人笑話。如果不能南進，就把國都遷到這裏。諸位認為怎麼樣？」大家聽了，面面相覷，沒有說話。孝文帝繼續說：「欲遷者左，不欲者右。」(同意遷都的往左邊站，不同意的站在右邊。)（事見《資治通鑒》卷一三八）許多文武官員雖然不贊成遷都，但是聽說可以停止南征，也都只好表示同意遷都了。至此，群臣害怕南伐，不敢再言，遷都之計就這樣定下來。公元495年九月，平城文武百官及後宮粉黛，移居洛陽，孝文帝漢化改革的一項最為重要的決策，歷時三年的遷都大計，大功告成。遷都洛陽，在政治及經濟改革上，再無守舊勢力阻撓，在人民形象及心理上，完全接受文化與風俗上的徹底改造。漢化的總成就，便在遷都洛陽。

孝文帝遷都後，在形象心理上進行文化與習俗的改造。孝文帝詔令鮮卑族禁穿胡服，改穿漢人服裝。朝廷上禁鮮卑語，改說漢語。規定鮮卑貴族在洛陽死後，不得歸葬平城，並改他們的籍貫為河南洛陽，改鮮卑姓為漢姓，以皇族為開先河，「拓拔」改姓「元」，自此孝文帝的姓名，「拓拔宏」，改為「元宏」。

佛教在北魏時期，大盛於北方。(圖為洛陽龍門石窟)

鮮卑貴族門閥化，提倡他們與漢族高門通婚等。當然，少不了尊孔子，加緊修建孔廟祭孔。

孝文帝連串的政治及經濟改革，嚴格來說，大抵出自馮太后之手，但無論如何，這對鞏固孝文帝日後改革有重大幫助。相關的改革內容，有三大點，涉及政制、稅制和戶籍制度，可謂全面。第一，在政治上，整頓吏治，推行班祿制；第二，在稅制上，改革租制，實施均田制；第三，在戶籍上，整理戶籍，制定三長制。

太和二十三年（499年），孝文帝親率大軍征討南齊，心力交瘁，結果病入膏肓，死於軍中，年僅三十三歲。後世對孝文帝的為人和政績，評價很高。可惜，孝文帝死後，北魏政局出現嚴重分化。遷都洛陽後，政治軍事重心南移，孝文帝的改革主要以洛陽為中心，對過去的發跡之地——以平城為中心的代北地區，沒有顧及。南部全盤漢化，而北部則保持着強烈的胡人習性，鮮卑習俗依然如故，而門閥世族制又將代北邊鎮的貴族排斥在外，使他們變為處於政治底層，導致他們產生了強烈的不滿。時間荏苒，北魏就慢慢地分裂為以洛陽為中心和以平城為中心的兩大集團，造成南遷與留守北方鮮卑人之間嚴重嫌隙。北魏自建國之初，為防備柔然外族之侵擾，沿邊設置重兵防範，分別有禦夷、懷荒、柔玄、撫冥、武川、懷朔，合共六鎮。在未遷都洛陽之前，鎮將多由宗室貴族充任，且是世襲，並可與朝臣互調。至孝文帝遷都洛陽，實施漢化政策後，此種情勢亦為之一變。隨孝文帝南徙之鮮卑人，在濡染漢化之際，也養成奢靡浮華之風。孝文帝又特重門品，而戍守六鎮之鎮將，地位一落千丈，不再與朝官互調，加上漢化政策對六鎮影響較少，他們仍然保持者鮮卑舊俗，因而被一些深受漢化且自謂清流之士的鮮卑人所輕視。邊區生活和洛陽有極大差異，京師豪族貴戚「擅山海之富，居山林之饒，爭修園宅，互相誇競」，六鎮則生活困苦。綜合上述諸原因，結果導致了一場巨大的軍事內亂。公元523年，北方六鎮將領兵變，叛將爾朱榮攻入洛陽，殺王公臣二千多人，三十年的時間裏，一個如日中天的北魏政權就給徹底葬送。

綜觀孝文帝的漢化政策之各項措施，可知他是想在根本上做起，改變鮮卑人的生活方式，擺脫胡漢之間的隔閡，提升鮮卑人的文化水平。可惜孝文帝於遷洛的第五年駕崩，鮮卑貴族腐化，已非孝文帝最初的原意。民族間的融合與同化，是人類整體的一個歷史過程。孝文帝嚴厲推行的全盤漢化，正是一種順應歷史潮流發展的偉大改革。

永嘉之亂以後，中國北方長期陷於戰亂，取得了政權的胡人外族，在文化上逐漸漢化，胡人和漢人的隔閡逐漸消融，並且創置了不少新的制度，奠定日後隋唐盛世的基礎。而晉室流亡南方，建立了東晉政權。原先在中原地區的百姓，也紛紛逃亡到南方，他們大大地促進了當地的經濟和文化發展。遷到南方的中原民族與當地的人民，和百越各族相融合。這一時期，是華夏各民族大融合的時期，在中原具有絕對文化統治地位的漢族，汲取了其他各民族的文化精髓，注入了新的文化基因，成就了隋唐時期的高度繁榮。

歷史思考點

漢化等於腐化？

「漢化等如腐化」這說法確展示了中國五千多年來，以中原為核心的漢文化與周邊的少數民族的關係發展。回顧這種關係，一方面是周邊部族不斷用各種方法手段，進入中原核心區，另一方面，中原核心的居民，又不斷抗拒周邊的人民加入。當中的對抗，反映了兩邊人民的不同生活文化差異。不停的對抗，造成彼此無間歇的交流。有的是同化，有的是被消滅，有的被趕走，不一而足。有趣的是，凡成功進入中原的少數民族，接受了中原文化之後，過着漢人的生活方式，不久，就失去了他們昔日的刻苦尚武精神，然後融化在漢文化的染缸之中。匈奴歸附漢朝，即使在兩晉之交，成為五胡亂華的始作俑者，但不久就永遠融入漢文化之中。鮮卑建立北魏，未到隋朝，已經消化在漢文化中。契丹、女真劫掠兩宋，國祚比兩宋先亡。蒙古元朝入主中土，維持不足一百年。滿清主動漢化，以漢文化補自己的不足，換來二百多年的國運，晚清仍不免一塌糊塗。「漢化等如腐化」看似成為民族融和的必然公式。

民族間的融合與同化，是人類整體發展的必然歷史過程，也是不可避免的發展趨勢。西方歷史學家湯恩比的「文明衝突論」，有一種優勝劣敗的看法。應用到中國文明，中原文明與其他周邊文明對比過程中，地理因素成為重大影響。中原氣候適合耕作，大大地提升了當地人的生產，有利於文明的積聚發展。除此之外，技術和管理更是比拼不同文明高下的關鍵所在。兩個地區文明的較量，結果是擁有較高技術和管理水平的一方獲勝。用現代術語，就是誰擁有較高「生產力」，誰就可以得勝。這種以生產力水平為分析的理論，高文明水平的地區必然吸引低文明水平地區的人民遷入。古今如是，今天的國際難民問題，或者偷渡移民，都是如出一轍，道理相同。在民族大融合中，各族的隔閡逐漸消融，一方面，落後的文明得以提升，另一方面，在中原具有絕對領導地位的漢文化，同樣汲取了其他民族的文化精髓，為往後的高度繁榮，注入新的文化基因。孝文帝在一千五百多年前，嚴厲推行的全盤漢化政策，正是一種順應歷史潮流與發展趨勢的偉大改革。撇開成敗得失不論，至少他那認同先進文化的自覺之舉，成為歷史上一個可貴的榜樣。

餘下來的問題是：漢化是否等如腐化？從歷代的民族融合中，表面好像如是，不過，事實的真相是，少數民族發源於遙遠的邊陲之地，人口稀少，進入廣袤的中原地後，如果仍然保持着過去的那種野蠻的游牧生活習俗，來去如風，可能僅限於搶劫為生，根本無可能維持下去；若是要長期在中原這塊土地上生活下去，他們就不得不調整，改變過去的生存方式，由游牧搶掠生活，變為先進的農業耕作。日子久了，他們必然放棄勇武與剛健的作風，實際上，這種尚武民風，對農業耕作毫無幫助。漢化是無可選擇的出路。蒙古人拒絕漢化，對漢人施行高壓統治，不過百年，即被趕走。而滿清施行漢化，國祚與漢人政權相若。由此看來，漢化是邊疆少數民族必然之路。至於漢化後的表現，客觀地說，在古代權傾一國的政治下，漢人統治者都敵不過聲色犬馬，少數民族統治者怎不腐化？少數民族的腐化墮落，問題不在於漢化，而是政治上的制度建置及道德自覺的問題，是所有統治者都要面對的考驗。由此而言，「漢化等如腐化」只是說對了表面現象而已。

延伸思考

- 北魏孝文帝漢化政策中，有哪些是創新的內容？
- 胡人漢化，在過程中，漢化的精粹內容是甚麼？是否只限於用漢語、穿漢服？
- 不少評論者說，北朝的連串改革造就了後來的隋唐盛世，你的看法如何？

14

金榜題名
——開科取士

隋煬帝大業二年（606年），置「進士科」，策試諸士。並在翌年，大業三年（607年），下旨廢除九品官人法，中國歷史上的科舉取士，正式登場。由隋煬帝大業三年，到清光緒三十年（1904年），一千三百年間，科舉取士，成為中國歷代選拔人才、晉身仕途的重要門徑。

隋以前的出仕門徑

開科取士之重要，是因為選拔人才，關乎國家未來的發展，特別是古代君主政權，人治因素非常濃厚，朝臣質素的好壞，直接影響政治的清明，關連到施政的延續。這個用人的道理，自古以來，是為政者一直關注的重點。在隋唐建立的科舉制度，完成了一套行之有效的文官選拔制度，為往後的一千三百年，開創了一條出仕用人的康莊大道。四鄰國家，日本、朝鮮、越南等，效法中國，開科取士。科舉制度，成為古代世界歷史中，最有效、最健全的文官選拔制度。

秦以前，用人以貴族世襲出身，加以游士說客，因此，選拔人才，並無定制。漢初，天下方定，以詔令形式，求天下賢士，包括漢高祖十一年（196年）的「求賢令」，漢文帝二年（178年）詔舉「賢良方正，直言敢諫」之士，設題策問。漢武帝獨尊儒術，在中央除設五經博士置弟子員（即太學生），在地方上置「察舉」，由地方郡縣舉薦「孝廉」、「秀才」。於是，漢朝選拔人才的途徑有三種：第一是五經博士置弟子員出身；第二是察舉出身（定期），包括「孝廉」、「茂才」（即是秀才，東漢避諱，改稱茂才）；第三是詔舉和徵辟（不定期）。

東漢末年，天下大亂，鄉里制度不存，察舉無法進行，魏文帝曹丕採取穎川士族出身的吏部尚書陳群的建議，推行「九品官人制」，以九級來評定人選。不久，曹魏時創立的九品官人法，到西晉時，已經變成了從世家大族中選拔官吏的局面，並演化出士族與庶族兩大社會階層的壁壘，形成「上品無寒門，下品無世族」的門閥制度。南朝由東晉，經歷宋、齊、梁、陳四朝，門第界限，異常明顯。北魏統一北方，照搬此前的政策，也就繼承了這一門閥制度。《魏書・官氏志》記載：「有三世官在給事已上，及州刺史、鎮大將，及品登王公者為姓……而有三世為中散、監已上，外為太守、子都，品登子男者為族。」門閥制度由魏晉一直延伸，直到隋朝開科取士，建立科舉制度時方才廢止。

隋唐以後的科舉制度

自隋唐開科之後，經歷宋、元、明、清，制度、形式和內容大致不變，只有一些調整變動，並且漸趨完善。下圖以清朝為例，簡單說明科舉考試制度。

童試：府縣考試，按次序分為「縣試」、「府試」、「院試」，逐級遞進，完成三試，才算考完「童試」。及格為「秀才」。之後再考「歲試」及「科試」，全部合格，便有資格考「鄉試」。

鄉試：省會考試。及格為「舉人」，第一名為「解元」。

會試：京城考試。及格為「貢士」，第一名為「會元」。

殿試：宮廷考試。及格為「進士」。分一甲、二甲、三甲。一甲第一名為「狀元」，第二名為「榜眼」，第三名為「探花」。授翰林院官。二、三甲者，隨後有「朝考」，決定授官安排。

- 另有國子監生，從生員身份應考「鄉試」，不經「童試」。
- 亦有「貢生」，以捐買形式，取得考「鄉試」資格。

考試每三年開考一次。特別加開者，稱為「恩科」。明清兩朝，考試內容是四書五經。考卷以策論為主，亦加律詩一首。文章的形式，要求八股格式。

開科取士，是中國政治上的一項劃時代創舉。隋唐以前，選拔人才，以「品行」、「德望」為標準，此種主觀的做法缺乏客觀的準則。有德者，未必有才幹，更何況貪污請託，私相授受。漢魏的選拔，真正的人才既不能選出，反而造就豪門壟斷，私門對抗公家。自從隋唐科舉，取士所重，才德兼備，選拔亦較為客觀。同時，科舉取士，寓教於考，當中的考試內容，經史為主。至元代，更以朱熹四書為本，使天下士人，皆以儒家思想為學習正宗，造就天下統一的文化核心，當然有利於國家的思想鞏固，民心的歸一。唐太宗於宮闕之上，看見士子赴考，不禁喜形於色，對太子說出：「天下英雄盡入吾彀中。」科舉制度是統一民心、鞏固王權的最佳工具。金榜題名，光宗耀祖，即使是舉人地位，亦足以改變家族的興旺，何況一登龍門。所以，十年寒窗苦讀，為的是科舉功名，所謂「萬般皆下品，唯有讀書高」。儘管科舉制度在清末受盡指責，但確是中國一千多年在政治上穩定國家發展的重要選拔制度。科舉制度的社會功能，產生了半官僚階層，穩定民間社會，同時使程朱理學成為儒學正統，形成崇尚學問的社會價值，也開展地方識字啟蒙教育。美國漢學家卜德（Derk Bodde）認為，中國是最早以考試選拔治國人才的國家，而科舉所發展出來的文官制度，正是中國給予西方其中一項最珍貴的文化禮物。美國史家杜蘭（Durant Will）著的《世界文明史》（*The Story of Civilization*），盛讚中國科舉制度，讓平民百姓有機會參與政務，保證國家交由精英管治，而在科舉制度下，舉國上下皆重視學習，民眾以有學問的人而非富人為模範。四鄰國家，亦以中國科舉為藍本，設立自己的科舉制度，朝鮮於公元958年至1894年，行科舉制，共936年；越南李朝仁宗太寧元年，即公元1075年，行科舉制，至1919年才結束；日本於公元七至八世紀行唐貢舉制度。

科舉制度是中國行政制度史的劃時代成就，它是世界上最早的公務員考試，它對中國文化最大的貢獻，在於通過考試，使中國的道統和經典，經歷千年而不斷延續，後來的流弊倒是反映時代的改變。人心在變，世運在變，科舉制度完成了其歷史使命，自然要退出歷史舞台。唐代詩人王維，南宋文天祥，都是科舉狀元出身，其他史冊留名的文人，文采風流，風骨崢嶸，數之不盡，幾乎都是科舉出身，可見科舉制度對中國政治和文化的貢獻。

歷史檔案室

三元及第

科舉考試中，鄉試第一名的稱為「解元」，會試第一名的稱為「會元」，殿試第一名的稱為「狀元」。三元及第，即是由鄉試、會試到殿試，都是考得第一名。所以，祝福人家考試「三元及第」，意思是祝福考試第一，仕途光明。

歷史檔案室

歷史上的隋煬帝

唐代史書，將隋煬帝描繪成一個昏君暴君，後世多跟隨此說。事實上，隋煬帝的政治智慧和軍事才能，在中國歷代皇帝中是少見的。平陳一統天下，二巡突厥，破吐谷渾，經略西域，開拓流求台灣，三征遼東，又遣使赤土南洋諸國、波斯和日本。有的史學家稱讚隋煬帝的武功「過於秦、漢遠矣」。唐史刻意抹黑隋煬帝，目的明顯是突出唐朝政府取代前朝的合理性，這是改朝換代，為了合理化新政權的常用手法。除了成敗論英雄，對歷史人物的評價，應該客觀持平，否則就錯過「知興替，正得失」。

歷史思考點

短命王朝與國祚長短

歷來有謂隋朝是短命的大一統王朝，與秦朝同屬勞民過度的短命王朝。不過，仔細一看，隋朝不算最短命，王莽的新朝才十五年，西晉亦僅為半個世紀，而隋朝差不多有四十年的國祚，雖然是短命，但統一全國後至少有三十年以上的國運，足以讓國家休養生息，打好江山基礎。

隋朝覆亡，歷來的史家都喜歡將之與秦朝相提並論。秦朝亡國，除了勞役人民過度，刑法太苛，已故國學大師錢穆先生認為，秦朝初建，六國遺民仍然留戀故國，積怨所在，所以一呼百應，推翻秦朝。另一方面，隋朝也是大興土木，唐代官方歷史，更說隋煬帝修運河、建龍船，民夫因站在水中太久，腰下腐爛生蟲；然而，這是後代官方對前朝的抹黑，若下半身潰爛，怎能再工作？若說是生蟲，理應是水蛭吸血蟲而已。隋朝與秦朝的亡國原因，有多少是相近，留待學者去探究。

王朝短祚，多出現於大動亂後的統一王朝，秦朝、西晉和隋朝都屬於同類。這些王朝既有政治失當的因素，亦有心理上的因素，如錢穆先生所言，即是民心未服，戀棧舊朝。另外，亦有以經濟基礎來分析所謂的短命王朝。所有的分析是否合理，都有待學者進一步去驗證。不過，從反面的證據來看，短命的王莽新朝就不是建基於社會大動亂，而是建基於強盛的西漢，而東漢政權是王莽新朝大亂收拾殘局而來，亦有近二百年國運。兩宋亦是在戰火下出現，各自有百多年的歷史，所以不能輕易為各個王朝的國祚長短原因，下一個概括必然的結論。其實，國運的長短與否，覆亡原因，各自有其原委，既有共通性，亦復有其特點。研究歷史興亡，正是鑑古知今的教訓所在。

延伸思考

- 試列出透過科舉出仕的古代三位名人。
- 試比較科舉考試與現代公開考試，在意義上有甚麼分別。
- 自宋朝以來，中華文化趨向「重文輕武」，科舉考試與此有何關係？

15

漢文化的巔峰
——天可汗

北魏孝文帝駕崩後，不久，出現了六鎮之亂，首都洛陽被攻破，北魏亦因此而分裂為東魏（公元534–550年，共17年）和西魏（公元535–556年，共22年）。兩魏其實由權臣把持，不消一陣子，兩魏就被權臣篡奪，東魏變成為北齊（公元530–577年，共28年），西魏成了北周（公元557–581年，共25年）。雖然北朝再度分裂，不過，這只是大一統的前奏預備。西魏於公元550年行府兵制，北齊於公元564年推均田制，制度上進一步完善，國力的提升，意味着中國大一統的時代即將降臨。隨着北朝政權漢化，漢人得以重新掌權，為隋唐漢人政權，奠定基礎。北周在公元577年，滅北齊，統一北朝，大有一統大中華之勢。適逢其時，漢人楊堅以皇后外戚身份，趁着主少國疑的機會，奪取了北周政權，於公元581年稱帝，改國號為「隋」，是為隋文帝。

隋文帝即位，改元「開皇」，重建漢人政權。公元587年，隋文帝派兵滅陳朝。南朝自從東晉為宋武帝所篡奪（公元420年），經歷了宋（公元420–479年，60年）、齊（公元479–520年，

24年)、梁(公元502–557年,56年)、陳(公元555–587年,33年),中國再次回復大一統局面。隋文帝推行政治改革,為三百多年的苦難帶來新景象。隋文帝在位期間,天下太平,史稱「開皇之治」。然而好景不常,隋文帝廢太子楊勇,改立次子楊廣。隋煬帝楊廣,亦為一代雄主,可惜過度發展,修運河,營東都洛陽,未能讓人民安定下來,反而使野心群雄肆意伺機叛亂,一發不可收拾,結果隋煬帝被弒殺於揚州。隋朝國祚不足37年(公元581–618年)。

李淵建立大唐

隋朝末年,狼煙四處,天下大亂,外有突厥犯境,內有群雄叛變。唐高祖李淵鎮守太原,對於是否起兵造反,一直拿不定主意,反而由次子李世民決定。隋煬帝大業十三年(公元617年)夏天,時年十八歲的李世民,與其兄李建成率兵攻西河(今汾陽),首戰獲勝,奠定李唐王朝的基礎。李淵自山西太原南下。當年冬天,李淵軍隊進入長安。李淵立隋煬帝楊廣的孫子代王楊侑為帝,即隋恭帝,改大業十三年為義甯元年。李淵進封唐王。李世民為京兆尹,封秦公,後來改封趙國公。

翌年,公元618年,隋恭帝禪位予唐王李淵。李淵即皇帝位,國號大唐(公元618–907年),改元武德。武德元年,以李世民為尚書令、右翊衛大將軍,進封秦王。可以說李淵的皇位得力於李世民,他能坐上皇位,李世民功不可沒。李世民高瞻遠矚,出謀劃策,結交當世豪傑,為父親打下堅實基礎,最終在隋末各路英雄之中,第一個開入京城,奪得天下。

李世民「玄武門之變」得位

公元627年（唐高祖武德九年），發生「玄武門之變」。當年突厥犯邊，太子李建成建議由齊王李元吉做統帥，出征突厥，借此撥開秦王李世民的兵馬，並準備在宮廷昆明池設伏兵殺李世民。太子府的王晊把這一秘密告訴了李世民。李世民在危急之秋，決定背水一戰，先發制人。搶先一步殺死大哥李建成和四弟李元吉，這就是歷史有名的「玄武門之變」。三天後，李世民被立為太子，唐高祖李淵下詔曰：「自今軍國庶事，無大小悉委太子處決，然後聞奏。」兩個月後，唐高祖李淵自動退位，李世民登基，是為唐太宗。

玄武門之變，後世有評唐太宗過於心狠手辣，不顧手足之情，為了皇位而弒兄殺弟，更大逆不道逼老父禪位。此次事變，對李世民的評價，確是值得探究。李世民為大唐江山立下不世奇功，可謂功高蓋世，但是後來李世民只被封個秦王。太子李建成，時時刻刻想壓制李世民，聯合四弟齊王李元吉對抗他。李淵優柔寡斷，無法決定儲君之事，朝中黨派對立，加速了諸子的兵戎相見。李世民和太子李建成的決戰，如箭在弦上，不得不發。李世民不死，李建成的皇帝夢，隨時幻滅，所以他必定要殺李世民。李世民也沒有優柔寡斷，毅然決定發動玄武門之變。在玄武門之變中，李世民弓馬嫻熟，輕易就取得了勝利，李淵也識時務，沒有表示任何反對，接受了政變結果。李淵這麼做，其中也因為李淵相信天命。據史書記載，李世民於四歲時，與父親李淵郊遊，見一相術之士，相士先讚李淵為貴人，又讚李世民，說世民「凡二十歲，必能濟世安民」。

李淵後遍尋相士不獲，並將兒子改名為「世民」，取的就是「濟世安民」之意。

補充一點，「玄武門之變」的陰影一直蓋掩着唐代中央政府，後來歷次宮廷鬥爭都有「玄武門之變」的影子。

貞觀盛世

公元627年，唐太宗李世民登基稱帝，改元「貞觀」。從公元627年至649年，唐太宗在位凡23年，期間功勳卓著，不論文治武功都千古無兩，史稱「貞觀之治」。

在武功方面，唐太宗平定四海，統一華夏。貞觀盛世，同時也是邊境戰亂最多的一個時期。唐太宗不怕軍事，每逢外族犯境，必然起兵，而兵必勝。最為人佩服的，就是唐太宗即位之初，在渭水單騎逼退突厥十萬精騎，天子如此有膽識和氣概，天下皆服。大將李靖和李世勣，横掃北庭，安定邊疆。唐太宗對歸附的突厥人，教授以禮儀，更選拔外族酋長進入長安擔任皇宮宿衛，威德並濟。唐太宗又下詔，從幽州到靈州，設置順州、長州、化州、佑州、定襄、雲中等都督府，安置突厥降眾。貞觀四年及二十年，中亞一帶，西域諸國，聯名尊稱唐太宗為「天可汗」。當時唐朝被公認為東方第一大國。

唐太宗的文治更為了得，發揮了中央三省六部制、地方租庸調制，以及府兵制的功效，同時完善了科舉制度。另外，又對宗教開放，佛教道教，以至外來宗教，都可以自由傳教。他亦重視農田水利，大力興辦學校，普及官吏選聘，倡導廉政、節儉、樸素。

唐太宗非常注意整頓吏治。除嚴加整飭中央機構外，對整頓州縣吏治尤為重視，注意選拔人才，知人善任。太宗把各州刺史名單寫在宮中，親自考核是否稱職。又令五品以上臣僚，各舉勝任縣令人選，推薦到吏部去，審查合格，然後召見委任。對地方政事如均田制推行情況等，必須每年申報一次。如此，下情得以上達，中央各項政策措施得以貫徹實行，有利均田制、府兵制的發展。

在貞觀時期，法治良好，社會安定。唐太宗執法時鐵面無私，但量刑時又反覆思考，慎之又慎。唐太宗認為人死了不能再活，執法務必寬大簡約。由於太宗的苦心經營，貞觀年間法制施行情況很好，犯法的人少了，被判死刑的更少。據載貞觀三年，全國判死刑的才29人，幾乎達到了古代法制的最高標準——「刑措」，即是不用刑罰。

唐太宗個人政治操守，最令人折服的，還是他從諫如流的作風。唐太宗在位期間，進諫的官員不下三十餘人，當中不得不提大臣魏徵。魏徵一人所諫，前後二百餘事，數十萬言，皆切中時弊。魏徵曾經在金鑾殿高聲訓斥唐太宗，唐太宗也不生氣，而是靜靜地聽完魏徵的話，繼而接納他的好意。即使唐太宗生氣，魏徵也會據理力爭，絲毫不給皇帝留顏面，而唐太宗也從不嫉恨魏徵。魏徵本為太子李建成的手下，建成死後，才歸附太宗，太宗亦不嫌棄。魏徵死後，太宗曾經痛哭流涕，並且說過：「以銅為鑒，可以正衣冠；以古為鑒，可以知興替；以人為鑒，可以明得失。今魏徵逝，一鑒亡矣。」

唐太宗常以隋亡為戒，愛民如子，他曾經說過：「君，舟也；民，水也；水能載舟，亦能覆舟。」唐太宗李世民，勵精圖治，文治武功卓越，千古稱頌，宋朝蘇轍曾經說過：「太宗之賢，自西漢以來，一人而已。任賢使能，將相莫非其人，恭儉節用，天下幾至刑措。自三代以下，未見其比也。」

宮廷內亂　聲威不減

公元649年（貞觀二十三年），唐太宗駕崩，太子李治繼位，是為唐高宗。唐高宗秉承父業，對內四海昇平，對外徹底平定突厥，史稱「永徽之治」。不過，唐高宗個性柔弱，處理後宮，更欠果斷，結果讓皇后武則天掌管權力。當唐高宗駕崩，大唐江山落入武則天手中。武后先後廢立兩名親兒，就是唐中宗李顯及唐睿宗李旦。公元684年，武則天稱帝，改國號為「周」。武則天的治績，歷史稱讚「治宏貞觀，政啟開元」。公元705年，武則天年事已高，被群臣推翻，唐中宗李顯復位，改回「唐」國號。公元710年，唐中宗皇后韋后亂政，弒殺唐中宗。唐睿宗李旦的兒子李隆基起兵，殺韋后，迎立父親唐睿宗李旦。兩年後，公元712年，唐睿宗傳位李隆基。李隆基即位，是為唐玄宗，亦即是民間通稱的「唐明皇」，年號為「開元」。唐玄宗即位早期勵精圖治，國勢媲美唐太宗，史稱「開元之治」。

由唐太宗至唐玄宗，經歷百年，雖然發生過數宗宮廷內亂，但是唐代對外聲威，依然顯赫非凡，國內亦一片太平。後世所稱的「盛唐氣象」，所指的就是這段時期，中華民族的發展可謂到達空前的高峰。

歷史檔案室

唐太宗對待群臣一二事

蕭瑀

唐太宗李世民武功了得，文才亦好，生前著作，合為《唐太宗集》。其中〈賜蕭瑀〉是唐太宗寫的一首五言絕句，亦收錄在《全唐詩》之中。這首詩是李世民賜給大臣蕭瑀的一首詩。

疾風知勁草，板蕩識誠臣。
勇夫安識義，智者必懷仁。

——〈賜蕭瑀〉

這首詩盛讚蕭瑀的仁德。前兩句頌揚蕭瑀在動亂時刻經得起考驗，表現出臣子的忠貞和節操。「板」、「蕩」是《詩經》的兩篇詩歌，寫的是國家動盪。後兩句的內容，歷來有不同看法，有謂着意突出蕭瑀作為一個智者所具備的仁義之心，亦有謂是唐太宗勸戒蕭瑀，徒有一時之勇的「勇夫」，並不懂得真正的「義」，而真正的「智者」必然心懷仁德。這裏暗示蕭瑀只有忠誠還是不夠的，要仁義俱全，才算是有用之才。有勇無義，無惡不作；有智無仁，心狠手辣。這是先揚後抑的手法。

蕭瑀，隋朝將領，被李世民俘後歸唐，封宋國公。唐高祖武德九年，李建成和李元吉密謀殺害李世民未成，又向李淵誣陷李世民。李淵聽後，打算懲處李世民，在蕭瑀的力勸下，才打消了懲處李世民的念頭。不久，李世民在「玄武門之變」中，殺了李建成和李元吉。李淵在蕭瑀的勸解下，把政權交給了李世民。李世民登基，封蕭瑀為宰相。但由於蕭瑀性情剛直，與房玄齡、魏徵等大臣合不來，唐太宗李世民便把蕭瑀改任太子太傅。蕭瑀毫無怨言，輔導太子期間，十分盡職，唐太宗對蕭瑀的教導十分滿意，於貞觀九年，封蕭瑀為「特進」，參與政事，並贈此詩給他，還說：「卿之忠直，古人不過。」後來，蕭瑀與大臣仍多爭執，多次被外放，又回京任官，但他一直毫無怨言。

尉遲敬德

尉遲恭，字敬德，初唐開國功臣，自以為勞苦功高，又性情暴躁。貞觀八年（634年），唐太宗宴請群臣，當時有人的座位排在尉遲敬德之上，尉遲敬德怒不可遏，與大臣爭執起來。任城王李道宗出面勸解，竟然被尉遲敬德一拳擊中，幾乎打瞎眼睛。唐太宗不悅，宣佈罷宴。事後，唐太宗仍對尉遲敬德好言相勸，唐太宗自謂不想效法漢高祖殺戮功臣，總想保全功臣，讓他們的子孫也可以昌盛，但是尉遲敬德經常自以為是，罔顧綱紀，這些行為使太宗明白到漢高祖為何要殺韓信等功臣；唐太宗還勸尉遲敬德，今後不得再犯。尉遲敬德聽後，汗如雨下，從此收斂行為，而太宗亦一直善待尉遲敬德。尉遲敬德得以善終，封為鄂國公。

歷史思考點

金鑾大殿

唐代長安皇城的大明宮，今天雖然已經蕩然無存，但從發掘考古遺址，知道當時大明宮面積達三平方公里，是已知當時世界最宏偉的建築物之一。至於明清兩代的故宮紫禁城，面積更達七平方公里。無獨有偶，法國巴黎凡爾賽宮的面積亦達六平方公里，不遑多讓。這些大皇宮無不極盡奢華，金碧輝煌，平民百姓只可遠觀，休想接近，更不用說進去一趟。至於廟宇陵墓，同樣是高不可攀，令人望而生畏。古埃及金字塔，還有中南美洲的瑪雅或印加金字塔，都是以高大見稱。西方建築學之中，有一門古代巨石建築學，就是研究古代人類如何運用大石塊來建造這些偉大的建築。中西方建築物的發展，不同之處，在於西方以高聳見稱，而中國以寬闊為特色，當中涉及不同的文化精神，在此從略。其中的建築材料，以及建築技術的差異，促成各自的特色。中國黃土地難於採摘巨大石塊，同時中國亦欠水泥技術，所以中國以寬闊為主調，若要蓋高樓，就得先造一個大的地基平台，堆成人造小山丘，然後再在上面蓋高樓。中西建築的分別，就在於此。再者，中國的宏偉建築，以木構為主，而不是以石頭。當然，中國亦有高尖的寶塔，而且以石塊建造，並與佛教信仰有關，不過佔地有限，雖然得以保存至今，但不是主流。相反，西方古代的偉大建築，以石構為主，所以多所保留，不似中國的木構建築群，一經戰火，就蕩然無存，只供後人憑弔。

大皇宮這種建築，除了滿足內裏主人窮奢極侈的生活，同時亦有政治心理需要。考核古代世界的宏偉建築，十居其九，不論是宮殿、陵墓或者廟宇，都是以高大為外表，能夠有多高，就蓋多高，能夠有多大，就建多大。皇家的建築，為何如此，簡單而言，莫不是王權的化身，即是所謂的皇家氣派。蟻民百姓，面對皇家宏偉的建築物，比起自己簡陋寒酸的小土房，高下立見，自然產生自卑的心理，日漸久之，奴才服侍主子的心態，油然而生，俯首稱臣，心悅誠服。所謂「貧不與富敵，民不與官爭」，何況是皇家？西漢初年，丞相蕭何籌建長安未央宮，非常壯觀，出身平民的劉邦皇帝，看了頓覺奢華浪費，反而蕭何力主宏大，原因在於「天子以四海為家，非壯麗無以重威」。這種國家精神的心理營造，在世界各地，非常普及，如果加上政教合一，王權與神權結合，再來一大套冗繁的莊嚴儀式，皇帝統治黎民百姓，易如反掌。

延伸思考

- 現代推許「漢唐盛世」，盛世中的人民，實際的生活是如何？是否真的令人羨慕？
- 從國際關係出發，唐朝的「天可汗」聲威覆蓋了甚麼地方？在哪些地方，現在還保留着甚麼中國文化的痕跡？

- 唐朝長安城是當時世界大都會，現今日本仍有「長安學」的學問。試從現代日本的古城建築，探索古長安的面貌。

16

中華帝國盛極而衰
——天寶遺恨

「安史之亂」是唐朝於公元755年至763年期間，由安祿山與史思明向唐朝發動的叛亂，是唐由盛而衰的轉折點，也是中華民族從巔峰走向衰落的關鍵。

唐玄宗李隆基，因平定「韋后之亂」而被立為太子。即位後，勵精圖治，唐朝再次進入鼎盛時期，唐玄宗初期年號為「開元」，史稱這一時期為「開元盛世」。但是到了開元末年，承平日久，國家無事，唐玄宗耽於享樂，縱情聲色。改元「天寶」以後，政治更趨腐敗，唐玄宗寵愛楊貴妃，政事先後委於李林甫、楊國忠之手。李林甫為人陰險，以「口蜜腹劍」見稱，任內憑着玄宗的信任，專權用事達十六年，杜絕言路，排斥忠良，以致國事日非。楊貴妃之兄楊國忠，因楊貴妃得到寵幸，而繼李林甫出任右相，只知搜刮民財，楊貴妃一家勢傾天下，任意揮霍，杜甫的〈麗人行〉即諷刺楊貴妃三姊妹的所作所為。李林甫為宰相，為了鞏固權位，杜絕有才能的邊將入相之途，建議改用胡人出任邊將，因當時朝廷規定「胡人不拜相」，於是邊防漸由胡人出掌。到了楊國忠為宰相，更重用胡人為鎮守邊界的節度使，且又放任他們擁兵自重，據《新唐書・志第四十・兵》:「既有其土地，又有其人民，又有其甲兵，又有其財賦。」軍、政與財的合一，使得邊疆節度使雄踞一方，尾大不掉，成為唐室隱憂。朝政腐敗，更讓安祿山有機可乘。安祿山出身東營雜胡，因戰功而青雲直上，握有平盧、范陽、河東三鎮節度使的軍事大權，兵力高達十八萬，實力強大。相反，中央兵力則不滿十三萬，形成外重內輕的軍事局面。

楊國忠專權期間，對外戰爭失敗，杜甫的〈兵車行〉寫出當時關中京畿人民，遭受頻繁征戰之苦。另一方面，安祿山甚獲玄宗寵信，引來楊國忠忌恨，兩人因而交惡，唐玄宗對此又不加干預。安祿山久懷異志，加上擁兵邊陲，其手下驍勇善戰，就以討楊之名舉兵反唐。

天寶十四載十一月初九（755年12月16日），安祿山以「憂國之危，奉密詔討伐楊國忠以清君側」為名，於范陽（今北京）起兵，號稱二十萬。當時全國承平日久，民不知戰，河北州縣望風潰散。安祿山大軍南下，一舉攻陷洛陽，天寶十五載（756年）在洛陽稱「大燕皇帝」，建元「聖武」，自稱「雄武皇帝」。負責守衛洛陽的安西節度使封常清、高仙芝採取守勢，堅守潼關不出。唐玄宗聽信監軍宦官誣告，以「失律喪師」之罪處斬封常清、高仙芝。朝廷處死二人之後，任命老將哥舒翰為統帥，鎮守潼關。唐室本可利用險要地勢，死守京師，但唐玄宗與楊國忠急於平亂，逼哥舒翰領軍出戰，最後大敗收場。潼關一破，都城長安失陷在即，唐玄宗於六月十三日逃離長安，到了馬嵬坡（今陝西興平西北23里）。途中士兵飢疲，軍隊憤怒，士兵譁變，龍武大將軍陳玄禮率兵，請求殺楊國忠父子和楊貴妃。楊國忠被士兵亂刀砍死，玄宗本欲救護楊貴妃，但士兵仍然不肯罷休，高力士苦勸之下，玄宗只好賜死楊貴妃。之後，兵分二路，玄宗入蜀避難，太子李亨在靈州（今寧夏靈武）登基，是為唐肅宗。郭子儀被封為朔方節度使，奉詔討伐。另一方面，江淮流域重鎮睢陽，幸得張巡、許遠堅守十個月之久，力抗叛軍，使江南不受戰火波及，在此期間，朝廷不斷得到江淮財賦的接濟，唐朝得以保全天下。次年郭子儀推薦李光弼擔任河東節度使，郭、李二人，聯合分兵進軍河北，擊敗安祿山部將史思明，收復河北一帶。唐肅宗至德二年（757年）正月，安慶緒殺父安祿山，自立為帝，年號「載初」。同年，唐軍收復長安，安慶緒自洛陽敗逃，退守鄴城（今河北臨漳），其部將潰歸范陽史思明。因精兵大部分已歸史思明，安慶緒謀除史思明，史思明因而降唐，唐封其為歸義王，任范陽節度使。不久史思明復叛，與安慶緒遙相聲援。不久，安慶緒被史思明所殺，史思明接收了安慶緒的部隊，兵返范陽，稱「大燕皇帝」。上元二年（761年）三月，安祿山軍隊內訌，史思明為其子史朝義所殺，軍心離散，屢為唐軍所敗。寶應元年（762年）十月，唐代宗繼位，借回紇兵收復洛陽，史朝義奔莫州。寶應二年（763年）春天，史朝義部下田承嗣獻莫州投降，更送史朝義母親和妻子於唐軍。史朝義率五千騎逃往范陽，史朝義部下李懷仙獻范陽投降。史朝義走投無路，於林中自縊，當時是763年2月17日（寶應二年）。歷時七年又兩個月的「安史之亂」，終告結束。

「安史之亂」後，唐元氣大傷。社會遭受空前浩劫。《舊唐書・郭子儀傳》記載:「宮室焚燒,十不存一,百曹荒廢,曾無尺椽。中間畿內,不滿千戶,井邑榛荊(榛,即是榛,指野樹),豺狼所號。既乏軍儲,又鮮人力。東至鄭、汴,達於徐方,北自覃、懷經於相土,為人煙斷絕,千里蕭條。」整個黃河中下游,殘破荒涼。杜甫的〈無家別〉一詩云:「寂寞天寶後,園廬但蒿藜,我里百餘家,世亂各東西。」便寫出戰亂後,哀鴻遍野。唐廷為要迅速結束戰爭,不惜招撫安史降將,任命安史殘部田承嗣為魏博節度使(今河北南部),李懷仙為幽州節度使(今河北北部),李寶臣為成德節度使(今河北中部),這就是所謂「河北三鎮」。田承嗣在魏博還公然為叛亂的元兇安祿山、安慶緒、史思明、史朝義四人立祠,稱為「安史四聖」,以籠絡河北士卒。安史叛將的舊有軍力得以維持,因此便割據一方,「郡將自擅,常賦殆絕,藩鎮廢置,不自朝廷」,他們自補官吏,不輸王賦,甚至驕橫稱王,與唐朝分庭抗禮,直到唐亡。中央無法控制地方,此後唐朝進入藩鎮割據的局面。

安史之亂亦導致中央皇權旁落,宦官干政。本在安史亂前,唐玄宗已經開始信任宦官,高力士就是好例子,幸而當時宦官勢力尚未抬頭。到了安史亂起,中央對武將帶兵極為不信任,中央組建禁軍,保衛京師,以宦官掌典,於是形成宦官握有兵權,操控皇帝。其中以宦官魚朝恩的氣焰最盛。收復長安京城後,唐玄宗以太上皇身份回京;有一次,唐玄宗在宮中路上遇着宦官魚朝恩,魚朝恩的人馬竟然不讓路,更要唐玄宗後退,幸得高力士看不過眼,冒死挺身而出,叱退魚朝恩,才為唐玄宗挽回面子。其後宦官一直干政,例如參與推翻唐順宗的

「永貞內禪」政變，又弒殺唐憲宗、唐敬宗等，廢立君主，操控朝政。唐室外有藩鎮割據，內有宦官擁兵，只能苟延殘喘。

這場戰亂使北方經濟遭受重大破壞，加上河北的藩鎮割據，北方經濟復興無望，從此，經濟重心南移，江南魚米之鄉成為往後歷朝的經濟命脈。戰亂使原有的戶籍，破壞殆盡。朝廷為了確保稅收，不得不終止租庸調制，在唐德宗建中元年（780年），採納宰相楊炎建議，改行「兩稅制」，中國稅制改革就此成為分水嶺。此外，為了弭平叛亂，唐朝的邊防軍調往內地支援，使得吐蕃乘虛而入，更深入唐朝腹地，連年侵擾。唐室為了平亂而向外族回紇借兵，回紇自恃憑平亂有功，也屢屢向唐室勒索財帛，唐朝在西域邊疆的勢力大衰，天可汗的聲威無法維持。

唐朝盛極一時的國力，因此戰役而衰敗，加上藩鎮勢力不斷擴大，導致戰亂紛起，可以說，唐由盛世轉為衰落，關鍵即是「安史之亂」。安史之亂不但是大唐帝國，也是中國古代歷史由盛轉衰的轉捩點，並對中國後世政治、經濟、社會、文化、對外關係的發展，均產生極為深遠而巨大的影響。安史之亂以前的漢人政權，在軍事上的進取，使中國國力空前鼎盛，可是安史之亂以後，漢人政權的重文輕武，造成國家的被動，終亡於周邊少數民族，所以有謂安史之亂是中國歷史發展的分水嶺，不無道理。

安史之亂發生在唐玄宗天寶年間，而唐玄宗與楊貴妃的愛情故事，因安史而成為悲劇，後世的傳奇戲曲，不少以這段涉及家國興亡的愛情悲劇為題材，稱之為「天寶遺恨」。

歷史檔案室

怛羅斯戰敗與杜環《經行記》

怛羅斯戰役，發生在唐玄宗天寶十載（751年）。地點在中亞石國（昭武九姓國之一）的怛羅斯城（Talas）。怛羅斯在吉爾吉斯斯坦與哈薩克斯坦的交界邊境，接近哈薩克斯坦的塔拉茲，它的位置是介乎伊犁河、楚河、錫爾河、阿姆河四河之間，地理位置險要，如果阿拉伯勢力東進，或者中國勢力進入中亞，一定要經過怛羅斯城，所以此地必然是中西勢力交鋒之地。當時，唐朝的勢力處於前所未有的鼎盛，但是在同一時期，中東的阿拉伯人也在迅速崛起。阿拉伯帝國成為一個橫跨歐、亞、非三大洲的空前帝國，向西佔領了整個北非和西班牙，向東則把整個西亞和大半個中亞攬入囊中，地中海成為了阿拉伯人的內湖。此役是中國與來自中亞諸國，包括阿拉伯、信奉伊斯蘭教遜尼派的新興阿拔斯王朝（即黑衣大食），以及包含昭武九姓國、大小勃律、吐火羅在內等各方勢力，相交引發的戰役。

此役事緣於公元750年，唐朝以西域藩國石國「無番臣禮」為由，由唐安西節度使高仙芝領兵征討，石國請求投降，高仙芝初允諾和好。但不久，高仙芝違背承諾，血洗石國城池，搜取財物，並俘虜石國國王。公元751年正月，高仙芝入朝，將被俘的國王獻於唐玄宗面前，高仙芝因戰功而被授予右羽林大將軍。石國國王被斬首，僥倖逃脫的石國王子，向大食（阿拉伯帝國）的阿拔斯王朝求救。大食援軍計劃襲擊唐朝西域四鎮，高仙芝先發制人，主動進攻大食。高仙芝率領大唐聯軍，起兵三萬（另一說是七萬），長途奔襲，深入七百餘里，最後在怛羅斯與大食軍隊相遇，結果是大敗而回，幾乎全軍覆沒，逃回僅餘不足三千人。因為戰敗，唐朝面目無光，當時史家記載不多，諱莫如深。有學者認為怛羅斯戰役，是一場當時歷史上最強大的東西方帝國之間的直接較量，也有學者認為這場戰爭，僅是東西兩個帝國邊疆上的小衝突。不論如何，此役是對唐代經營中亞的挫折，不久之後，因為發生安史之亂，唐朝再無心在中亞爭雄，反而步步退卻，中國的勢力，除了元朝，再無踏足中亞。另外，此役在文明交流史上，非常出名，歷來有謂中國的造紙技術，因為此役被俘的中國人，將之傳到阿拉伯，再西傳至西方。

此役唐軍損失慘重，當中一名唐軍俘虜，名叫杜環。

杜環被俘之後，被帶到大食，流離大食十二年，遍遊黑衣大食全境，直到公元762年才回國。他將被俘後的所見所聞記錄下來，著成《經行記》一書。可惜的是，《經行記》早已亡佚，並沒能全部留下來。我們所能看到的，是杜環的叔叔（或者伯父）杜佑自己著作中的節錄。杜佑是唐朝的一位政治家兼史學家，著有《通典》。

《經行記》記載了拔汗那國、康國、師子國、波斯國、碎葉國、石國、大食等國的風土人情，為研究中亞國家的歷史文化提供了極為珍貴的原始資料。《經行記》亦是中國記載伊斯蘭教的最早漢文典籍之一。杜環還記載了祆教、基督教、佛教的情況，這對研究世界宗教的演變和傳播提供了重要的史料。阿拉伯的繁榮，杜環對此留下深刻印象。《經行記》成為研究中國伊斯蘭教史和中國與阿拉伯國家關係史的珍貴史料。

《經行記》一書另記載了唐朝被俘士兵，當中有不少身懷絕技的金銀匠、畫匠、綾絹織工、造紙匠等，他們將中國先進的工藝成就，特別是造紙術帶到當地，並在撒馬爾罕開辦第一個造紙作坊，之後逐漸擴展到大馬士革、開羅以及摩洛哥與西班牙的一些城市。平滑柔和，適於書寫的中國紙張，很快取代了埃及紙草、羊皮等書寫載體。這是歷來謂怛羅斯戰敗，將造紙技術西傳的說法。怛羅斯城是胡漢交雜的大商埠，當中漢人工匠於戰敗被俘，所以出現所謂戰敗造紙術西傳之說。其實，造紙技術，早已從海上貿易，悄悄地傳到了阿拉伯。戰敗使造紙技術西傳，此說只是自我安慰而已。

遺憾的是，杜環的經歷，並沒有引起中國人的注意，《經行記》的散佚便說明了這一點。隨後漫長的歷史，中國人對於泰西，基本上只有一些志怪傳說，而其來源仍不外乎道聽途說。杜環的記錄，完全是他親身經歷，並無半點神怪虛幻的成分。值得指出的是，史籍記載大食使者來唐36次，唐朝卻沒有使者到過大食。真正親歷這個大國，並且留下記載的唐人，恐怕就只有杜環這個怛羅斯之戰的俘虜了。杜環可算是最早記錄西亞情況的中國人，同時見證了中古東西方兩大帝國的軍事碰撞。

歷史檔案室

兩稅制

安史之亂後，均田制崩潰，戶籍散佚，在技術上，租庸調制無法實行。政府賦稅收入不穩，需要有新的稅制來代替舊制。德宗時採納宰相楊炎的建議，施行兩稅制。中國的稅務財政歷史，進入了一個全新的階段。

兩稅法，理財原則是政府預先計算每年所需的支出，量出為入，確立徵稅的標準，然後向戶主攤分徵收。課稅按每家資產多寡以定其稅額，按田畝數目以徵收田稅，即只抽取戶稅及地稅。稅項分兩次徵收，夏稅無過六月，秋稅無過十一月。兩稅制簡單明確，以錢折貲，分夏、秋兩季繳納，農民稱便。按土地多寡、民戶貧富徵收稅項，較為公平。

不過，兩稅法再無為民制產的精神，政府允許土地私自買賣，加速了土地的兼併，加劇了貧富對立。更嚴重的是，往後政府所有的稅收負擔，無限制地攤分在農民身上，造成農戶的貧困。

歷史思考點

中國戶籍制度的重要

有史記載的戶籍制度，始於戰國秦國商鞅變法。自此，「保甲」或「里甲」制度一直施行至清朝。這個制度，名稱雖異，但實施內容大同小異。五家或十家為一保，五保或十保為一大保，名稱或是「保」，或是「里」，各朝有所不同；至於家庭數目，大致相若，層層疊疊，由基層以至全縣，縱向結構清晰。「保長」、「里正」就承擔地方民政的基層幹部職責。杜甫〈兵車行〉：「去時里正與裹頭」，寫出了里正的地方鄉紳角色責任。里甲制度，本質是人口控制，一來是管理土地，二來是管理稅收，三來是管理地方治安，四來是管理徵召服役，徵兵拉夫，都是靠這個制度。古代沒有現代的人口調查工具，沒有身份證，也沒有護照號碼，亦沒有個人稅務號碼，更沒有個人電腦檔案記錄，政府要控制一個方圓數千里的國家，只得靠商鞅遺留下來的里甲制度。唐朝盛世武功，府兵制的強大效用，就有賴租庸調制的支持，這是戶籍制度有效的成果。歷來各朝，兵制、稅制兩者結合，形成中國特色的戶籍制度。

古代有所謂「亡命之徒」。「亡命」的意思實在是「亡名」，即是沒有戶籍的人口。「亡」是失去，「名」是戶籍的名錄。甚麼人是沒有戶籍的？除了四處討飯的災民乞丐，就是那些犯了法、亡命天涯的人。這些人因為沒有戶籍，又要逃避官府追捕，四處流浪，沒法正常維生，大多落草為寇，淪為盜賊。這些人一無所有，不惜冒死一拼，所以眾人誤會「亡命」即是不顧生命，實際「命」一詞，即指「名」，即是名錄之意。「命」、「名」一音相轉，這是古代語法的一種特色。

商鞅變法之前，中國有沒有戶籍制度呢？肯定是有的，否則春秋時代，打起大戰，如何徵兵，如何籌糧？只不過，文獻沒有說清楚。商鞅變法之前，所知的戶籍制度，應該算是周朝的「井田制度」。井田制度，以八家自耕私田，而合力共耕一塊公田。人力的分配，就是戶籍制度。當然，仔細詳情，文獻亦欠奉，只有《孟子》一書有所提及。但是從其他記載為旁證，類似的戶籍制度，應該存在，而且行之有效，否則就不會有「普天之下，莫非王土；率土之濱，莫非王臣」之說，此說指出西周政權，有效地將天下百姓和土地，完全掌控手中。只有行之有效的戶籍制度，才可以成就一個政權的運作。

延伸思考

- 唐代詩人杜甫有「詩史」之譽，試從他的詩文中，找出唐代由盛轉衰的跡象。
- 有謂安史之亂是中國歷史的分水嶺，試分析中國社會形態在安史之亂前後有何不同。
- 唐代新興的文學體裁，先後有格律詩、傳奇小說和詞等等，這些文學發展跟唐代社會經濟有甚麼關連？

17

夕陽殘紅黃花秀
—— 黃巢之亂

黃巢之亂，是唐僖宗時由私鹽商人黃巢發起的民變，是唐末民變中，歷時最久，遍及最廣，影響最深遠的一次亂事。禍延唐朝半壁江山，時間長達十年，造成估計高達830萬人死亡，導致唐朝覆亡。安史戰禍，唐朝由盛而衰；黃巢之亂，就成為唐朝滅亡之近因。

黃巢，山東曹州冤句（今菏澤西南）人，出身鹽商家庭，善於騎射，通筆墨，能賦詩，進士不第，就組織鹽幫專行走私，遇朝廷緝查私鹽，進行過多次武裝衝突。僖宗乾符元年（874年），王仙芝在長垣（今河南長垣東北）起兵。乾符二年，黃巢在冤句（今山東省菏澤西南）起兵，響應王仙芝。乾符五年（878年）二月，王仙芝在黃梅（今湖北黃梅西北）兵敗，被唐軍曾元裕部斬殺，餘部奔亳州（今安徽亳縣）投靠黃巢，推黃巢為黃王，稱「衝天大將軍」。黃巢轉戰黃河、淮河流域，又進軍長江下游一帶。

乾符五年三月，黃巢軍進攻河南，一時勢壯。黃巢遂率軍渡江南下。同年十二月，進入福州（今屬福建），轉入廣東。乾符六年（879年）九月，攻克廣州，俘唐嶺南東道節度使李迢。又分兵西取桂州（廣西桂林），控制嶺南，自稱「義軍都統」，並發佈檄文，斥責朝廷「宦豎柄朝，垢蠹紀綱，指諸臣與中人賂遺交構狀，銓貢失才」。廣州是唐朝最大的對外貿易港口，阿拉伯、波斯等穆斯林商人眾多。據記載，黃巢攻入廣州，屠殺阿拉伯、波斯等穆斯林商人和猶太商人達二十餘萬。

僖宗中和元年（881年），黃巢軍進入長安，金吾大將軍張直方率眾至灞上，迎接黃巢軍進城，「巢乘黃金輿，衛者皆繡袍、華幘」，「整眾而行，不剽財貨」，群眾達百萬；入城後，軍紀嚴明，閭巷晏然，命幕僚尚讓曉諭安民，又向貧民散發財物，百姓列道歡迎。黃巢未派大軍追擊唐僖宗，讓唐室有喘息機會。881年1月16日，黃巢即位於含元殿，建立了大齊政權，年號金統。不久，黃巢部屬「殺人滿街，巢不能禁」，又沒收財產，號稱「淘物」。次年，即僖宗中和二年（882年），唐軍曾一度反攻長安，黃巢軍暫時撤出，駐軍灞上。唐軍入城後燒殺擄掠，不得民心，黃巢賊軍立時反攻，將唐軍驅逐出城。長安再次易手。這一次，黃巢心恨長安居民協助唐軍，於是縱兵屠殺，謂之「洗城」。黃巢軍所過之地，姦淫擄掠，殺人如麻，無惡不作，赤地千里。韋莊的〈秦婦吟〉寫出黃巢大軍入京後，長安城的浩劫：「含元殿上狐兔行，花萼樓前荊棘滿」，「內庫燒為錦繡灰，天街踏盡公卿骨」。

中和二年（882年），唐軍反攻，九月，賊軍將領朱溫投降唐軍，被任命為右金吾大將軍，賜名全忠。中和三年（883年）四月，黃巢撤出長安，逃入商山，沿途拋棄黃金珠寶，唐軍互相爭寶，竟不急追。黃巢後派孟楷為先鋒，攻逼蔡州（今河南汝南），唐軍守將秦宗權戰敗投降。六月，黃巢圍攻陳州（今河南淮陽），先鋒孟楷挺進河南途中，於項城陣亡。黃巢圍陳州近三百日，直到唐軍在陳州附近的西華大敗黃巢，陳州之圍才得解救。中和四年（884年）春天，沙陀族李克用率兵五萬，連敗黃巢。黃巢只好轉戰山東。三月，朱溫大敗黃巢於王滿渡（今河南中牟北），黃巢的手下紛紛投降。黃巢殘部向東北逃亡，又在封丘（今河南封丘）遇上李克用。黃巢在泰山狼虎谷（今山東萊蕪西南）為部下林言所殺（一說黃巢自殺）。

黃巢死後，秦宗權不但沒有重歸朝廷，還自行稱帝，一度軍勢很盛，但後來終被朱溫所滅。秦宗權部將孫儒後來爭奪淮南時，也曾擁兵數萬，號「土團白條軍」，但最終還是被消滅。孫儒部將劉建鋒、馬殷等率本部進軍湖南，奪取武安軍，後劉建鋒被殺，馬殷接管武安軍，建立了「馬楚」政權。黃巢從子黃皓率殘部流竄，號「浪蕩軍」。唐昭宗天復初年，黃皓進攻湖南時，被伏殺。至此黃巢之亂才完全結束。

黃巢禍延半壁江山十餘省，戰亂中，軍民死亡人數估計高達830萬人。同時，黃巢搗毀唐室江南經濟命脈，沉重打擊唐朝的統治。黃巢殘暴毒虐，嗜殺無辜，攻克長安之後不思進取，未乘勝消滅分鎮關中的唐朝禁軍，全無建國大計，最後被唐軍擊敗。黃巢之亂，影響包括促使長安、洛陽的衰落，以及中國政治重心轉移。黃巢亂後，唐朝勉強維持了23年的國祚。河北的割據狀態就一直維持至唐亡，及至五代十國。唐哀帝天佑四年（907年），黃巢降將、宣武節度使朱溫篡唐，自立為帝，改國號梁，史稱後梁。唐朝滅亡，全國各地藩鎮隨即各自獨立，進入五代十國的時期。所以史家曰：「唐室實亡於黃巢起兵。」

歷史檔案室

黃巢殘暴嗜殺

黃巢於唐僖宗乾符六年（879年）九月，攻克廣州。據阿布·賽義德·哈桑在其《中國印度見聞錄》記載，黃巢攻入廣州，阿拉伯、波斯等穆斯林商人和猶太商人被殺者有二十餘萬。

唐僖宗中和三年（883年）四月，黃巢撤出長安。六月，黃巢圍攻陳州（今河南淮陽）。歷史記載，黃巢為了應付全軍口糧，於是以人肉為糧食，數百巨錘，同時開工，成為供應軍糧的人肉作坊，無論男女老幼，悉數推入巨舂，稱之為「搗磨寨」。黃巢圍陳州幾三百日，啖食數十萬人。唐軍在陳州附近的西華大敗黃巢，陳州之圍才解。

歷史思考點

官營專賣

公元前117年，漢武帝下令將鹽、鐵、酒三種商品，收歸政府專賣，嚴禁民間私營。鹽、鐵、酒專賣這一政策，在經濟上支持了漢武帝巨大的軍事消耗，這舉動也使漢朝成為世界上最早以經濟手段來維持政府運作的金融帝國。由於施行時壟斷專利，官吏與奸商勾結，民生大困，引起忠直士人不滿，在漢昭帝時，由提出此政策的御史大夫桑弘羊，與士人辯論相關政策。當中的辯論內容，成為了中國經濟史上重要的課題，並由桓寬記錄下來，就是著名的文獻《鹽鐵論》。其實，官營專賣，最早出現於春秋齊桓公，當時管仲為相，就已經有「官山海」的政策，即是官營鹽鐵，齊國是中國歷史上最早的金融國家。利之所在，往後歷代歷朝，或多或少，都執行不同程度的鹽、鐵、酒壟斷專賣措施。除了上述三項，歷代亦有加上茶葉的專賣，元朝蒙古人就有專賣茶葉的政策。由此可見，官府專賣商品，是可觀的政府收入來源。

鐵器於漢朝普及，用作農業深耕，當然，也可以作為武器使用，所以元朝政府限制民間漢人私藏肉刀。不過，歷代對鐵器經營的管制，不算嚴厲，畢竟冶鐵不是容易的事，由開採到冶煉，都不是一般老百姓可以獨力完成的，政府只要規管礦場和打鐵工場，即可控制整個行業。至於賣酒，因為中國的飲酒文化源遠流長，深入民心，利潤自然非常豐厚。莫說中國，即使現代國家，例如美國，在第二次大戰之前，也嚴格禁止私酒，可見全世界都視賣酒為重要的國家經濟來源。話說回來，釀酒是容易的舉措，要想禁制，異常困難，家中私釀，易如反掌，禁無可禁。宋朝徵收酒稅，手段最精明。釀酒多少，宋朝政府不限，反正酒商不會如實上報，官府亦難稽查，於是，從釀酒的源頭着手，以酒餅的數量為徵稅標的。酒餅，就是釀酒必需的發酵菌。所以，宋朝不禁酒，不用專賣，而所收的酒稅，源源不絕。茶葉專賣，因為種植茶葉，需要大片土地，種植需時，官府容易掌控，不必操心。而本文就專注於食鹽專賣。

食鹽專賣，中國歷朝都為此費盡心機，直到現代。歷朝中，食鹽專賣，更多次演變成官民衝突，大動干戈，唐末黃巢之亂，就是代表例子。食鹽是人類生活所不可或缺的，食鹽是民間飲食必需品，沒鹽就沒氣力。《漢書》稱之為「食者之將」。鹽造成的湯，也成為了底層平民極其美味的營養飲料；另外，鹽還可以幫助大家醃製鹹菜、臘肉和鹹魚，長期保存食物。如果人長期吃不到足夠的鹽，就會產生各種不良症狀，也沒有力氣去幹活。在中國內地，需要從沿海進口食鹽，古代以馬隊托着食鹽，跨越層層崇山峻嶺，從沿海進入內地，運輸成本極高，直到民國期間，在貴州，還有「斗米換斤鹽，斤鹽吃一年」的說法。中國古代，在國家對食鹽的壟斷經營下，食鹽成為了一種價格昂貴的調味品。所以古代凡是便魚鹽之利的地方，就可以成為富裕之地。中國古代貿易，實際上主要就是糧、鹽、布、鐵、畜等五種大宗商品。江蘇揚州，這樣的食鹽集散中心，使當地一直成為東方最繁華的大都市，讓無數鹽商富甲一方。就連清朝乾隆皇帝，也不禁感嘆，揚州鹽商擁有厚資，其居室園囿無不華麗崇煥。

食鹽是中國古代軍費支柱，鹽稅是朝廷維持軍力、保衛家國的保證。面對外敵，政府必須擁有一支幾十萬到百萬的常備軍事力量，才能維持統治，抵禦和打擊各種外來威脅。官府對鹽業的壟斷，確實對人民造成了沉重的負擔，可以說是對人民終身進行高利潤的野蠻掠奪。但也正是這樣，漢武帝才能建立起數十萬人的騎兵部隊。在漢武帝時期，每年出征作戰的軍費，都要超過一百多億錢。光靠田租和人頭稅，肯定達不到這樣的財力，如果沒有這樣的財力，匈奴大軍放牧中原是早晚的事情，而南方和西域也很難納入中原王朝的實際管轄。直到東漢時期，田租一年也不過八億錢，就是加上人頭稅也不過十幾億錢。東漢時期，光是對羌族十多年的戰爭，就花掉了240億錢。唐朝的鹽利收入，達到中央收入的五分之二，甚至二分之一。唐朝安史之亂，國家危亡，唐朝正是利用食鹽專賣制度，提高食鹽價格，將每斗食鹽價格提高為370錢，財政收入大漲，才得以平息安史之亂。南宋財政也是鬻海之利居其半。元朝財政支出的十之七八依靠鹽利。在鹽稅的財力支援下，古代中國的軍團才可以在戰場上克敵制勝。鹽稅收入，保障了中國安定統一。

司馬光在《資治通鑒》中說：「天下之賦，鹽利居半，宮闈、服飾、軍餉、百官俸祿皆仰給焉。」國家一年可以從土地糧食所得到的稅款，肯定不足以養活一個統治上千萬平方公里的帝國政權。正是因為有了豐厚的食鹽稅收，才得以讓明清兩代閉關鎖國，只進行被動的海外貿易，而不是主動積極進取。除了中國，後來英國人得以僅靠幾萬人管理和統治龐大的印度次大陸，也一樣借用了食鹽壟斷專營的辦法。

鹽稅的徵收，手法容易。鹽是一種產地比較少的，緊靠海岸，但又不可或缺的大宗商品，政府可以直接控制鹽產地和鹽的價格，非常簡便。控制了食鹽的價格，實際上就等於向全天下的人收了稅款，而且每年也不會發生拖欠和漏繳的情況。古代沒有數字管理的技術，難以有效徵稅，鹽稅反而是中國古代最方便、最穩定的稅收來源。

官府對鹽業的壟斷，確實對人民造成了沉重的負擔，近似高利潤的野蠻掠奪。鹽稅造成貧富差距擴大，「農民糶終歲之糧，不足食鹽之價」，這也就造成了私鹽的出現。私鹽的利潤，足以讓人鋌而走險，利之所在，不惜以命相搏。無數武裝私鹽團夥成為了社會動盪根源，唐末王仙芝、黃巢，與元末張士誠、方國珍，均以販賣私鹽起家，積蓄了強大的私人勢力，最後發動震動全國的大暴亂。真是興國也鹽，亡國也鹽。

古代中國朝廷，使用行政手段壟斷了食鹽銷售，才得以建立起一個大帝國，這也是中國中央王朝所必須採取的手段，沒有其他辦法。專賣食鹽，對當時的人民生活造成了沉重負擔，但也間接保衛了人民的生命和財產安全。這就不難理解，為何漢昭帝時的鹽、鐵、酒專賣辯論後，朝廷廢除了鐵和酒的專賣，但是仍然堅持食鹽壟斷專賣。中華帝國就是靠食鹽來維持的。食鹽是帝國生命之源。

延伸思考

- 為甚麼黃巢一幫走私商人可以有如此龐大力量摧毀唐朝中央政府？唐末的朝廷是怎樣的朝廷政府？
- 中國商人一方面講誠信義氣，另一方面就走私營利，從這樣的表現，當中見到甚麼中國文化特色？
- 財政是國家政權的重要支柱，試分析各個朝代興衰的經濟財政狀況，以了解財政的重要。

18

千年變動的開端
——杯酒釋兵權

唐哀帝天佑四年（907年），黃巢降將、宣武節度使朱溫篡唐，自立為帝，改國號梁，改元開平，史稱後梁。唐朝滅亡，全國各地藩鎮隨即各自獨立，進入五代十國。由公元907年至960年，半世紀期間，中國再一次陷入四分五裂的局面，前後經歷了五個短命王朝，分別是後梁（公元907–923年，17年）、後唐（公元923–936年，14年）、後晉（公元936–947年，11年）、後漢（公元947–950年，4年）、後周（公元951–960年，10年）。這些王朝的實際管轄，只僅限於中原河南、河北、山東、陝西一帶，其他地區各自為政，分別獨立，先後形成了十多個相對穩定的小國。歷史稱這一時期為「五代十國」。

自唐代滅亡以後，中國歷史步入了嶄新的紀元。在政治組織上，國家政治逐步走向君主集權。在國際政治舞台上，中國再不是一個獨大的世界中心，自五代開始，漢人被迫與周邊少數民族國家對等並存。在經濟生活上，因貨幣的普及，工商手工業的繁榮，由實物經濟向貨幣經濟轉型。在社會文化上，城市商業經濟普及，使城市人的生活面貌大大改變。以學者內藤湖南（1866–1934）為鼻祖的日本京都學派提出，由唐至宋的轉變歷程，為「唐宋變革期」。這名稱是從時代分期的角度，提出一千年前，唐宋之際，是中國歷史上的大變動時期。而這個大變動，亦即意味中國文明由盛而衰的轉變。在漢文化發展過程中，唐朝是中國歷史上政治、軍事的巔峰，而兩宋是經濟、文藝的頂峰。宋朝以後，中國古代文化精華就因為周邊少數民族國家的入侵，被摧殘得蕩然無存。

宋代以後的中國歷史發展，有兩大主線。首先，國家政治出現日漸加強的中央集權趨向，以致君主獨裁專政。宋代開始，中央政府把地方的軍事、財政和政治管理權力逐步收回。皇帝亦從大臣官員的手中，收回決策權和行政權。在地方行政上，層級愈來愈臃腫複雜，地方官員的權力愈來愈少。反之，在中央政府，層級減少，皇帝可以直接指揮中央大臣，皇帝的權力愈來愈大。皇帝更刻意利用各種禮儀與刑罰，抬高君權，抑壓臣下的地位。從政治制度和法理的角度看，由宋至清的中央權力和君主權力，日漸加強。

另外，中國與外部世界的交往。特別是漢人與周邊少數民族，漢人漸漸失去核心領導的地位。宋朝與東北的遼國和西北的西夏交戰時，多有失利，無法將這些地區納入漢人版圖，反而宋朝為保邊境安寧，不惜以和約方式，每年向遼國和西夏輸送財寶來換取安寧，這使漢人開始要以平等的態度，看待由周邊少數民族所建立的國家。這些和約，看來是世界國際政治史上，中國最早簽訂的不平等條約。後來金人繼遼而興，更奪取了宋人在黃河流域的土地，及至蒙元征服南宋，漢人終於徹底被周邊少數民族征服，漢人既有的正統地位，受到史無前例的衝擊。元人將宋、遼、金三國歷史並立，平等看待，漢人的優越地位不復存在。明太祖驅逐蒙古人，建立明朝，勉強重建漢人政權。不過，漢人的政權沒法長久維持。滿族於公元1644年入主明都北京，建立清朝。滿人的政治制度和民族政策，再非僅以漢人為中心去作考量。此外，滿洲人從元朝統治中國的失敗經驗中，知道為要統治數量龐大的漢人，不能只用高壓的手段，所以同時採取懷柔政策，恩威並濟來籠絡漢人，從而成功地統治中國達二百多年之久。對比唐朝以前的周邊少數民族，宋以後的女真、蒙古等周邊少數民族，他們漢化程度高，亦即意味他們的組織能力有別於以往的游牧民族，不再是烏合之眾，而是能以國家級的規模，來挑戰中原漢人，最終，橫掃中土，入主中國。至於四鄰邦交，日本一直對中國虎視眈眈，明末萬曆年間的中日朝鮮一役，令到明朝掏空國庫。另外，波斯、阿拉伯商旅之外，西洋各國的航海家、商人，還有傳教士，在明末乘坐三桅帆船，紛紛駛到中國沿岸。

上述的演變，以唐末的政治形勢為開端，經歷五代的黑暗混戰時期，宋朝就在先天極度不利的條件下而生。宋朝立國，受兩個影響深遠的不利因素所制約。首先是唐末以來的軍人跋扈勢力，包括五代開國君主皆武人出身，如後梁朱溫、後唐李存勗父子、後晉石敬瑭、後漢劉知遠、後周郭威。趙匡胤成為宋朝開國之君宋太祖，亦在兵變之中擁立。後晉石敬瑭為當皇帝，向契丹借兵，推翻後唐，不惜自稱「兒皇帝」。後周郭威，亦為黃旗加身而被擁立。即使宋太祖趙匡胤在稱帝後翌年，以

「杯酒釋兵權」，解決朝中軍人勢力，仍不放心地方軍閥割據的重演，在定都問題上，寧願選擇無險可守，但可確保中央經濟能力的汴京。可見，宋朝立國，對軍人跋扈、藩鎮割據，異常警惕。這點直接導致宋朝「重文輕武」和「強幹弱枝」的政策，同時開啟了中央集權的道路。而「重文輕武」的政策，亦是明朝政府的一貫方針。

其次，東北國防門戶洞開。後晉石敬瑭為當皇帝，向契丹借兵，割讓燕雲十六州。東北國防，全線撤除，燕雲以南，一馬平川，廣袤平原，無險可守。宋朝只好採取綏靖政策，以和約換取太平。總結兩宋，即使有所作為，亦逃不過周邊少數民族的侵擾，最後被征服。所以，有謂滿清難逃列強入侵，世運的轉移，中國定要開放，走入現代世界。兩宋時期，命運亦如是，世運的轉移，令漢人定要接納邊疆的少數民族，亦預演了漢文化必須開放，以迎接外部世界的衝擊。

陳橋兵變　黃袍加身

宋太祖趙匡胤先祖從唐末至後周皆出仕，並以武人身份，累官要職。宋太祖趙匡胤於後周世宗時，以戰功平步青雲，官職為殿前都點檢，是殿前禁軍最高統帥。公元960年農曆正月初一（1月31日）至初四（2月3日），發生陳橋兵變。當時據報遼國入侵，趙匡胤領兵北上抗敵。趙匡胤統兵後，到了陳橋驛站。晚上軍隊將領，以黃袍加在趙匡胤身，擁立為新皇。趙匡胤於是率師回朝，得禁軍擁戴，取代後周幼主柴宗訓，建立了宋朝，改元建隆。

宋太祖趙匡胤從公元960年2月4日登基，到976年11月14日駕崩，在位十六年，終年49歲。

宋朝建立，宋太祖大權在握，政局穩定之後，出兵統一南北。宋太祖採取先南後北政策，公元964年年底，滅後蜀。971年滅南漢。975年，宋軍攻陷金陵，滅南唐。不過，宋太祖在統一全國前駕崩。北漢政權，等到979年，才為宋太宗趙光義所滅。

宋太祖建立宋朝，有鑑於晚唐以來，地方藩鎮割據，武人當政，風氣敗壞，於是推行中央集權政策，這政策可分為「重文輕武」和「強幹弱枝」兩部分，以中央為本位，削弱地方，又以文人制衡武人，防止唐末五代的舊事重演。

重文輕武

宋太祖因五代時期藩鎮武將權力過重，以致國家混亂，自己以陳橋兵變、黃袍加身而得天下，由此他深知國擅於將、將擅於兵的危險，所以即帝位後，即實行重文輕武政策。所謂重文輕武，就是重視文人而壓制武人。宋朝廣開仕途，舉行科舉，讓文人有晉身的機會。州縣長官均以文人出任，不但如此，就算統軍的武官也由文人替代。另一方面，宋太祖即位後第二年，以「杯酒釋兵權」，削奪開國元勳的兵權，以文人掌管軍政。自此，宋朝對武人處處壓制，軍人遭受鄙視，其質素和社會地位也因而日益低落，所謂「好男不當兵」的觀念，由此時而起。更甚者，以文人統兵，以沒有戰陣經驗的文人主持軍事，自然敗事居多。宋仁宗時的范仲淹，文人出身，能文能武，力抗西夏，只是極其個別的異數。種種政策雖有效杜絕武人擅權之弊，但同時亦導致宋室積貧積弱，軍力不振。

文官受到朝廷重用，意味着知識學問取代兵強馬壯。趙匡胤的頭號宰相謀臣趙普，有「以半部《論語》治天下」的美談，可見宋初君臣，以文治國，以此為榮。宋太宗趙光義，更加以書生自居。唐末五代的戰亂，使不少典籍散失，太宗在位二十二年期間，曾經以國家的資源和人才，編纂了好幾部大型書籍，例如《太平御覽》、《太平廣記》、《文苑英華》、《太平寰宇記》、《太平聖惠方》等。《太平御覽》、《太平廣記》、《文苑英華》，以及太宗之子真宗時編纂的《冊府元龜》，合稱為「宋代四大書」。由此觀之，重文輕武是整個宋代的國策。雖然重文輕武是導致宗朝積弱的原因，但是，對文人的重視，對文化的復興，確是功不可沒。如果說唐宋兩代是中國古代歷史的巔峰時期，李唐是武功顯赫的代表，而趙宋應是文風的鼎盛年代；另外，據現代研究，兩宋時期也是古代中國經濟最繁盛的朝代。

強幹弱枝

唐末五代軍閥混戰，戰禍連綿，生靈塗炭。同時，戰爭中的苛捐重稅，以及繁重賦役，使百姓民不聊生。長期戰禍，令中原出現「極目千里，無復煙火」的蕭條境況，而帝王將相亦朝不保夕，隨時有覆滅危機。後周世宗柴榮登位之後，收回藩鎮部分權力，強化中央，有統一天下意圖，周世宗訂立「十年開拓天下，十年養百姓，十年致太平」的目標，而且取得明顯成績。可惜周世宗英年早逝，後周政權被宋太祖所取代。宋太祖建立

張擇端的《清河上河圖》，能反映宋代民間生活。

宋朝之後，秉承周世宗遺志，繼續以強化中央、一統天下為政治目標。宋太祖趙匡胤強化中央的其中一項措施，是收回軍人管治地方、徵收賦稅的權力，使軍人受中央約束。在地方政府方面，貫徹「弱枝」的原則，把地方權力集於中央，地方官吏由皇帝直接任免，務求地方上軍、政、財、法，都受中央監察控制。而中央朝廷，則加強皇權，削弱相權，多置機構，加設副職，官職分離，互相牽制，事無大小都要皇帝裁決。在軍政上，亦由中央政府直接掌握兵權。

「重文輕武」和「強幹弱枝」，最終解決了安史之亂以來軍人擅權的弊病，同時，使中國的文風達到前所未有的高峰。然而，這種內重外輕、強幹弱枝的政策，使地方力量與中央失平衡。矯枉過正，首先造成了國防上防禦力量的虛弱。兵制也給宋政府帶來沉重財政負擔。開國時兵員僅16萬，其後兵數漸多，但質素反而較差；到仁宗慶曆年間，兵力達到125萬。龐大的軍費，成為財政上最大的開支，養兵費佔全國歲入的六分之五。兵是養多了，上陣卻屢戰屢敗。北宋外患為歷朝中最嚴重，終因靖康之難而亡，這與北宋推行強幹弱枝政策有密切關係。至於中央集權，一切權力都收於中央，集中於皇帝手上，對整個國家來說是另一種危機，對整個民族發展，更是災難，中國政治從此走上專制之路，絕對的君權，實由宋朝為始作俑者。

歷史檔案室

宋太祖二事

臥榻之側豈容他人酣睡

公元960年，南唐後主李煜亡國在即，試圖向宋太祖趙匡胤求和，派大臣徐鉉往見宋太祖。宋太祖的回答成為後世的名言：「不須多言，江南亦何罪？但天下一家，臥榻之側，豈容他人鼾睡耶！」其意思是：自己的睡床，不容他人一起佔據睡眠。宋太祖統一全國的決心，非常形象化。不久，宋太祖出兵滅了南唐。

宰相站朝

宋初，宰相范質等人仍循唐代慣例，上朝時設有座椅，坐着奏事。一日早朝，范質仍舊坐着，宋太祖便說：「我眼睛昏花，看不清楚，你把文書拿給我看。」范質於是起身持文書進呈，趙匡胤卻已密囑侍者，趁范質起身，將其座位撤去，等到范質返座而座椅已撤，只得站立。自此宰相與群臣般站着上朝，成為慣例。

歷史思考點

北宋定都

北宋定都汴京，宋太祖建都後，改稱汴梁為汴京，又稱開封府。北宋定都的地點，受盡後人批評。中國歷朝定都，主要在黃河流域，部分在長江南岸。首都的選擇，關乎國家命運，首都一破，國祚亦自然不繼。春秋末年，吳越相爭，越王勾踐偷襲吳國，取得吳國國都姑蘇城，吳王夫差從中原趕回來，與越國決一死戰，可是縱使再勇猛，由於失去國都根據地，最終落得兵敗自殺，為越國所滅。由此可見，首都的安危，關乎國家的存亡。

綜觀歷朝定都所在的原因，大抵不離兩個主因：其一是開國君主的發跡地。例如東晉元帝以建康（南京）為都，明成祖以北京為都，大家都是以自己未登基前的根據地為國都。其二是前朝的國都所在。佔領國都，就名正言順，繼承大統，當然也少不了因利成便，前朝國都，規模已在，自然不需另費周章。漢唐的長安城，都是建基於前朝的國都之上。能夠有資格成為首都，總該符合一些條件：其一，應該是財富的生產地，或者是集散地；可能是大量米糧的生產地，又或可能是交通非常流暢的要道，總之，就是富庶之地，否則，無可能養活一個食口眾多的朝廷。例子有古代的長安，位處關中，沃野千里，還有洛陽，東臨河南華中大平原，糧草不絕。其二，應該是有險可守，所謂進可攻，退可守；長安、洛陽、南京、北京，都是依山或靠水，有天塹可守，敵人非有相當實力，否則難以攻破。綜觀古代四大名都：長安、洛陽、南京、北京，都有以上的優勢條件。反觀北宋定都汴京（河南開封），歷來學者，多有批評。

北宋定都汴京，學者多認為當地無險可守，形成北宋積弱不振，為何不定都洛陽？宋太祖何以放棄歷代名都洛陽而定都汴京呢？據李燾《續資治通鑒長編》說，太祖生於洛陽，「樂其風土」，本有遷都的意思。出於軍事考慮，宋太祖認為汴京無險可守，應遷都長安或洛陽，以圖長治久安。然而，太祖最終選擇汴京為都，其實是迫不得已，顧及到實際需要的。隋代開鑿運河以來，黃河已能貫通淮河，遠達江南，中原朝廷的給養，由江南供應，而汴京即處於河南水陸要衝。後梁朱溫的強大，實力足以篡唐，與他鎮守汴梁，利用汴梁的優勢有密切關係。因此後梁以來，除後唐外，皆以汴梁為都。當時宋朝朝中大臣對遷都洛陽持不同意見，有出於經濟考慮的，就以漕運給養為首要考慮。大臣李懷忠提出，汴京有漕運之利，能通江淮，為「都下兵數十萬人咸仰給」，加上「府庫重兵皆在大梁，根本安固已久，不可動搖」，從而反對遷離汴京。晉王趙光義（後來的太宗），以定都「在德不在險」的理由，也勸阻太祖遷都洛陽或長安。宋太祖無可奈何，結果最終放棄遷都的念頭，但太祖已預言說：「晉王（趙光義）之言固善，今姑從之。不出百年，天下民力殫矣！」宋太祖從國防觀點考慮，早就預料定都汴京無險可守，必須長期在京師駐兵，終會拖累國家經濟。相反，若定都長安，則可憑關中地勢，抵抗外敵，因此提出遷都洛陽或長安。然而，李懷忠持經濟觀點，指出汴梁經濟優越，有漕運之利，依江南的富庶，養活朝廷。趙光義則從政治角度出發，認為堂堂大國不可輕率遷都。總括來說，反對定都汴京者，是基於國防考慮，深明汴京的軍事缺陷；支持者，則認為應以首都遷就漕運。

事實上，除了經濟考量，還有五代留下來的陰影。原來，唐末以來，黃河南兩岸俱為藩鎮所據，中央無力控制，只好利用忠心的藩鎮，保持關中經河南至江淮漕運的暢通。漕運的暢通，朝廷可保，所以朝廷命脈就交託在駐守運河的武將手中。換言之，以其他地方為國都，必須同時確保汴京守軍的效忠，否則國運不保。前車可鑑，唐末駐守汴州的宣武節度使朱溫，因控制了漕運便得以強大起來，最後更可以篡唐自立。又如五代的後唐莊宗定都洛陽，結果汴梁被魏博兵控制，莊宗滅亡。因此，要以洛陽為都，必須有一支效命中央的重兵保護汴梁，否則必重演唐末五代的亂局。由此來看，宋太祖最後接納李懷忠、趙光義定都汴京的建議，是考慮到在國都以外，再駐重兵保護一地，在「強幹弱枝」的原則下，是相牴觸的。面對這兩難情況，宋太祖只好作出「不出百年，天下民力殫矣」的選擇。

北宋定都汴京，確實有不少便利。如宋廷設置東南六路轉運使，以分段運輸方法，向北方輸送大量物資，支持汴京數十萬大軍軍費、龐大行政費，以及汴京人民的生活支出。此外，陝西一帶亦仰賴運河物資，仁宗攻伐西夏，便是以邊糧運輸的方法作後勤補給。定都汴京，保障了漕運暢通，有利於北宋安定繁榮。正如時人張方平說：「大體利漕運而贍師旅，依重師而為國也。則是今日之勢，國依兵而立，兵以食為命，命以漕運為本，漕運以河渠為主。」

然而，北宋定都汴京也帶來了嚴重的國防問題。汴京北邊平原千里，渡過黃河，無險可守，加上幽雲十六州已失，要鞏固國防，談何容易。真宗澶淵之役的狼狽，宋末的靖康之難，都與汴京國防形勢不利有關。其實，太祖早已預見其弊，在別無他法下，只好長期在京城屯駐重兵。可是，日後宋軍質素低劣，駐防重兵亦無補於事。可以說，北宋積弱與其定都汴京是有一定關聯的，只是形勢比人強，兩害相權取其輕，不得不選擇汴京。至於南宋定都臨安（杭州），連南京也不考慮，則莫名其妙。魚米之鄉，翠湖柳岸，薰風陶醉，在此情況下，中原河山、國仇家恨早已忘記得一乾二淨。至此，定都何處，根本無須再費思量。

延伸思考

- 宋朝以和約換取邊境安寧，除了認為是宋人苟且偷安，還有甚麼原因令宋人願意以和約換安寧？
- 宋人重文輕武，對中國文化發展有甚麼影響？
- 宋朝海外貿易興盛，對外貿易如何養起宋朝整個國家？宋朝又如何打造一個商業中國？

19

民族的更替
——靖康難猶未雪

北宋（公元960–1127年）由立國之初，到亡國之時，完全受制於外患，亦即是邊疆少數民族國家。東北初時有契丹遼國，後期有女真金國，西北有西夏國，西面有吐蕃，西南有南詔大理，甚至再南方，有安南（今越南）的獨立。總之，北宋是四鄰皆敵，四面楚歌。為禍最激烈的，當然是北方的遼國和金國。北宋亡於金國，南宋為蒙元所滅，究其原因，主要是由於宋代推行中央集權政策，造成地方財政及軍政敗壞，加上宋太宗以後諸帝，墨守太祖方針，不知變通。而建都汴京，引致國防空虛，使北宋始終無法復振，最終為金國所滅。然而，從邊疆少數民族國家的統治角度看，由唐末開始，周邊少數民族已經擁有實力，可以與中原漢人政權較量。五代時，契丹入侵，後唐、後晉相繼覆亡，展示了周邊少數民族的空前實力。再往後看，從北宋開國（公元960年）計起，直到辛亥革命（公元1911年），期間950年，除了明朝294年國祚，其餘時間為周邊少數民族統治，蒙元佔98年，滿清達268年，共364年。另外，深受侵擾的兩宋，雖說長達321年，而南宋基本上是向金國俯首稱臣。往後一千年的歷史中，有三分一的時間，算得上是漢人獨當一面，其餘的日子，是周邊少數民族的天下。世運的轉移，不必等到鴉片戰爭，早在一千年前，已經在中國大地上出現，只不過，歷史仍然以漢文化為本位來看待周邊少數民族的政權地位。北宋皇朝，就是在周邊少數民族比自己更強而有力的情況下，開始其國運，只是當時國人不自知。兩宋的艱辛道路，可以想見。

宋太祖開國，先南後北，經歷了十九年後，才由宋太宗滅北漢，完成統一大業。宋太宗想乘勝追擊，攻打遼國，收回燕雲十六州，不過，遇上高粱河大敗，中箭受傷，史書記載：「（太宗）僅以身免。」自此，再無宋人敢提出攻遼。但到了宋真宗時，公元1004年，遼國蕭太后起兵攻宋，如入無人之境，長驅直入，打到黃河北岸，宋朝上下震驚，幸得寇準「孤注一擲」，勸動宋真宗御駕親征，在澶州擊敗遼兵，兩國訂下「澶淵之盟」。宋遼兩國，自此基本上相安無事。可惜，一波未平一波又起。在公元1001年，早在宋遼交戰前三年，西夏反宋。西夏對宋朝西北的侵擾，直到宋哲宗為止（公元1099年），歷時一百年。

面對外患的紛擾，北宋朝廷亦非坐以待斃，在仁宗及神宗兩朝，先後有范仲淹及王安石等，提出變法圖強，皇帝亦大力支持。當中以宋神宗「熙寧變法」最徹底。宋神宗即位時，年僅二十歲，朝氣勃勃，很想有一番作為，於熙寧二年（1069年）二月，起用王安石為參知政事，主持變法。可惜的是，宋初以來的積習太深，變法不但未能改變弱勢，反而造成新舊黨爭。北宋重文輕武，標榜士人政治，因此士大夫多好放言高論，每因不同政治立場而互相攻擊，而且常帶有道德觀念與正邪之分，容易激成聲氣相近者結為黨派，形成壁壘，黨爭亦由此而生。黨爭結果，正直之士往往受貶，能夠留下的，以逢迎巴結而得平步青雲，朝政更加不堪。宋徽宗時，蔡京、童貫等奸臣當國，君臣耽於逸樂，糜爛的局面，一遇外敵的入侵，勢必土崩瓦解。

至於兩宋以和約，與遼、金、西夏，甚至新興的蒙元，建立的脆弱和平，一直為當時及後世所抨擊，認為年年對外的所謂「歲賜」，即是對外邦的財物輸送，成為兩宋的負擔。事實卻是相反，兩宋的「歲賜」佔國家每年財政收支的份量不多，而兩宋的外貿收入完全足以支付這筆財政支出有餘。另一方面，一次的對外戰事，所耗用的軍費，足夠比得上十數年「歲賜」的總和。除笨有精，所以兩宋政府樂於以和約「歲賜」來換取和平。如果以和約來換取時間，兩宋積極發展國力，未嘗不是緩衝之計，只是和約的結果是兩敗俱傷，遼、金、西夏慢慢衰落，兩宋亦苟且偷安，最後亡於新興的強敵之手。大抵兩宋的和約，最大的問題不在於財政負擔，而在於自我麻醉，以為就此可以安寢無憂，實際是自我解除武裝，招惹新興強敵的垂涎。

靖康之難

靖康之難，是指中國北宋欽宗靖康二年（1127年），北方女真族的金國，攻陷北宋首都汴京（今河南省開封市）的重大戰禍。汴京遭受空前洗劫，百年繁華，戰火盡毀。金人更擄走宋欽宗和太上皇宋徽宗，以及幾乎全部的皇族、后妃等三千人。事件發生於宋欽宗靖康年間，因而得名。

遼人在東北生活上百年之後，失去昔日勇武精神，亦養成耽於安樂的習慣。不過，歷史不會因此停下來。游牧民族，以打鬥定勝負，遼人周邊的少數民族，一如既往，強大起來，就挑戰以圖稱雄。遼天慶四年（1114年），女真族在完顏阿骨打的領導下，打敗遼兵。翌年，完顏阿骨打建國稱帝，建立金國。遼金開戰，遼人節節敗退，金人步步進逼。

正當遼金酣戰，北宋朝廷竟然妄想圖個僥倖，在遼金戰事中分一杯羹。北宋徽宗宣和二年（1120年），宋金兩國締結「海上之盟」，金與宋盟，共同滅遼，協議金攻遼中京，而宋攻遼燕京（今北京），事成之後，燕雲十六州歸宋，遼的其餘國土歸金，宋亦將本來贈給遼的歲幣轉獻贈給金國。後來金兵順利破遼，而宋朝北伐二十萬大軍大敗。遼國燕京最後被金人所攻破。金天會三年（1125年），遼國天祚帝被俘，遼國滅亡。宋廷要求金人履行盟約，交回燕雲十六州，但金人反指宋人沒有踐約，結果宋朝耗費更多的錢財，才贖回其中七州空城，包括薊、景、檀、順、涿、易和燕京。

北宋徽宗宣和七年（1125年），前遼國將領、金國平州（今河北盧龍縣）留守張瑴以平州降宋，金人以私納叛金降將為由問罪攻宋。金滅遼之役，洞悉宋軍戰鬥力的虛弱。十月，金人兵分兩路南下。西路由左副元帥完顏宗翰率領，自金國的西京（今山西大同）攻太原。東路由南京路都統完顏宗望率領，自金國的南京（今河北盧龍）攻燕山府（今北京城西南），採取分進合擊的戰法。

戰事一起，河北宋軍望風而潰。宋徽宗大驚，連忙禪位給太子趙桓。趙桓即位，是為宋欽宗，改元靖康。欽宗即位，從太學生陳東之議，貶死蔡京，殺宦官童貫。

金人攻打汴京的戰事共有兩次。第一次，在靖康元年（1126年），東路金兵渡過黃河，圍攻汴京。在金軍的強大攻勢下，宋被迫遣使乞和，割讓太原、中山（今河北定州）、河間（今屬河北）三鎮與金。宋向金國輸送黃金五百萬兩和銀五千萬兩，派遣親王為質，尊金國為伯父。金軍亦恐孤軍深入，遂許和北撤，不待金銀足數而退，但怕未能收得錢財，以汴京城中女子為抵押。當時宋朝送后妃和平民各類女子為人質的數目，統計竟有11,635人。男人無能保家衛國，女子賤賣受辱，北宋朝廷腐敗無能，可謂歷史鮮有。

第二次進犯，東路金兵既退，欽宗以為無事，怎料西路金兵又到。西路完顏宗翰不得金銀而退，但亦遣使求索。宋朝拒絕，同時密詔河北三鎮固守不讓。八月，金廷以宋不履行割讓三鎮為藉口，再次分兩路攻宋。完顏宗翰率西路軍出西京，南攻太原。九月，攻陷太原後，轉兵東向，攻汴京。金東路軍在完顏宗望率領下，自保州（今河北保定）出師。十一月，金國東西兩路軍進至汴京城下。宋欽宗急遣康王趙構赴金營乞和，許以黃河為界，金兵不允，向汴京發起猛攻。閏十一月，東京城破，宋欽宗降金。宋靖康二年（金天會五年，1127年）四月，金人擄徽、欽二帝及宗室、后妃等數千人北歸，同時立張邦昌為楚帝，作傀儡政權，北宋遂亡。是役稱為「靖康之難」。宋徽宗

宋徽宗精於繪畫，圖為他所繪的花鳥圖。

和宋欽宗被金人囚禁於五國頭城(今黑龍江省哈爾濱市依蘭縣)。

南宋政局

北宋滅亡後，金人北去，張邦昌自動退位。康王趙構於當年(金天會五年，1127年)五月，在南京(今河南商丘南)即位，是為高宗，重建宋朝(史稱南宋，公元1127–1279年)，改元建炎。宋高宗即位之初，仍奉行力求議和的基本國策。然而，金兵食髓知味，繼續南下，想一舉滅南宋，宋金十三年混戰，由此展開。期間宋兵由初期劣勢，漸轉主動，岳飛、韓世忠、劉錡、楊沂等忠勇奮戰。金兵久戰師疲，宋金兩方，終於在南宋高宗紹興十一年(1141年)，南宋殺了岳飛之後，達成和議，這就是「紹興和議」。宋室再次屈辱求和，向金稱臣。宋金和議後的政局，宋金兩國，相安無事達二十年之久。到了高宗紹興三十年(1160年)，金國海陵王完顏亮，殺金熙宗，自立為帝，大舉攻宋。但宋將虞允文在采石磯，以霹靂砲大敗完顏亮。之後，在南宋孝宗有張浚北伐(隆興元年，1163年)，南宋寧宗時有韓侂冑北伐(開禧二年，1206年)，但都喪師辱國，無功而還。宋金對峙，大致金強宋弱，但是金人又未能消滅南宋，統一天下，直至蒙古人崛起，南宋聯蒙滅金，局勢才出現徹底改變。

南宋國策仍奉行重文輕武，朝廷以主和派佔上風。另一方面，南宋君臣既害怕金兵的厲害，同時又耽於安樂。終宋覆亡，南宋君臣，再無志向收復中原故土。至於南宋每年向金國的貢輸，數目龐大，但是國家財政又負擔得來，其中的原因，在於南宋大力發展海外貿易，大批阿拉伯、波斯商人來華通商。據現代學者的研究，兩宋經濟，實際是中國古代歷史中，最為繁榮的，是中國古代經濟的巔峰。至於金人，一時間未能消化鯨吞中原的成果，不久，國內的漢化，又使金人漸漸放下殺戮的習慣，養成文弱之風。然而，兩宋的國力，與新興的周邊少數民族相比，此消彼長，遼金逐步南下逼近，雖然未能立時吞併全中國，但是周邊少數民族入主中土，是早晚發生的事情。

漢文化自北宋達到頂峰以後，漢人文化好像步入晚年的老人，活力不斷萎縮，對內統治的專權程度提升，失去寬容的胸襟，貪污腐敗形成結構現實，對外漸次失去吸納能力，變得被動而封閉，無力招架。「靖康之難」可謂是漢文化走上衰敗之路的重要里程碑。

歷史思考點

祖制不可改

朝廷維新變法，有一班朝臣以「祖制不可改」為由奮起反對，阻撓改革。

回顧中國歷史上多次變法改革，只有一次完全成功，另有一次，一半成功。成功的一次，是戰國秦國秦孝公時，商鞅變法，結果是國富民強。另一次，一半成功的，是北魏孝文帝遷都漢化。孝文帝在位時，初時成功，但駕崩後，北方邊境發生叛變，攻入洛陽，變法的成就最終付諸流水。其他的變法，北宋兩次變法，清末百日維新等，全部失敗而終。明朝大臣，因明太祖對大臣的嚴苛，有明一代，對任何改革，噤若寒蟬。

綜觀變法的失敗原因，多是守舊大臣以「祖制不可改」為理由，阻撓改革。表面的理由，學者多認為，改革損害了既得利益者的利益。改革，自然導致人事上的更替升降，一班朝中大臣成為被針對的對象，他們自然群起反對。除此之外，並非所有反對的人都以自己利益為先，也有的是以「公義」為由，例如北宋的蘇軾和司馬光，都是朝中正直之臣，為後世稱頌。所以，除了涉及利益衝突的原因，還有其他因由。

另類的原因，就是中國文化中讀書人的清議傳統。清議作風，源於東漢太學生對宦官的不滿，結果釀成兩次「黨錮之禍」，清流之士多遭不測。然而，政治迫害，反成為清流名譽，所以朝中大臣遇有不滿，往往力爭到底，容易淪為意氣之爭，更與同聲同氣的，互為支持，結成朋黨。對改革稍有不滿，自然挺身而出，甚至以死相諫。當然，在古代政治管理工具不足，欠缺現代會計及通訊科技的情況下，參與改革的官員容易上下其手，造成貪污瀆職。於是，阻撓改革，正直大臣就多了一個道德上的理由。

每當文風大盛，又到了國家出現危機的時候，黨爭就熱熾激烈；東漢末、北宋中後期和明末，都是朝中爭吵不休的時代。

若要改革成功，一是遠離舊傳統，北魏孝文帝遷都，是明智的上上之策。二是做足民眾的心理教育；秦孝公商鞅的成功，以搬木為賞，建立威信。所以，改革成功與否，還要講究營造成功的條件。

延伸思考

- 北宋神宗時，王安石提出變法，當中有興國利民的措施，為甚麼到最後全盤遭否定？
- 南宋高宗皇帝殺岳飛求和，背後有甚麼原因？
- 宋朝理學興起，相繼湧現大學問家，理學對中國學術思想發展有甚麼貢獻？又為甚麼他們對宋朝國運起不了作用？

20

專制的定型
——厓門海戰

厓門海戰（古文作「厓」，今作「崖」），是宋朝末年宋朝軍隊與元軍的最後一次決戰，宋軍全軍覆滅。宋朝徹底覆亡，元朝統一天下。

厓門，位於廣東新會市，在珠江三角洲西面，厓門是珠江八大出海口門之一。因東有厓山，西有湯瓶山，延伸入海，就像一扇開掩的門，故名厓門。

南宋國策仍奉行重文輕武，朝廷以主和派佔上風。南宋高宗重用秦檜為相，朝廷苟且偷安，以後的皇帝，除了宋孝宗稍有作為，其他的皇帝均耽於安樂。宋寧宗以韓侂冑為相，當時發生「偽學黨」的黨禁，連大學者朱熹亦被貶謫。宋理宗（1225–1264）用史彌遠，宋度宗（1265–1274）用賈似道，南宋朝政，腐敗糜爛，君臣懦弱，無望收復故土。另一方面，金國經歷了元顏亮的短暫暴虐政治，很快恢愎過來，繼任的金世宗（1161–1189），有「小堯舜」之稱。不過，國勢已經走向衰落。金國的穩定，不久就被北方新興的蒙古所打破。一場空前驚世動盪的變局，蓄勢待發，準備席捲亞洲和歐洲大地。

蒙古早在金國初立、宋金交鋒時，已經崛起。到了宋寧宗開禧二年（1206年），宋相韓侂胄北伐失敗之年，鐵木真建立蒙古國，稱「成吉思汗」。蒙古國自宋寧宗到宋理宗期間，分別三次西征，時為公元1219至1223年、1237至1243年及1252至1258年，橫掃中亞及東歐，建立四大汗國。歐洲人對蒙古入侵，稱為「黃禍」。同時，蒙古國漸次消滅中國大地上各個國家，滅西夏（1227年），滅金國（1234年），滅大理（1253年）。

於蒙古滅金國之時，南宋朝廷再次重蹈北宋滅亡覆轍，與蒙古聯合，一同滅金國。金國自成吉思汗開始，飽受侵擾，甚至一再遷都，以避蒙古。末路的金國，劃黃河而守，情況狼狽。蒙古大軍一時未能渡河，於是相約南宋，借道南宋，兩國夾擊金國。公元1234年，金哀宗在蔡州（今河南汝南）自縊身亡，金國亦告徹底覆滅。金國亡後，蒙古亦履行約定，向南宋歸還部分河南地，但不包括汴京。南宋朝廷卻不滿足，竟主動向蒙古開戰，以圖取回汴京。此舉給予蒙古征伐南宋的藉口。自公元1234年開始，蒙古攻宋，但過程不算順利。直到宋理宗寶祐五年（1257年），蒙古掃平大理、吐蕃、安南之後，得以集中力量，大舉攻宋。不過，在公元1259年，蒙古憲宗蒙哥攻南宋四川合州釣魚城時，戰死沙場（一說是病死）。蒙哥弟弟忽必烈當時分兵攻打湖北鄂州（今湖北武昌），因欲爭帝位，答應南宋賈似道的投降條件，撤兵北回。而賈似道竟瞞騙朝廷，並以此居功。宋度宗咸淳三年（1267年），忽必烈繼承大統（於1271年改國號「元」，公元1271–1368年），發兵南下。從公元1268年至1273年，忽必烈圍攻襄陽。襄陽守軍堅守六年，終於在蒙古大炮下被攻破，守將呂文煥憤而投降，並協助蒙古軍直下長江，攻打南宋首都臨安。

元軍在襄樊之戰大破宋軍以後，直逼臨安。宋度宗於憂懼中駕崩，四歲的宋恭帝繼位。宋恭帝德祐二年（1276年），宋恭帝投降。宋度宗的楊淑妃在國舅楊亮節的護衛下，帶着自己的兒子即宋朝二王（趙昰、趙昺）出逃，與大臣陸秀夫、張世傑、陳宜中、文天祥等會合。元軍統帥伯顏窮追不捨，二王只好逃到福州。不久，剛滿七歲的趙昰登基成為皇帝，是為宋端宗，改元「景炎」，繼續抗元。

宋端宗登基以後，元朝加緊滅宋步伐。宋端宗景炎二年（1277年），福州淪陷。泉州城舶司阿拉伯裔商人蒲壽庚投降元朝。南宋流亡朝廷到廣東。宋端宗準備逃到雷州，不料遇到颱風，帝舟傾覆，端宗差點溺死，也因此得病。不久，端宗病死，由七歲的弟弟趙昺，在碙州梅蔚（相傳在担杆島或今香港大嶼山梅窩）登基，年號祥興。丞相陸秀夫、張世傑等保着趙昺逃到厓山，在當地成立據點，繼續抗元。

元至正帝十六年、宋祥興二年（1279年），元將張弘範（宋降將）大舉進攻。宋元雙方兵力，共達五十萬，作戰歷時二十多天。1279年3月19日（宋帝昺祥興二年、元世祖至元十六年二月癸未），宋元在厓山海上決戰，宋軍潰敗。日暮，海面風雨大作，丞相陸秀夫估計已無法脱身，對小皇帝趙昺說：「國事如此，陛下當為國死。」背着趙昺跳海殉國。宋室徹底覆亡。

是役，華夏精英，徹底喪亡，戰死或投海自盡的殉國人數，高達二十萬人。南宋滅亡的消息傳到日本，日本「舉國茹素」來哀悼宋的滅亡。從歷代的興亡歷史來看，南宋的覆滅，是宋朝發展的必然結果，君臣偷安，奸臣當道，亡國是不可避免的。南宋覆亡之際，忠心義士，紛紛殉國，其中，陸秀夫、張世傑和文天祥，被尊稱為「宋亡三傑」。張弘範滅宋後，在厓門石上大書「鎮國大將軍張弘範滅宋於此」。這就是《元史・張弘範列傳》記載：「磨厓山之陽，勒石紀功而還。」

蒙古人的大軍，所到之地，是毀滅性的破壞，蒙古人的殘暴，後世西方人稱之為「黃禍」，據推算，蒙古西征及征服中國過程中，最保守估計，被殘殺的人口至少達一千一百萬人以上，而蒙古人征服中原之時，中原人口消失達百分之八十五。在中亞，今日伊朗西部，當年蒙古人過境，殺戮淨盡，完全摧毀當地文明，導致鹹海南部一度乾涸，可見蒙古人的殘暴。當蒙古人橫掃歐亞大陸之時，南宋是唯一可以力拒蒙古達三十多年的國家。南宋滅亡，繼而一統天下的是蒙古元朝。元朝是中國政治上的一個黑暗時代，另一方面，也是中國歷史版圖最廣闊的時代。從盛世來看，元朝建立了橫跨亞歐的大帝國，使中國的版圖達到空前宏大，各方民族都入朝臣服。從黑暗方面而言，蒙古人的罪行罄竹難書，漢文化飽受摧殘，漢人受盡蒙古人的欺凌。至於政治、軍事、社會、經濟各方面，漢人被壓在最底層，以防止漢人復興抬頭。中國政治上的專制，經宋太祖以「強幹弱枝」的政策為開端，到了元朝，完成了專制的模式，成為以後中國專制政治的定型。

歷史檔案室

文天祥詩作

元世祖至元十五年（1278年），南宋丞相文天祥被張弘範部將王惟義在五坡嶺（今廣東海豐北）生擒，文天祥作詩〈過零丁洋〉悼念。今香港的九龍城宋王臺和侯王廟都是紀念宋端宗一行人的。另外，宋端宗生母亦葬於九龍城，人稱「金夫人墓」，後來由於該址興建了聖三一教堂，「金夫人墓」也隨之湮沒。

文天祥被俘後，在廣東零丁洋（今「伶仃洋」）元朝軍艦上作了〈過零丁洋〉這首詩，用以表明忠於宋朝、不願投降的心志。

辛苦遭逢起一經，干戈寥落四周星。
山河破碎風飄絮，身世浮沉雨打萍。
惶恐灘頭說惶恐，零丁洋裏嘆零丁。
人生自古誰無死，留取丹心照汗青。

詩中「人生自古誰無死，留取丹心照汗青」一句，乃千古絕唱。

歷史思考點

元朝的正統問題

元朝以蒙古人入主中原，取代漢人傳統，建立了中國歷史上至今最大的帝國。但是一提到元朝在中國的正統地位，總是矛盾重重，一方面以元朝遼闊版圖而沾光，另一方面，又總是以「外族」入主而有精神上的抗拒，加上蒙古人的西征，中國被視為「黃禍」的根源。晚清期間，歐洲列強入侵中國，特別是八國聯軍之役，德國就是以消滅「黃禍」為出兵中國的藉口。而中國人亦往往與「黃禍」劃清界線。究竟元朝算不算中國的正統朝代？這一個問題，時有出現。

厓門海戰之後，南宋徹底滅亡。中國完全淪為由「外族」統治，首次沒有漢人政權，加上大量軍民投海殉國，傳統忠義思想淩駕一切，對一脈相承的華夏文明，帶來極大的思想衝擊。事實上，元朝對中國傳統文化的摧殘，殘暴至極。在抗日戰爭前夕，國民政府主席林森也曾專門前來厓山祭拜，目的是要以一種忠臣死節的精神和氣節，激勵當時的中國人，號召抗戰到底。中國國務院總理周恩來也曾說：「厓山這個地方的歷史古蹟是有意義的，宋朝雖然滅亡了，但當時許多人繼續堅持抗元鬥爭，保持了民族氣節。」正因如此，元朝本身就是對中國正統地位的挑戰。

元朝算不算中國的正統朝代？這一個問題，反映出一種矛盾心理：第一是漢族正統思想，與當代大中華民族融和觀念，尚待調節。第二是元朝的武功得失，成為後代中國人的心理包袱，後世中國人大談元代版圖之闊，但既不認同「黃禍」之説，又對兩次征日遇上颱風，無功而還，感到可惜。第三是元朝對漢人的高壓統治，不合中國儒家「聖王」道統，元朝的鼎盛，本是中國歷史的光輝，但是竟然是中國文化的極度黑暗時期。究竟元朝算不算中國的正統朝代？

從歷史事實來論，外族人佔領中原，建立政權，早在一千多年前，五胡亂華之時已有先例，前秦及北魏政權，先後統一北方，差點就完成統一南北的大業。隋唐兩代君主，為漢胡混血，並非純粹漢人血統。到了五代時期，契丹入侵，建立漢人的傀儡政權。兩宋期間，北方遼、金兩國，先後侵擾中原。所以外族入主中原，實是大中華民族發展的過程，只不過，當中以血腥暴力進行，人民飽受苦難。蒙古統一中國，是歷代周邊少數民族入侵的翻版，最終由蒙古人成功實現。而元世祖忽必烈改國號為「元」，是以《易經・彖傳》「大哉乾元」得名，絕對是依照中國文化來命名。元朝建立後，蒙古統治者已經以中國皇帝自居，以本朝為中國。至於南宋，早也已視元朝為北朝，承認它為中國的北方部分。到元朝滅南宋，成了中國傳統的唯一政權，無疑屬於中國傳統的延續。就是文天祥、謝枋得等至死忠於宋朝的名臣，也是將元朝視為最終滅了南朝的北朝，而不是否定它的中國地位。根據文天祥的價值觀念，他是宋朝的臣子，並出任過宋朝的丞相，宋朝亡了就應該殉難，但他承認元朝取代宋室的事實，包括他的家人和族人，可以當元朝的順民，甚至出仕。

蒙古元朝是中國的一個皇朝，這點不容置疑。元朝滅宋，本質上是改朝換代，北朝戰勝南朝，新朝取代前朝，無關文化道統。當然，元朝的高壓統治，為漢人帶來的痛苦，使元朝政權的認受性受到很大的挑戰，而且蒙古人對漢文化的摧殘，確使中華文明進入了非常黑暗的時期。最終，得民者昌，失民者亡，蒙古統治者亦自食惡果，僅得國運89年。

延伸思考

- 蒙古人橫掃歐亞大陸，南宋憑甚麼仍可以支持多三十年？
- 「厓門之後無中國」，試就此說，探討其出處、論據原因及其影響。
- 在中國歷史上，每逢中央政府衰弱，就引起國家動盪不安，可能是地方割據造反，更甚是邊境外族入侵。這種情況，對中國政治文化發展，有甚麼惡劣的影響？

21

漢人帝國的餘暉

——明太祖的強國夢

蒙古人以馬上得天下，統一中國，建立元朝後，對漢人採取高壓政策，施行暴政。元末天災頻生，民變四起，大元政權隨即崩潰，終為明朝朱元璋所滅。公元1368年，朱元璋派兵攻下大都（今北京），元順帝北逃，元朝滅亡。自公元1271年滅宋，統一中國，至公元1368年，順帝北逃，元國祚共89年。

朱元璋，原名朱重八，生於公元1328年，亦即元文宗天曆元年，農曆九月十八日。朱重八出生於泗州盱眙縣太平鄉一個赤貧農民家庭，因家貧，多次搬家，最後遷移到濠州鍾離縣東鄉。因此史書記載，他是濠州鍾離縣人。朱重八發跡之後，改名「興宗」，別字「國瑞」，後來再改名「元璋」，又為已故的父親朱五四改名「世珍」。

朱元璋十七歲時，因家中極度貧困，在皇覺寺削髮為僧，做了小沙彌。朱元璋削髮為僧之後不久，皇覺寺亦因為大旱而缺糧，於是住持和尚遣送僧人到外地化緣。朱元璋只好離開家鄉，踏上流浪化緣之路，一去三年。他到過甚麼地方，結識過甚麼人，沒有史料可供查考。不過，這三年的江湖經歷，相信對朱元璋是極為寶貴的，有助他日後開基創業。

元順帝至正十二年（1352年），中原各地群雄，以宗教名義抗元起義，已經星火蔓延，朱元璋接受童年好友湯和、周德興的勸說，放棄僧人身份，離開皇覺寺，到濠州投奔當地的反元首領郭子興，參加了郭子興等人所領導的「紅巾軍」，當時朱元璋二十五歲。由於朱元璋的勇敢和識見，作戰時指揮有方，得到首領郭子興的器重，起用為親兵，郭子興將原本姓馬的養女下嫁，朱元璋在紅巾軍中成為重要的頭目，人稱「朱公子」。郭子興死後，朱元璋自立山頭，並採納朱升「高築牆，廣積糧，緩稱王」策略，又聽從學者陶安之言，不隨便殺人，弔民伐罪，順從民心，使百姓悦服。另外，朱元璋又接納陶安取金陵的建議，陶安謂：「金陵，古帝王都。取而有之，撫形勝以臨四方。」金陵，即元朝的集慶，現在的南京市。至正十六年（1356年），朱元璋領軍一舉攻陷集慶，以集慶為建基立業的根據地，改名為應天府。朱元璋在集慶建立政權，招賢納士，並漸次翦滅淮河長江各地群雄，包括最強大的張士誠和陳友諒。

元順帝至正二十四年（1364年）正月，朱元璋改用「吳王」稱號。公元1368年，朱元璋稱帝，建國號為「明」（公元1368–1644年），改元「洪武」。朱元璋隨即命大將徐達、常遇春等領兵北伐，進攻元大都，元順帝率領皇族，返回大漠草原，元朝結束在中原的統治。攻克元大都之後，朱元璋繼續派遣大將收復各省。

明太祖朱元璋平定天下後，大封功臣。明朝建立初期，大部分官吏是元朝舊人，而元朝官場腐敗，明太祖朱元璋出身貧寒，深知民間疾苦，對貪污舞弊，深惡痛絕，掌握政權之後，對貪官污吏處罰非常嚴厲。大批不法貪官被處死，開國元勳以至皇親國戚亦不能倖免。被處死的貪官之中，包括開國功臣朱亮祖，明太祖的女婿駙馬都尉歐陽倫等，而洪武九年揭發的「空印案」，以及洪武十八年揭發戶部侍郎郭桓的「郭桓案」，數以萬計官員受到懲處。其中，最為人熟知的懲處，就是割貪官的人皮，填塞稻草，懸掛公堂，以示警戒。洪武九年，儒學訓導葉伯巨曾經上疏批評：「分封太侈，用刑太繁，求治太速。」因而激怒朱元璋，葉伯巨被處死。

朱元璋雖然出身貧苦，但卻有傳統儒家「聖王」的思想，他希望老百姓能夠安居樂業，社會能夠和諧穩定，他表示：「為君者欲求事天，必先恤民。恤民者，事天之實也。」他削減宮廷和國家開支，減輕老百姓的賦稅負擔，抑制富豪的權勢，使大亂之後的民間能夠休養生息，恢復元氣。朱元璋本人生活儉樸，為臣民建立榜樣，例如應天府皇宮之內，設有「御菜園」，由宦官種菜，供應皇宮所需，他率領皇子們參觀菜田。由於明太祖朱元璋的嚴厲肅貪，明初的貪污腐敗情況得到有效遏制。有學者認為，朱元璋在位三十一年，在在表現得勤政愛民，他不事享樂，不沉迷聲色，每日早起上朝，與群臣議論政務，參決眾議，唯善是從，不聽一面之詞，不私不阿。退朝後還要默坐審思，有不妥當之處，細心籌劃，直至籌慮停當而後就寢，日復一日，年復一年，至死方休。

誅殺功臣

洪武十三年（1380年），農曆正月初三，明朝第一政治大案「胡惟庸案」突然爆發。朱元璋以謀反為理由，逮捕宰相胡惟庸和他的同黨，朱元璋親自審問，數日之後，胡惟庸被處死，數以萬計與胡惟庸有關係的官員，以至有交往的人，都受到牽連而被逮捕入獄，大部分被殺或者死於獄中。朱元璋乘機廢除中書省，取消中書丞相、左丞、右丞、參政等職位。從此以後，六部以及其他台、監、院等行政部門，直接向皇帝負責，皇帝實際上兼任丞相之職。朱元璋對胡惟庸案窮追猛打，不少官員因此惹禍，十年之後，朱元璋將矛頭指向名列功臣第一位的韓國公李善長。洪武二十三年（1390年）五月，七十七歲而且已經退休的李善長，因為弟弟李存義被人告發參與胡惟庸謀反，李善長知而不告，朱元璋非常震怒，以「善長元勳國戚，知逆謀不發舉，狐疑觀望，懷兩端，大逆不道」罪名，將李善長及其家屬七十餘人處死。事件更牽連其他多位功臣大將。

李善長被處死之後三年，洪武二十六年（1393年），農曆二月，錦衣衛指揮蔣瓛告發將軍藍玉謀反。朱元璋判處藍玉全家抄斬，受藍玉案牽連而獲罪的將領、軍官數以萬計。事件完結之後，朱元璋親自撰寫《逆臣錄》，公佈藍玉及其同黨的罪行，並且宣告「自今胡黨、藍黨概赦不問」。藍玉案爆發前一年，即洪武二十五年（1392年），明朝皇室發生幾件值得注意的大事：四月中，皇太子朱標病逝，享年三十八歲；六月，朱元璋養子、鎮守雲南的黔國公沐英病逝，享年四十八歲；九月，朱元璋決定冊立已故皇太子的長子朱允炆為皇太孫。同一個月，高麗國大將李成桂，憑藉手擁重兵優勢，逼高麗國王讓位，建立朝鮮李氏王朝。

朱元璋為了鞏固皇權，借胡惟庸、藍玉兩起大案誅殺功臣宿將，兩案株連者累計超過四萬人。兩案之外，其他的開國功臣也分別以各種罪名加以誅殺，連為他立下大功的親姪朱文正、親甥李文忠也被鞭死和毒死。只有少數人如信國公湯和交還兵權，曹國公李景隆、武定侯郭英退還莊田佃戶，才僥倖地逃過被殺的命運，於是功臣宿將相繼消失殆盡。

君主極權

明太祖朱元璋執政之初，雖不無善政，但為保江山永固，厲行君主極權，獨裁專制。明初君主極權，史無前例，較之宋太祖有過之而無不及，其大略如下：

中央制度方面，廢千年以來的丞相制度，以六部制度取代。明之有相，唯李善長、徐達、汪廣洋、胡惟庸四人任之，但是此四人在洪武年間，均遭太祖疑忌而不得善終。洪武十三年（1380年），明太祖藉口丞相胡惟庸謀反，下令罷中書省，廢宰相，由六部分掌國家政務，皇帝直接管轄，加強君主權力。同時使刑部、大理寺和都察院分典刑獄，互相牽制，合稱「三法司」。

地方行政方面，明太祖恢復封建，先後分封25個兒孫在各軍事要地，以防叛變。將全國劃分為13個承宣布政使司，在每一承宣布政使司分設三司，布政使司掌財政和民政，提刑按察使司掌刑法，都指揮使掌軍事，三權分立，直隸中央，以鞏固君權。

軍事方面，明太祖以五軍都督府和兵部共管軍事。五軍都督府分設左、右、中、前、後，負責戍守、訓練、屯田等，但無調兵之權。兵部掌管軍官之選拔與士卒之訓練，但無統兵之權。戰時皇帝命將出征，戰罷兵歸於朝，以防將帥擁兵。

監察方面，明太祖監察手段甚於宋太祖，中央設都察院，監察百官，另派監察御史巡視地方。又設錦衣衛，用以刺探臣民，鞏固皇權。錦衣衛是明君主的侍衛機構，前身為太祖朱元璋即吳王在位時所設的拱衛司。洪武二年（1369年）改設親軍都督府，洪武十五年（1382年）設錦衣衛，作為皇帝侍衛的軍事機構。錦衣衛主要的工作是負責包括皇帝的儀仗、護衛皇宮和宣召官員，並且亦替皇帝辦理雜務。後來使用錦衣衛負責巡查緝捕，調查全國臣民有沒有不軌企圖或行為，成為皇帝手中的秘密警察。

皇帝威儀方面，折辱大臣，規定大臣上朝必須跪對，又濫施廷杖，以加強君權。明太祖以跪對、廷杖、鞭笞等折辱大臣而提高君權，又大興文字獄以壓制文人。

明太祖朱元璋重建漢人政權，一方面，以儒家聖王治世的局面，開創了三百年的太平；另一方面，以嚴厲的手法整治群臣，使專制獨裁的統治，達到史無前例的高峰。廢相之後，明代君主獨攬大權，反映的是君主的絕對專權，獨斷獨行，政治上的失誤，是廢相的必然結果。宰相府和六部，從來都是朝廷政令產生的地方，廢相之後，政治制度的漏洞，就是朝中大臣缺乏領導，政令之權全歸皇帝掌握，而皇帝與臣下的溝通途徑，由此而中斷。行政上，皇帝不得不起用內閣輔臣，同時以宦官司禮監為皇帝的私人秘書，於是最終造成宦官徹底專權的局面。明代宦官參與朝政，主要通過司禮監進行。司禮監的主要職能，是代替皇帝行使批紅權。內閣上奏的章本的批覆和回答，要先由宦官口頭傳達給皇帝，皇帝允奏後，內閣預先擬好票籤又由宦官轉交上去，才能呈請批示，最後由司禮監代皇帝用紅筆批覆。這種做法，本身就不是甚麼制度，皇帝讓宦官代為批紅，只因皇帝根本缺乏正式的宰相輔臣，於是想讓宦官他們代行「手」的功能，而不是想讓他們代行「腦」的功能。不過，在實際政治中，對宦官的制度性約束，卻常在皇帝的默許、認可或縱容下不能貫徹。批紅權確實為宦官擴張權力，提供了制度性基礎和現實可能性。他們架空、竊取皇權的方式，都是利用皇帝厭政、怠政的心理，將批紅權轉變為最高決策權。一旦掌握了最高決策權，宦官便可以把持朝政，為所欲為，把自己變為實際上的「皇帝」，六部的官員，都成為對宦官俯首聽命的官員罷了。有明一代，宦官為禍之烈，實際已經超過了制度上的問題，而是文化發展走上歧路的問題。所以，清初大師黃宗羲等，檢討明朝政治的敗壞時，無不慨嘆始於明太祖廢相。

明太祖朱元璋既有儒家政治理想的優點，但又充斥着傳統文化腐朽的糟糠。整個明朝的臣民，就在高壓專制下，誠惶誠恐，安分守已，不敢半分逾矩，做十足的順民。明代以致後來中國文化的發展，就是這樣，一切穩固下來，亦即是凝滯下來。

歷史思考點

極權政治與宦官的關係

宦官是男性閹人，自古已有，西周時，稱為「寺人」。宦官是專為宮廷服務，必須「淨身」，以絕宮中妃嬪宮女與他們苟合的機會，確保皇宮內天子的子嗣血統純正。古代中國宦官的來源，主要是未成年的戰俘孩童，自願閹割的死刑罪犯，或者貧窮人家小孩被閹割之後送入宮中。宦官多數出身寒微，學識淺陋，社會背景低微，他們的生存，主要依靠皇帝的信任和宮廷的勢力傾斜。由於宦官出身卑微，加上他們生理上的缺陷，導致心理上的畸形傾向，一旦後台皇帝寵信放任，就容易胡作非為，以彌補生理上的不全。而宦官為禍，歷朝皆有，最早和最嚴重的，是秦朝宦官趙高矯詔殺秦始皇長子扶蘇，改立次子胡亥。東漢和唐代時，宦官為禍，幾至亡國。至於宋朝和清代，皆有宦官得寵用事，幸好對朝政影響不大。晚清太監李蓮英就是家喻戶曉的宦官。

明太祖開國之後，嚴禁宦官干政，《大明律》禁止官吏與宦官結交，如有干犯，皆斬，而官員妻子流放二千里。明朝宮中雖然有宦官照料宮廷生活起居，但人數不多，大約只有幾百人，宦官的官階最高只有四品，不准讀書識字。明太祖更在宮中立下鐵牌，上面寫有「內臣不得干預政事，預者斬」。但明太祖後期，經常派遣宦官到邊疆地方以絲綢、茶葉交換馬匹。例如洪武八年（1375年）五月，派宦官趙成往陝西河州向青海番人收購馬匹；洪武十六年（1383年）九月，宦官梁珉奉旨到琉球國買馬，共得983匹；洪武二十五年（1392年）二月，尚膳太監而聶、司禮太監慶童奉旨到陝西河州買馬，以三十多萬斤茶葉換得一萬多匹良馬，後來分配給河南、山西、陝西的衛所騎士。另外，明太祖時期，宦官人數日益增多，分工也日漸精密。洪武十七年（1384年），明太祖重組內官架構，設立九監、二庫、六局。太祖之後，宦官架構不斷擴充，宮中的宦官人數增至數萬人，而宦官機構發展為二十四衙門：十二監、四司、八局，宦官權勢愈來愈大。明太祖以後，明成祖因「靖難之變」而登基，宦官有功，更多委以重任。例如鄭和以成祖的家臣身份，得到信任。明成祖因以政變而得位，於是重用宦官為統御工具，永樂十八年（1420年）設東廠，以廠獄來鎮壓異己，宦官之放肆，由此而來。自明成祖以後，在皇帝極權的羽翼下，宦官的地位和權勢不斷擴大，他們擔任一系列的職務，包括監軍、分鎮、專徵、採木、督役和奉使外國等，還與錦衣衛結合，組成惡蹟昭彰的東西二廠，專事偵緝刺探，進行恐怖特務活動，幾乎無孔不入。惡名昭彰的宦官，有英宗時的王振、憲宗時的汪直、武宗時的劉瑾，以及熹宗時的魏忠賢。當然，宦官之禍，並不是一人所為，而是一夥集團的惡行。

明代政治，就是徹頭徹尾的特務政治。司禮監是這特務政治的參謀本部，東西二廠和內廠，內外一體，錦衣衛又加上廠獄，司禮監太監成全國特務政治最高指揮者的「真宰相」。宦官的災禍，經歷了漢朝、唐朝、宋朝、晚清而連續不止，但都沒有像明朝這樣嚴重，對朝政的禍害如此慘烈。漢朝、唐朝、宋朝都曾有宦官干涉朝政，但朝臣卻沒有執行從宦官那裏發出來的所謂朝廷政令。明代宦官為禍之烈，探究其因，是由於明代帝王自身就是特務頭子，所謂「臣奸，君更奸」。明朝皇帝以極權政治來防止臣下作亂，身邊大臣，無一可信，但是極權的執行，始終是要找到可信的人去處理，於是只好任用無後嗣的宦官。所以，即使明太祖朱元璋已經明令嚴禁宦官干政，但他本人所起用的宦官卻愈來愈多。可見，宦官干政，與皇權的膨脹，不受節制，是有直接關係的。閹患，就是皇權的擴張。

秦始皇帝，恣權至極，害怕六國遺民報仇，四方巡察，不敢洩漏行藏，所以有「誤中副車」的成語。當他死於沙丘，只有丞相李斯和宦官趙高知道，就這樣，讓趙高有機可乘，矯詔廢殺秦始皇長子扶蘇，改立次子胡亥，到了最後，趙高「指鹿為馬」，連秦二世胡亥也乾脆殺掉。明朝皇帝的極權，如出一轍。無論皇帝是聰明勤政，抑或是愚蠢昏庸，只要皇帝有絕對權力，宦官為禍，是必然惡果。這樣一來，明末熹宗時，太監魏忠賢成為歷史上最壞的宦官，一點也不出奇，舉朝阿諛，俱拜魏忠賢為乾父，行五拜三叩首禮，口呼九千九百歲爺爺，全國立生祠敬奉，明朝不得不亡。

有明一代，宦官為禍之烈，不單是中國歷史上最嚴重的時代，即使是放諸世界歷史，也屬罕見的。皇權無限，閹禍亦無限。

延伸思考

- 元世祖忽必烈入主中國，採取了甚麼政策措施，使元朝可以在中國建立近百年的政權？這些政策如何影響以後中國的政治？
- 明太祖嚴懲貪官，採取了甚麼嚴苛的手法？為甚麼歷來貪官問題總是禁之不絕？
- 試比較歷代的雄主，例如秦始皇帝、漢武帝、北魏孝文帝、唐太宗、明太祖等人的眼光、胸襟、行為表現、具體施政等等各方面，有甚麼的共同點。

22

海上迷路的中華文明
——鄭和下西洋

公元1405年，明成祖永樂三年六月十五（1405年7月11日），「三寶太監」鄭和奉永樂帝之命，率領龐大船隊出海，向西航行，經歷了占城、暹羅、蘇門答剌、舊港、滿剌加、錫蘭、古里等國。到1407年，永樂五年，九月初二日（1407年10月2日），返回南京，這是鄭和第一次「下西洋」。其後差不多三十年期間，鄭和再有六次下西洋壯舉。

鄭和下西洋是中國家喻戶曉的歷史故事。鄭和所到南洋之處，今天仍有以其命名的建築為紀念，包括泰國首都曼谷市內的鄭王廟、鄭王橋。另外，印尼的三寶顏市，直接紀念「三寶太監」鄭和。鄭和遠征船隊的航行範圍之廣，史無前例，令人吃驚，其中包括東南亞、印度、波斯灣和非洲東北角。船隊規模亦非常龐大，是由317艘船所組成。其中被稱為「鄭和寶船」的船隻，長44丈（125.7米），寬18丈（51米），排水量達萬噸，船上有9根桅杆和12面風帆，船隻體積相當於現代的輕型航空母艦。另外，「二千料海船」，長約61米，寬約13.8米，排水量亦達1,000噸，船上有6桅，每艘可乘坐400人。還有小型的八櫓船，數量多達百多艘，每船可乘50多人。船隊每次出海，大致有27,800人隨行。十五世紀的鄭和遠征船隊，無疑是當時世界上最強大的海軍。

靖難建功

鄭和的祖先，並非中原漢人，而是來自中亞布哈拉國，又稱為不花剌國的移民後裔，世代信奉伊斯蘭教。鄭和祖先已在雲南定居超過一百年，經歷了五至六代人，分為好幾個姓氏的色目人家族。鄭和，本姓馬，父親被人稱為馬哈只，「哈只」意思是「聖人」。馬哈只為人正直，樂善好施，甚得當地民眾敬重，他的夫人姓溫，長子馬文銘，次子馬文和，亦即馬和，就是鄭和，年幼時稱為馬三保。馬三保生於1371年，亦即明洪武四年。馬哈只家族雖然世代信奉伊斯蘭教，但喜好中國文化，他非常重視子弟的教育，因此馬三保自幼學習詩書文章，有「才負經緯，文通孔孟」的美譽。

明軍攻佔雲南之後，馬哈只家屬成為戰俘。當時習慣，將未成年的戰俘分派給功臣將士為奴僕。其時馬三保只得十歲左右，與一大批年幼俘虜被押送軍營成為雜役。明太祖洪武十七年（1384年），馬三保等俘虜，隨同明朝大軍押送往京城應天（今南京）。到達應天之後，十三歲左右的馬三保，被挑選為宦官，送入宮中為僕役。馬三保成為閹人後，被分派到燕王朱棣府中，並得到燕王的信任，成為燕王身邊的要人。

洪武二十五年五月，皇太子朱標病死，享年三十六歲，被諡為「懿文太子」。洪武三十一年（1398年），閏五月，明太祖朱元璋駕崩，享年七十歲，皇太孫朱允炆繼位，是為「惠帝」，年號改為「建文」。太祖駕崩，惠帝繼位，年輕而柔弱，諸位叔父分封為藩王，手握兵權，坐鎮險要之地，對惠帝構成極大威脅，而分封各地的藩王，對惠帝的寶座亦虎視眈眈。眾多皇叔之中，以燕王朱棣，亦即鄭和的主子，野心最大，實力最強。朱棣是朱元璋的第四子，洪武末年，太祖長子太子朱標、第二子秦王朱樉、第三子晉王朱棡先後去世，因此惠帝繼位時，朱棣是排行最長的皇叔，是諸王之首。惠帝即位後，採取大臣黃子澄、齊泰等削藩建議，於是燕王朱棣以「清君側、靖國難」為口號，起兵作反，意思是剷除皇帝身邊的奸臣，平定國家的災難。

建文四年(1402年)，戰事經歷了四年，農曆六月十三日，燕王朱棣的「靖難」大軍，抵達京師應天府的金川門外，惠帝派皇叔谷王朱橞(音惠)、曹國公李景隆鎮守金川門，朱橞、李景隆卻暗中與燕王溝通，打開金川門，放燕兵入城。燕王朱棣叛軍兵不血釁進入京城，入城之際，東部宮殿突然起火，傳說惠帝死於火災中，而自此之後，惠帝的下落成為明代歷史之謎。明成祖奪位不久，便派遣親信宦官鄭和下西洋，其中一項任務，據說便是尋訪惠帝下落。

至於馬和，跟隨「靖難」大軍，在河北鄭州(今河北任丘北，並非河南鄭州；另一說為「燕京鄭村壩」，今北京東壩村)為燕王朱棣立下戰功。明成祖永樂二年(1404年)，明成祖朱棣在南京御書「鄭」字，賜馬和鄭姓，以紀念其戰功，「鄭和」一名，由此而來。鄭和升任為內官監太監，官至四品，地位僅次於司禮監，成為明成祖身邊的大紅人。永樂元年（1403年），明成祖的太師和尚道衍引鄭和受菩薩戒，取法名「福善」，鄭和成為佛門弟子。佛教以佛、法、僧為「三寶」，「三寶」為佛教的尊稱。鄭和信奉佛教，明宣宗宣德六年（1431年），欽封鄭和為「三寶太監」。

鄭和在永樂初年擔任內官監掌印太監職務，內官監是負責宮廷營建以及各種工程的部門，地位僅次於司禮監。永樂初年，皇室有兩項最重要的工程，其一是明成祖準備將首都由應天府，遷往他的「龍興之地」北平府，即今日的北京，於是在北平府興建宮殿，建造各部門衙署，將北平府規劃為新首都。其二是建造船隊，準備遠航出海，弘揚大明國威。鄭和被任命為內官監太監，掌管南北水陸各項工程，可見明成祖對他的器重。

鄭和出航

根據《明實錄》的記事，以及福建莆田湄洲島天后宮的碑記，可以得知鄭和在永樂元年曾經奉命出使暹羅國，亦即今日的泰國，船隊在廣東大星洋海面遭遇颶風，鄭和率領全體船員向天妃禱告，其後脫險，回程時經過福建莆田湄洲島天妃的家鄉，在天妃宮上香酬謝，立碑紀念。成祖奪位不久，便派遣使者「以即位詔諭安南、暹羅、爪哇、琉球、日本、西洋、蘇門答剌、占城諸國」。但沒有記錄使者的姓名和官職，據福建湄洲島天后宮碑刻記述，鄭和曾經出使暹羅。永樂元年，司禮太監侯顯出使西域。同年五月，命福建都司（都司：官名，即「都指揮使」，一省的軍事長官）造海船一百三十七艘。八月，又命京衛（拱衛首都的軍事單位）及浙江、湖廣、江西、蘇州等府衛造海運船二百艘。同年十月，中官尹慶出使滿剌加（即馬六甲），副使聞良輔等人出使西洋瑣里。由此可知，明成祖派鄭和出使西洋之前，已經多次派使者到海外，而鄭和的出使，是所有出使之中，規模最龐大，範圍最廣，歷時最長。鄭和下西洋的籌備，例如建造巨型海船、調集船員、聚集物資糧食等繁重工作，早已展開。

永樂三年（1405年），明成祖頒佈詔書，任命鄭和為欽差，出使西洋諸國，這是第一次出海下西洋。永樂三年六月十五（1405年7月11日）明成祖命正使鄭和，與王景弘率船六十二艘，士兵二萬八千人出使西洋。從南京龍江港啟航，經太倉出海，先到占城（Campadsa，今越南歸仁），後向爪哇（Jawa）方向南航，次年6月30日在爪哇三寶壟登陸，進行貿易。隨後鄭和到三佛齊舊港，時舊港廣東僑領施進卿來報，海盜陳祖義兇橫，鄭和剿滅賊黨五千多人，生擒海盜陳祖義等賊首。鄭和船隊後到過蘇門答剌（Sumatra）、滿剌加（Malacaa，馬六甲）、錫蘭（Sri Lanka）、古里（Calicut）等地方。在古里賜其國王誥命銀印，並起建碑亭以隆重其事。永樂五年九月初二（1407年10月2日）回國，押陳祖義等獻上，陳祖義等被問斬。

明成祖之所以在奪位之初，急於派使者到海外宣佈新皇帝登基的信息，是希望宣揚大明國威，視察海外實況，清查沿海與海外的隱患，順便查探建文帝的行蹤。

鄭和船隊抵達西洋各國，都向當地國王、酋長，宣諭大明皇帝的詔書，然後對國王、酋長等進行賞賜，賞賜物品主要是絲綢、彩絹、金銀之類，而當地國王亦有回禮。一些國王和貴族還會隨船隊到大明朝貢。永樂十七年鄭和第五次下西洋回國時，隨船回國就有十七國貢使。永樂二十年（1422年）第六次下西洋回國，隨船有十六國貢使，多達一千二百人。據明朝官方編年史《明實錄》記錄，永樂二十二年間，海外來使多達三百一十八次，平均每年十四次以上，三百多批來使之中，滿剌加來使十五次，渤泥來使八次，滿剌加即今日的馬來西亞馬六甲，渤泥國即今日的汶萊王國。位於今日菲律賓蘇祿群島的蘇祿國王，於永樂十五年到大明朝貢，回程時途經大運河上的山東德州，染病而死，葬在德州，時至今日，德州仍然保存蘇祿王墓，蘇祿王的其中一個兒子留在德州守墓，發展為姓安、姓溫兩個家族。

馬六甲海峽是通往西洋的必經之路，海峽西岸的滿剌加，東岸的舊港，緊扼馬六甲航道的咽喉，鄭和每次下西洋，必定在滿剌加和舊港停靠、補給。舊港又名三佛齊，元末明初，已有不少華人到此貿易、聚居。鄭和七次下西洋，前三次航程最遠時抵達印度西南海岸的古里國。鄭和在古里立碑紀念，碑文說：「其國去中國十萬餘里，民物咸若，熙皞同風，刻石於茲，永示萬世。」

明宣宗繼位，「以外番多不來朝貢，命鄭和往西洋忽魯謨斯等國公幹」，是以鄭和第七次下西洋。鄭和於宣德五年閏十二月初六（1431年1月）啟航，宣德八年七月初六日（1433年7月22日）回國。鄭和船隊出發，經過福建湄洲島時，在湄洲天妃宮上香，並且立《通番事跡記》碑記念。宣德七年年底，完成任務之後，從忽魯謨斯返航。鄭和年事已高，勞累過度，於宣德八年（1433年）四月初，船隊到達印度西岸的古里國時，鄭和病逝，予以海葬，享年六十二歲。船隊由王景弘率領返航。而另一種說法是，鄭和回到宮中，被任命為司禮太監，直至英宗正統初年逝世。

完成第七次下西洋之後，明宣宗在財政壓力下，順從大臣意見，水手船工被遣散，將士兵丁返回原屬衛所，龍江船廠荒廢，出海遠航，永遠停止。中國從此自困於內陸。

海不揚波

鄭和七下西洋，前後經歷二十九年，可惜原始的航海記錄早已遺失。據明朝萬曆初年嚴從簡撰寫的《殊域周咨錄》一書記述，鄭和下西洋的檔案《鄭和出使水程》原存兵部，但宣德以後，一些執政的大臣認為下西洋是勞民傷財的事，為防止朝廷有恢復派人下西洋的意圖，將鄭和下西洋的檔案銷毀。其實，早於明成祖朝，已有大臣極力反對出海；宣宗時，停止出海，中國主動放棄了「海權」。一直流行的說法，在明憲宗成化年間，兵部尚事夏大魁把鄭和出海的所有檔案，付之一炬，從此，國人再無提及出海一事。又有另一說法，認為鄭和下西洋的檔案資料，是毀於明清之際，兵災之中，甚至是清初編修書籍時，故意刪掉。不論何說，尚幸的是，先後隨同鄭和下西洋的官員馬歡、費信、鞏珍等人都將見聞記錄保留，各自撰述《瀛涯勝覽》、《星槎勝覽》、《西洋番國志》三部著作，使鄭和下西洋事蹟及當時西洋諸國的情況得以流傳。今天南沙諸島，有不少地方是以鄭和等人命名，例如景弦島、馬歡島、鄭和群礁等。

鄭和壯舉，對南洋的政治有重要意義，平定海盜陳祖義，立滿剌加國王，改立錫蘭山國王等的事蹟，對安定南洋諸國的社會安定，以及建立中國人的地位，有舉足輕重的作用。鄭和船隊更是舉世公認、當時世界最強的海軍船隊。鄭和下西洋，是人類航海史上，罕有的和平友誼交流。比之西方古代地中海的海上爭霸，北歐維京人的掠奪，大航海時代以後的的殖民侵略，鄭和所到之處，和平交往。

至於鄭和出海，對明朝的政治意義，後人多着眼於查探中亞帖木兒帝國向東的意圖，除此之外，後人忽略了明成祖希望成為世界皇帝的宏圖。明成祖以元朝版圖為借鏡，不甘心只當漢人的皇帝，從他遷都北京，派鄭和出海，就完全顯露成祖的宏圖。明成祖理解到，定都南京應天府，只是當漢人的皇帝，定都北京，可以成為大漠南北和西域臣服的天下可汗。遷都北京，是北向擴張；鄭和出海，是南向發展，南北並發。永樂十一年（1413年），明成祖派陳誠和太監李達等出使中亞十七國，可說是與派鄭和出海，海陸並進，是現代「一帶一路」的先驅。只可惜當時大臣不覺，安於現狀，目光短淺，不思進取，只着眼於財政利益。當然，鄭和下西洋，既不是搞殖民，拓展領土，又不是為通商，增加財富，而是為了宣揚大明威德，此舉無疑耗費巨大，入不抵支，國庫空虛，確是令時人莫名其妙，朝中大臣自然祭起國窮民傷的道德大旗，為民請命，群起反對。民族千秋大業，竟然當作是勞民傷財，不但放棄繼承明成祖遺志，更不幸的是，將多年的航海心血，最後付之一炬。

整個大洋，就拱手讓給歐洲人。過了五十年，平靜的大洋，成為歐洲航海家的冒險樂園，沸沸騰騰熱鬧了起來。雖然中國的海上貿易仍然不斷，但是中國自此放棄了「海權」，跟時代巨輪脫鈎，只有等到四百年後，西方以船堅炮利，才轟醒中國的天朝美夢。

歷史檔案室

南京寶船廠與寶船

鄭和下西洋所用的海船，在南京附近的龍江船廠建造。龍江船廠位於南京城西北方的長江南岸，今日稱為下關，南京長江大橋就在旁邊經過。根據明朝官方資料《龍江船廠志》記載：早在五代南唐時，已經在龍江關造船，宋、元兩朝三百多年，龍江船廠一直運作。明太祖洪武初年，朝廷向浙江、江西、湖廣、福建及直隸等省徵調四百戶造船工匠到應天府造船。四百戶工匠被分為四廂，每廂一百戶，分別負責製造木梭櫓、鐵索纜，修補舊船及製造棕篷。每廂再細分為細木作坊、油漆、繩索、鐵索等數十個作坊。以「作塘」為造船工地，所謂作塘，即是「船塢」，也就是在岸邊建造一條狹長的水槽，把水放乾，在塢內造船，完成後注水開閘，新船可以直接出海試航。據考古學家的發掘清理，南京龍江船廠遺址仍然殘留三條作塘，每條長約300米至450米，寬約35至60米，規模相當大。龍

鄭和寶船模型

江關附近，則商業活動頻繁，商人雲集，「竹、木、油、麻蔽江而下」。鄭和出海乘坐的寶船，就是由龍江船廠建造。

據明朝人顧起元撰寫的《客座贅語》記述，「寶船共六十三號（艘），大船長四十四丈四尺，闊一十八丈，中船三十七丈，闊一十五丈」，即大寶船大概140米長，60米寬，可見當時鄭和下西洋寶船的規模。寶船的建造技術是當時世界最先進的，例如創造了水密隔艙技術，不怕個別船艙入水，使航海更加安全。據記載，寶船是九桅十二帆。1957年至2004年間，在寶船廠六作塘，先後出土了三件大舵杆，分別長6米、10.1米和11米，從而可以測算大寶船的龐大體積。這多件文物，現存中國國家博物館。

歷史檔案室

〈鄭和航海圖〉

明末天啟年間，兵部官員茅元儀蒐集歷代軍事資料，編撰《武備志》一書，成書於明崇禎元年（1628年），書中收錄了一卷〈鄭和航海圖〉。〈鄭和航海圖〉原名〈自寶船廠開船從龍江關出水直抵外國諸番圖〉，詳細標注了鄭和航海途經的港口、島嶼、航路、針路等資料，最遠到達非洲東岸的「麻林地」、「木骨束都」，航行路線與文獻記述的第六次出海相合。這卷航海圖應該是鄭和下西洋時所繪製，是非常珍貴的歷史文獻。

〈鄭和航海圖〉呈長橫幅，繪畫方法，並非現今的上北下南方向繪製，而是以航線為中心，從右至左，連貫畫成，所以圖上的方位，變成右西左東，上南下北。〈鄭和航海圖〉中的航海路線以虛線畫成，以南京為起點，沿江到太倉劉家港，經過中南半島，穿越馬六甲海峽，沿印度洋海岸，遠達東非。圖中記注了五百多個地點，沿岸的海岸線、島嶼、海港、河口、淺灘礁石，清楚標示。還有「針位」、「更數」，指示航向、方向、航程距離。圖中也有記下航道深度、注意事項、天體高度等。此圖是中國現存最早的記載亞洲和非洲的海圖，在世界地圖學、地理學和航海史上，佔有重要地位。

歷史思考點

鎖國與海禁的探討

中國海禁鎖國，源自明太祖，明清兩代，成為國策。

元末明初，沿海一帶的地方勢力非常活躍，很多時與海盜、倭寇、蕃商勾結，抗拒朝廷，於是明太祖下令禁止民眾私自出海，所謂「片板不得下海」，只容許海外諸國以「朝貢」方式，限定時間、地點、人數到指定港口貿易，以遏止「奸宄」（宄，音軌）之民。

鄭和下西洋耗費巨大，加上明成祖多次用兵塞北，兼併安南，使當時的財政非常緊絀，當時的大臣群起反對，特別是主管財政的戶部尚書夏原吉，不惜冒被皇帝治罪的風險，犯顏直諫，結果被明成祖投入獄中。明成祖駕崩，太子繼位，是為仁宗。仁宗之子宣宗最後一次派鄭和下西洋之後，鄭和年老逝世，出洋遠航永不恢復。傳說明朝成化年間，劉大夏上奏：「三保下西洋，費錢糧數十萬，軍民死且萬計。縱得奇寶而回，于國家何益？此特一弊政，大臣所當切諫者也，舊案雖存，亦當毀之，以撥其根。」這一舉動，是否真實，難以考證，但是燒檔建議竟能得到時人贊成。總之，無數血汗和金錢換來的寶貴航海資料，確實是全燒掉了，中國走向了自我封閉的「海禁」時代。

「海禁」思想是中國守成思想的直接體現，把生存最底層的溫飽生理需求，無限抬高到價值實現需求之上，直到現在，仍然阻礙着中國人的向外拓展精神。例如，每當現代中國探索太空取得新突破，就會有些人聯想到「吃」，大肆主張先全民溫飽，然後才發展國家力量。

明成祖之所以在奪位之初，急於派使者到海外宣佈新皇帝登基的信息，其中一個主要原因，是中國沿海自宋、元以來，官方和民間的放洋航海活動非常活躍，當時中國的海船已經到達呂宋、占城、爪哇、蘇門答剌、滿剌加、真臘、錫蘭，以至印度、波斯、阿拉伯各國等地（波斯即現在的伊朗），至今各地仍然保留了大量文獻資料。明初的世界地圖，例如洪武年間繪製的《大明一統圖》，建文年間傳入朝鮮、現保存於日本的《混一疆理歷代國都圖》，都標示了阿拉伯、非洲，以及地中海、歐洲的位置，而不少阿拉伯人、波斯人、印度人等外國商人，到廣州、泉州、寧波、揚州等港口貿易和定居，宋朝稱為「蕃商」，元朝稱為「色目人」。至於東南沿海的地方勢力，仍是朝廷隱患，既有海盜，亦是中原「化外」之地，更是沿海不願歸附朝廷的「奸民」藏身之所，因此明成祖奪位之後，派親信宦官出使海外，宣揚大明國威，視察海外實況，查清楚沿海與海外的隱患，順便查探建文帝的行蹤。

可惜的是，在明成祖年間，中國國內，真正有中土以外的世界觀念的人，寥寥可數。明成祖和鄭和等人，能夠主動走出國門，去探索這個世界，不單只在明朝一代，即使是近一千年的中國歷史，亦屬難得僅有。撇開所謂的大航海，明清兩代，中國朝廷對南洋的開發，以及對前往南洋求生的華僑，一直採取不聞不問，任由自生自滅，甚至是採取敵意態度，視他們是逃匿海外奸民。這點真令人費解。勉強解釋，這是皇權的表現，奸民出海，是對中原皇權的輕蔑，自然得不到朝廷的護蔭。然而，即使真的是沿海奸民作惡，朝廷大可出兵討平，而不是畫地為牢，自絕於世界之外。

明成祖算是唯一懂得出兵海外的皇帝。然而，中國的海外發展，曇花一現。落得如斯田地，其實又與鄭和出海目的模糊有關。七次出海，所為何事，既不是通商謀利，亦不是擴張殖民，只是勞民傷財，怪不得朝中大臣群起反對。當然，如果為了通商殖民，朝中大臣自然祭起道德大旗，反對之聲，絕不下於前者。總之，鄭和下西洋時，就是不明不白，完全反映了中國人的守成思想。至於歐洲的航海家，本着貪婪的野心，終於在鄭和死後不足六十年，以細小的三桅船，克服汪洋狂濤，開啟了西方世界的大航海時代。哥倫布1492年發現美洲新大陸、達伽馬1498年繞抵好望角，麥哲倫1522年環繞世界一圈。

延伸思考

- 試從實際經濟價格，計算鄭和七下西洋所花的費用是多少？明朝國庫如何支付這些費用？
- 鄭和七下西洋，除了在東南亞留下一些史蹟，中東一帶不見任何鄭和的痕跡，鄭和下西洋對中東、非洲的影響，有何意義？
- 明清兩代，對「海權」的意識如何？造成甚麼影響？

23

國中無事，四鄰環伺
—— 萬曆中日朝鮮戰爭

明朝自宣宗停止下西洋之後，一直採取鎖國政策。近一百年間，經歷了明英宗的土木堡之變，隨後歷朝的沿海倭寇為患，除此之外，整個中國都在表面平穩中度過，誠如已故學者黃仁宇所著的《萬曆十五年》的名句：「國中無事」。不過，平靜安逸的生活，暗藏四方的覬覦。

公元1592年至1598年（明萬曆二十年至二十六年；日本文祿元年至慶長三年），中、韓、日東亞三國，於朝鮮半島鏖戰七年，戰爭延續直至豐臣秀吉逝世。中國稱之為「萬曆朝鮮戰爭」，朝鮮稱為「壬辰之亂」、「壬辰倭亂」、「壬辰衛國戰爭」，日本稱為「文祿・慶長の役」，名稱繁多，稱謂不一。

明朝英宗年間，日本發生應仁之亂，社會秩序崩潰進入「以下剋上」時代，領主細川氏和大內氏家臣，引發1523年的寧波之亂，震動明朝，日本社會戰亂加劇，於是日本游民、歐洲航海者和中國海岸的居民，受海貿利益引誘，合作挑戰明朝海禁。初期日本武士劫掠最為突出，這些日本海盜被叫作倭寇，他們與北方民族成為明末邊禍的「北虜南倭」。誠如《明史》中所說：「大抵真倭十之三，從倭者十之七。」因為海上往來，中國的歷史不得不和世界交集一起。

到了十五世紀中葉至十六世紀後半葉期間，日本處於「戰國時代」，各地大名割據，互爭雄長。在織田信長和豐臣秀吉兩位大名的努力下，逐漸平定各地大名，日本趨於統一。豐臣秀吉（1536–1598）於1587年基本上統一日本，隨即表現入侵明朝之意，並將入侵明朝的構想具體化：先派兵佔領朝鮮，接着渡海到明朝，佔領明朝的首都北京，隨後佔領天竺。他計劃在這一目標制定之後的第七年（1594年），奉正親町天皇遷都北京。豐臣秀吉可謂東亞歷史上第一個有具體全球視野的政治人物。統一日本之後的豐臣秀吉野心極大，妄圖征服全世界。他遣使往琉球國、呂宋（今菲律賓，時為西班牙殖民地）、高砂國（台灣大肚王國）、暹羅、南掌、大越、廣南、占城、莫臥兒帝國、葡屬印度（今印度果阿）及葡屬澳門等，要求他們俯首稱臣，以及幫助日本向明朝宣戰。

1591年（壬辰年），日本太閣（卸任關白）豐臣秀吉以「假道入唐」為名義，致函朝鮮國王宣祖李昖，表示將於次年春天假道朝鮮進攻明朝，要求請予協助。在久未獲朝鮮答覆後，豐臣秀吉於1592年派兵入侵朝鮮，朝鮮節節潰敗，並向宗主國明朝求救。明朝隨即派兵支援朝鮮。這場戰爭波及到了朝鮮全境，明朝先後出兵5萬人以上，傷亡多達3萬人。日本出兵先後約30萬，傷亡亦達17萬。至於朝鮮，軍隊傷亡估計高達27萬人，平民約百萬人死亡。

戰事分為兩階段：首階段戰事，由1592年4月至1593年7

月。日本出兵朝鮮，佔領朝鮮南部四道，明、朝聯軍收復平壤、漢城，明、日休戰，展開議和。其後，明神宗冊封豐臣秀吉為日本國王，豐臣秀吉被氣得滿臉通紅，勃然大怒。議和不成，戰事再起。第二階段戰事，由1597年2月至1598年12月。日本再次出兵朝鮮，明軍水陸兩路，精鋭盡出。後期雙方陷入膠着，最後由於豐臣秀吉病逝，明、朝鮮聯軍勝利，日本軍隊於1598年全部從朝鮮撤退，而日本企圖佔領朝鮮，並以之為跳板進攻明朝的行動最終失敗。著名的鳴梁海戰和露梁海戰，都是在此階段發生。

「萬曆朝鮮戰爭」以明軍獲勝而告終。看似平常的一次戰爭，卻是影響中國往後三百多年的命運。朝鮮李氏王朝，自此死心塌地跟隨中國，直到清末甲午之戰，中國戰敗，才被迫脱離中國的保護。而中日之間，亦因為德川幕府的興起，中日雙方願意和平相處，東北亞亦享有三百年的和平。至於明朝，真的為了救援朝鮮，軍費耗盡，元氣大傷，國庫空虛，到了後金(即滿清)起兵，明朝再無足夠實力去壓制，屢戰屢敗之下，巨幅徵加軍餉，更逼出大規模流寇之亂，不出五十年，明亡於清，所以有學者分析，明朝亡國，實始於朝鮮戰爭。「萬曆朝鮮戰爭」此役，可謂中、日、韓三方俱輸。

「萬曆朝鮮戰爭」這場戰爭，明朝慘勝，而最大的遺憾，不在慘勝，而在於中國又一次錯失與世界接觸的機會。此役也是日本歷史上第一次意圖大規模侵略東亞大陸，豐臣秀吉的世界觀應該是當時全球之冠，可惜中國人並不了解。豐臣秀吉征服世界的野心，影響了不少日本人對外擴張的企圖，往後的歷史證明，有野心的日本人，不論土地遠近，稍有機會，絕不放過。這種侵略心態，其實是世界列強之中的普遍心理，不足為奇，但卻正好是對中國的警號，只是當時中國人不察，毫無危機意識，仍然沉醉於天朝大國的美夢之中。事實上，歐洲人早已經乘帆船，渡大洋，逐一征服世界各個角落，在環球建立起全球的殖民帝國。1522年（明世宗嘉靖元年），廣東水師在香港屯門海面打退葡萄牙人，是為茜草灣之戰，此戰如果明軍打敗仗，相信香港開埠的歷史或許提前三百年。1557年，葡萄牙最終獲得澳門居住權，而西班牙人更早地於1522年完成環球航行，將呂宋改名為菲律賓，變成西班牙的殖民地。可以預見，世界列強找上門，是早晚出現之事，日本人再次捲土重來，是意料中之事，但是中國人仍然如在夢中。三百年後的十九世紀末，以明治維新為契機，日本再次侵略東亞大陸，並終於在1895年，大敗中國清朝海陸軍隊，及後吞併朝鮮李氏王朝，初步實現了豐臣秀吉征服世界的夢想。

歷史檔案室

露梁海戰與李舜臣

萬曆朝鮮戰爭第二階段大戰中，鳴梁海戰、露梁海戰是今天韓國引以為傲的戰鬥，而朝鮮海軍將領李舜臣更成為擊敗日本的民族英雄。今日兩韓歷史，均把李舜臣作為此戰勝利的關鍵人物，神化戰績，大書特書，有意貶低明軍參戰的作用，亦即擺脱中國的功勞，這也是現代韓國對當代中國反彈的一種表現。鳴梁海戰，發生於1597年10月26日。露梁海戰發生於1598年12月16日，此戰是朝鮮之役的尾聲。

現代兩韓力捧李舜臣的龜船戰功。李舜臣是朝鮮海軍將領，據歷史及他本人的記載，都屢屢大敗日本船艦，首先是鳴梁大捷。傳説於公元1597年10月26日，李舜臣將軍利用鳴梁海峽的特殊地理特徵，以12艘「龜船」擊退130餘艘日艦（也有説是300多艘），創下了世界海戰史上的一個奇蹟。還有1598年12月16日露梁海戰。露梁海戰中，日軍潰敗，李舜臣亦壯烈殉國。

今天韓國大肆宣傳李舜臣的功績，從民族精神來看，當然有其目的意義。不過，從事實來看，李舜臣的戰功，未免被誇大。朝鮮龜船，其實只有30多米長，是需要10至20個槳櫓行進的沿岸防衛船，並非遠海帆船。這個船並沒有傳説中的裝甲，只在一些特定部位有一些薄鐵皮，並且在船外釘有竹釘和鐵釘，保護船身，用來防止登船跳幫，但是被吹嘘成龜船的上半部包覆六角形的甲片，可以有效的抵禦日方的投射武器攻擊，而甲片上的鐵錐（實為鐵釘）能殺害跳幫的日本對手。船艙裏面有50個兵，再加上50至70個水手。由於船艙內部空間非常狹小，人員又多，所以內部非常擁擠。龜船上只有威力甚微的小型火銃，神機箭只是神話，根本沒有實戰能力。朝鮮軍隊實際上並沒有鳥槍，即使從1593年開始生產，數量也非常稀少。至於龜船的小型火銃，射程有限，但是朝鮮記載，誇大自己的火銃火炮，隨便一個型號，就是射程800步，甚至上千步。其實，只有明朝的大型佛郎機才有殺傷力，能在海上重創對方艦隊，而不是朝鮮那些小炮。龜船實際是沒有遠海戰力的近岸船。

雖然龜船的戰鬥力有限，但是李舜臣確是出色的海軍人才，他多次憑着龜船，偷襲得手，振奮了朝鮮士兵的士氣。只不過李舜臣的戰鬥，只是小勝，並非吹噓中的大捷。實情是日本打敗朝鮮水師，而真正擊潰日本海軍的是明朝水師，那場露梁海決戰，領軍的是明朝水師提督陳璘。

露梁海戰發生於1598年12月16日。這場大戰，實際是日軍撤退，明軍半途攔截。日本水軍島津義宏、立花宗茂和高橋直次帶領500艘戰船、17,000名士兵出戰。參戰主力是明軍水師陳璘、王元周，明軍投入戰船600艘、19,400名官兵。明朝水師提督陳璘是統帥，李舜臣的朝鮮水師只不過是陪襯的，才100艘船和7,000名士兵。李舜臣和明軍將領鄧子龍都是擔任攔截角色，分別埋伏在露梁海峽北側和南海島附近的觀音浦。日本水軍向外突圍的時候，在觀音浦打死了前來封堵的李舜臣和明軍將領鄧子龍。最終日軍大敗，損失戰船200多艘。

露梁海戰爆發，如今世人皆以為露梁海戰是李舜臣一手全面指揮的。李舜臣的名字，遠比明軍主力的將領出名，這皆因韓國非常重視宣傳。還原歷史的真相，這並不影響李舜臣在戰爭中力挽狂瀾的歷史意義。今天李舜臣仍舊是支撐韓國人的精神力量，現在韓國海軍軍徽也採用了龜船為標誌。

歷史思考點

打不響的熱兵器

中國古代四大發明之一——火藥，最早為蒙古人運用，橫掃東歐，並將火藥傳入西方。今天，我們將火藥武器，稱之為熱兵器，而用銅鐵鑄成的刀劍，稱為冷兵器。西方人獲得火藥之後，很快將之發展為熱兵器，由火銃到火槍，再到各式大炮，發揚光大，用來征服全世界，建立全球殖民地。反之，中國人並沒有好好加以使用，反而步步倒退，用作煙火欣賞。事實上，世界歷史上，最早組建熱兵器部隊的是明朝政府。在明朝開國，已經裝備火器部隊。明朝禁衛軍有三大營，分別是五軍營、三千營和神機營。神機營是明朝軍隊中專門掌管火器的特種部隊，共有5,000人。當中的編制，步兵有3,600人，全部配備火銃，炮兵有400人，配備野戰重炮160門、大連珠炮200桿，還有炮兵防身用手銃400桿。另外，還有騎兵1,000人。這是中國乃至世界上最早的獨立槍炮部隊，比西班牙的火槍兵還要早一百年。除此之外，武器還包括世界最早的火箭，例如「火龍出水」、「神火飛鴉」等，無論編制或裝備，明初的熱兵器部隊是領先世界的。無奈，熱武器的應用，不足一個世紀就倒退下來，中西之間，在應用熱兵器的技術，為何會出現背道而馳的現象？探討這問題，不妨從明清三個實戰案例説明，當時交戰雙方都處於冷熱兵器混合使用的時期，正好以此來檢視中國人運用熱火器時有甚麼變化。

火炮定勝局

三場戰例，第一場是明英宗「土木堡之變」後，蒙古瓦剌大軍進犯北京，被于謙擊敗。第二場是鄭成功擊退荷蘭人，收復台灣熱蘭遮城。第三場是清軍攻打俄羅斯人，收復雅克薩城。

首先，明英宗「土木堡之變」（1449年）。蒙古瓦剌部首領也先，在土木堡大敗明軍之後，浩浩蕩蕩率軍直撲北京。當時明朝精鋭部隊都已在土木堡犧牲了，北京成了一座不設防的城市。兵部尚書于謙臨危受命，緊急調南北兩京、河南的備操軍，山東和南京沿海的備倭軍，江北和北京所屬各府的運糧軍，開赴京師。就這樣也才勉強湊了二十萬人，但大多沒有多少戰鬥力。不久，瓦剌部大軍殺抵北京，戰事爆發。于謙命令大將石亨在北京德勝門，找了一排空屋子，秘密部署神機營士兵，帶着火器埋伏在屋子裏。瓦剌部首領也先，派遣一萬騎兵，率先攻向德勝門。當瓦剌騎兵逼近德勝門時，只聽槍炮齊鳴，硝煙四起，密集的槍彈從屋子中噴射出來。神機營採用三段式的射擊方法，即把士兵分為三排，首先射擊的是第一排處於佇列1、3、5、7、9、11等位置的士兵，緊接着是處於佇列2、4、6、8、10、12等位置的士兵射擊。第一排的士兵在每一次射擊之後，馬上把空槍遞給中間一排的士兵，並從中間一排的士兵手中接過裝好彈藥的神機銃。中間一排的士兵從第三排士兵手中接過已經裝好彈藥的神機銃，快速遞給第一排士兵，同時，將從前排士兵手中接過的空槍遞給第三排士兵。第三排士兵主要任務是裝彈藥。這樣一來，就保證了可以對敵人連續不斷地射擊，使敵人沒有絲毫喘息的機會。發明這種方法的是明朝初年的名將沐英，而此法領先世界二百多年。雙方接連戰鬥多次，每次都是以瓦刺兵的失敗結束。也先軍隊待了五天，毫無寸進，又擔心明朝的援軍趕到，不敢戀戰，只好撤兵回了大漠，北京之圍得以解除，同時，瓦刺部也先亦願意與明朝議和，放回明英宗。明朝以三排火槍輪放戰術，擊敗蒙古騎兵。

第二場是鄭成功擊退荷蘭人，收復台灣熱蘭遮城（1662年）。熱蘭遮城（Zeelandia，即今台南的「安平古堡」），是荷蘭殖民者在台灣的統治中心。這是一座用磚砌成的方形城堡，建造精巧，城周長850米，城牆是以水調灰砌磚，「堅埒於石」，高10米，下層深入地下4米多，有幾處厚達2米，側翼也有1.2米厚。四周圍以胸牆，約1米高，45厘米厚，各個城牆內填以沙礫。面對如此堅城，鄭成功軍隊擺出28門大炮，在兩小時內發射炮彈2500發，幾乎打穿磚牆。鄭軍用於炮擊熱蘭遮城堡的青銅炮與鐵炮，包括12磅、18磅和24磅炮（0.9072斤=1磅）。當時西方的火炮都是以彈丸的磅數來劃分的，西歐國家已經能夠製造32磅炮，甚至68磅炮。按照這個標準計算，鄭軍的火力顯然不及西方的最高水準，正確而言，是有明顯的差距。幸好，鄭軍對手非常不濟，而鄭軍最後也是依靠圍困熱蘭遮城七個月，迫使補給耗盡的荷軍投降，而並非用火炮陷城。

第三場是清俄雅克薩之戰。康熙二十四年（1685年），清軍3,000人圍攻外興安嶺俄羅斯人所建築的雅克薩城。城以木建，清軍用「紅衣大炮」圍攻三天之後，城中的俄軍不支。俄軍起初投降，後又返回，並全力構築城堡工事，準備長期固守。翌年（1686年）夏天，清軍再打雅克薩，攻城未果，於是圍困雅克薩城長達10個月，城中俄軍接近彈盡糧絕。彼得大帝派特使在尼布楚和中國議和。1689年，中俄雙方達成和議，簽訂中俄《尼布楚條約》，俄軍撤出雅克薩，毀掉雅克薩城，劃定中俄邊界，整個外興安嶺以北歸俄羅斯所有。

雅克薩之戰時，俄軍的人數雖然遠少於清軍，卻擁有輕型火器上的絕對優勢。第一次雅克薩之戰，450名俄軍擁有300支火繩槍，第二次雅克薩之戰，826名俄軍擁有火繩槍100支，先進的燧發槍850支。反觀清軍，兩次參加雅克薩之戰時的主要武器還是刀矛弓箭，攜帶的火槍都不超過

100支。

當時俄軍裝備的燧發槍是一種前裝滑膛槍，射速約為每分鐘兩發，射程300米。相比之下，清代的燧發槍卻始終停留在宮廷御用獵槍的地位上，直到150年後的鴉片戰爭也沒有裝備部隊。當時清、俄兩軍仍用上已經算不上先進的前裝滑膛火繩槍。清軍使用的火繩槍名為「兵丁鳥槍」，用鐵製成，槍長2.01米，鉛彈丸重1錢，裝填火藥3錢，射程約100米，射速為每分鐘一至兩發。由於火繩槍的後座力很大，故在木托下安有叉腳。而俄軍的火繩槍性能與清軍鳥槍大抵相當，但俄軍以戰斧作為火繩槍兵的叉杖，在近戰時還可以使用戰斧進行肉搏，不像清軍的鳥槍手，需要和長槍兵混合使用，以防敵方近身。

至於火炮，清軍投入雅克薩之戰的火炮不足百門，其中最有威力的當屬20門「紅衣大炮」，包括8門「神威無敵大將軍」炮，與12門「神威將軍」炮。「神威無敵大將軍」炮是一種大型的長管攻城炮。此炮是南懷仁在康熙十五年（1676年）為清廷督造的，重達2,000餘斤，鐵製炮彈重達6斤，火藥裝藥3斤。「神威將軍」炮可謂是前者的袖珍版，這種輕型長管攻城炮，是在康熙二十年（1681年）鑄造的，重量390斤，鉛彈重18兩，火藥裝藥8至9兩。依靠這兩種火炮的威力，清軍在第一次雅克薩戰爭中大獲全勝。兩種「將軍炮」炸毀了雅克薩的木製城牆和塔樓，炸死俄軍百餘人。當時雅克薩城裏只有3門炮，每門炮只有一發炮彈。

紅衣大炮，又稱紅夷大炮。

其實雅克薩之戰中清軍使用的最大火炮——「神威無敵大將軍」，只能算是6磅炮，其威力只是鄭成功攻打熱蘭遮城時最小火炮的一半。而清軍的另一種攻城炮，全部12門「神威將軍」炮的威力總和，尚不及一門「神威無敵大將軍」炮。這樣算來，清軍的20門「紅衣大炮」的全部威力，只相當於中威力最小的12磅炮，而鄭軍投入的是28門大炮。可想而知，若是用清軍的兩種「將軍」炮，去轟擊熱蘭遮城的堅固城牆，如同雞蛋撞牆。

當時清軍的步兵火器不如俄軍，已是不爭的事實。在進攻性武器方面，中國的「紅衣大炮」已經落後於西方。何況，鄭軍炮擊熱蘭遮城堡使用的是24磅炮，而清軍轟擊雅克薩所用的則是6磅炮，從這點上可以看出，中國自身的火炮水準，從鄭軍攻台到雅克薩之戰這二十年間，正大幅地倒退。清軍取回雅克薩，基本上，只是清廷派重兵，是以多勝少，以近勝遠，只能憑藉壓倒性的數量優勢，長期圍困少數憑藉火器和堡壘的歐洲近代化軍隊，並非清軍有過人之處，實在令人汗顏。

新技術、新思維

綜觀上述三場戰例，當中都動用了火炮，然而，不難發現，三場戰例中的中國軍隊，由巧用火器，到靠圍城取勝，在火器的運用上，愈見倒退。除了在清朝統治者內心深處，「騎射乃滿洲之根本」的觀念已根深蒂固，本文嘗試從技術管理角度去思考熱兵器不在中國「火」起來的問題。

在未反思問題之前，先理解熱兵器在當時的發展。簡單而言，最早的槍銃式的武器，射程有限，口徑亦小，殺傷力不足，可以手提，或者坐架。後來的發展，兵分二路：一是趨向個人單兵化，發展為火槍，是屬於輕型武器；另一發展，是大型化，成為火炮，是屬於重型武器。初期兩者的殺傷力都有限。接下來，從這些武器的特點，探討中國熱武器倒退的問題。

第一，個人火槍的戰術要求。早期火槍，是火繩槍。火繩槍是燃點火繩，火槍龍頭上夾有一根火繩，使用時先點燃火繩，然後扣動扳機，使火繩下落，接觸火門烘藥，引爆膛內火藥，以產生巨大動力，推動彈丸飛出槍口。使用火繩槍絕不方便，由填火藥、上彈到發射，費時失事。初期的火繩槍比起傳統冷兵器，事實上並無明顯的優勢。火繩槍只能在有限的距離內射擊，而且引火繩對精確瞄準來説，也是一個幾乎不可克服的障礙。如果是由單兵使用，毫無勝算，射程短，口徑小，戰力不及大刀纓槍，也不及彎弓搭箭，只要一槍打不死敵人，火槍手就來不及再發射，只有等待被宰。歐洲各國軍隊從十七世紀開始，裝備新一代的輕型火器——燧發槍，終於剪掉了火繩槍上的那條「辮子」（火繩）。最初的燧發槍是輪式燧石槍，用轉輪與壓在它上面的燧石摩擦發火，以後又出現了幾種利用燧石與鐵砧撞擊，迸發火星點燃火藥的撞擊式燧發槍。燧發槍與過去的火繩槍相比，重量輕，後座力小。雖然火槍技術不斷發展，早期仍不利於個人單兵作戰，所以要發揮火槍的功效，是以隊伍排列的陣勢，排槍掃射，才有強大的殺傷力。土木堡之變後的北京保衛戰，于謙的輪射戰術，正好發揮了當時火槍的優勢，同時克服了單兵火槍的致命缺點，在往後世界各地的戰例，都證明了這點。而這種戰術，比較各國戰例之後，發揮得最好的，竟然是日本德川幕府的始創人德川家康。新的技術得以發展，是需要新的思維，否則只當作「奇器淫巧」，慘被糟蹋。中國的火槍未能發展起來，跟國人對新技術的認知有關，最後淪為皇家打獵遊玩工具，令人莞爾！

第二，重型火炮的應用方向。當時重型火炮，陸上運送並不方便，不似現代，有自行火炮，或者專門的機械化運輸隊來搬運火炮。由於運送不便，當時的火炮，以固定地點防守為佳，不便於野戰。拿破崙就是擅長運用火炮於野戰的軍事天才，萬炮齊發，所向披靡。那個時代火炮的機動性，不在陸上，而在大海，以戰船運載火炮，無遠弗屆。以戰船配備火炮，對付亞洲、非洲、美洲的落後民族，可說是天下無敵，戰無不勝。西方列強的環球殖民帝國，就是這樣誕生。可惜，中國明清兩代，不出海，鎖國海禁！得物無所用，既然如此，中國怎會積極發展火炮？

新技術自然帶動了新的管理技巧、新的管理制度，這當然要配合新的管理思維、新的應用程式。在鴉片戰爭敗北之後，面對西方咄咄逼人的擴張，中國人驚呼此乃「三千年未有之變局」。其實，早在于謙北京城防禦戰中擊退落後的蒙古人之時，已經顯示出一個新時代的到來。不幸的是，明清兩代，中國周邊的民族無一是中國人的對手，過於承平的中國，因而失去了戰爭的免疫能力。明末的朝鮮戰爭及滿清入關，對戰爭思想的衝擊，只是曇花一現，未能激起中國人發展熱兵器的熱情。奇怪的是，滿清入關，忘記了祖宗清太祖努爾哈赤在錦州被紅衣大炮所傷，飲恨而終，「只識彎弓射大雕」的傳統，依然故我。中國不像泰西歐洲，年年火拼，場場血戰，屍橫遍野，百年不斷。西洋追求新式的武器、新式的打法，才能生存下去。鄭成功打退荷蘭人，被視為明朝餘孽的垂死掙扎。滿清收復台灣，以為從此就天下一統，靖海無波，殊不知，此舉不單只摧毀了一個可能是東方最早的華人海上強國，更對西方列強海上霸權，無知無覺。雅克薩戰後的清俄《尼布楚條約》，實際是滿清對俄羅斯的讓步，當中盡顯滿清對西方列強的無知，條約帶來的和平，實際上為中國百年後的失敗埋下了伏筆。中國人繼續奉行鎖國政策，閉關自守，自絕於世界潮流，自絕於歷史進程，在往後的歲月中，中國火器技術停滯不前，這情況正正是鎖國心態的具體結果。中國以騎射的管理水平，應用於日新月異的火器，故步自封，與歐洲列強數百年向外擴展，成強烈的反差。東亞再也不是關門可以自保的世界了！熱兵器源自中國，遺憾的卻是「火」不起來，反而落到他人手中，掉轉槍頭，令自己吃盡苦頭。

延伸思考

- 試從明朝《武備志》所載，列出明朝軍隊中的火器裝備及組織編制如何。
- 明朝中業以後，對外來的侵略，為甚麼毫無防範，視而不見？
- 明中葉時期，沿海倭寇為患甚烈，海盜問題反映了明朝政府的情況如何？

24

誰為神州理舊疆

—— 滿清八旗遍天下

清朝，是中國歷史上，由滿族建立的一個朝代，也是中國最後一個王朝。統治者為建州女真的愛新覺羅氏。公元1616年努爾哈赤在今中國東北地區建國稱汗，建立「後金」，定都赫圖阿拉（即興京，今遼寧新賓），建立八旗制度。1618年，清太祖努爾哈赤以「七大恨」為由起兵反明。後金屢敗明朝軍隊。1636年，清太宗皇太極在盛京稱帝，定國號為「大清」。1644年，李自成建國「大順」，明朝滅亡。此時，清軍已經到了山海關。吳三桂不想投降給李自成，於是開關投降給滿清。清軍進入山海關後，迅速消滅李自成的大順軍、張獻忠的大西國，以及其他明朝殘餘的反抗力量，統一中國全境。

明朝方面，明神宗晚年，朝政日非，宦官勢力非常巨大。神宗駕崩後，光宗繼位（1620年）。光宗因服道士所進的紅丸，旋即暴斃，此是為晚明朝廷三案之「紅丸案」。事件在熹宗繼位後，不了了之（另外兩宗是神宗時「梃擊案」及熹宗時「移宮案」）。熹宗（1620–1627）在位期間，宦官魏忠賢弄政。到了明朝最後一個皇帝，明思宗（1627–1644）雖有振作，但積重難返，他本人亦猜疑成性，妄殺忠臣。時後金入侵，戰事吃緊，明朝以軍餉不足，削減陝西驛差，但弄巧成拙，失業的役差游民落草為寇，最終演變為明末「流寇之亂」。當中勢力最大的有李自成和張獻忠。明朝對流寇剿撫不定，對滿清則用人不當，自毀長城，先後枉殺名將熊廷弼、袁崇煥等。禍不單行，與此同時，明朝末年經歷了一次小冰河時期，糧食失收，民不聊生。到了1644年，李自成攻入北京，宦官曹化淳開門投降，明思宗崇禎帝在紫禁城後山的煤山（今景山），自縊身亡。大明江山，就在內外交困、孤立無援之下，黯淡落幕。明亡後，李自成即帝位，但李自成大軍本身是草莽英雄，入京後未能安民，此時吳三桂引清兵殺到，李自成大敗，率殘餘敗走北京，清朝亦因而得以確立。明室後裔，在江南一帶組建偏安小朝廷，先後經歷了福王、魯王、唐王、桂王，是為「南明」。不過，南明內部腐敗不堪，內鬥不止，為清軍逐一擊潰，到了康熙元年（1661年），清軍攻入雲南，逃亡緬甸的桂王永曆帝，被吳三桂擒殺（史稱「咒水之難」），南明徹底滅亡。

滿清入關後，經歷了多爾袞攝政，世祖順治、聖祖康熙、世宗雍正及高宗乾隆各朝，中國的經濟文化逐步得到恢復和發展。乾隆年間，滿清平定西北及西南地方，將新疆正式納入中國版圖，並且加強對西藏的管治，頒佈西藏《欽定藏內善後章程》二十九條，最終奠定現代中國的版圖。領土的宏大，極盛時達1,310萬平方公里，僅次於蒙古元朝，人口突破四億。聖祖康熙更被譽為「千古一帝」（歷史上，只有秦始皇帝和康熙帝才有此稱譽），高宗乾隆自號「十全老人」。史稱的「康雍乾盛世」，是清朝發展的高峰時期。

清初入關，以少數民族身份，統治一個偌大的中國，統治重點在鞏固政權，高壓與懷柔並用，滿清對各族的統治政策不同，能夠擅用因地制宜的原則，施以不同措施，對待蒙古是「絕其智而用其力」，對西藏是「崇其教而抑其政」，對新疆是「輕其教而離其人」，對待漢人是「抑其道器揚其文詞」，令各民族妥貼服從滿人的統治。當中施政的方向，有三點值得關注：第一，清初鞏固政權的政策；第二，思想禁錮與文教復興；第三，閉關鎖國。這三方面，為中國的專制皇朝歷史，作出了最後的定型。

鞏固政權的政策

清初鞏固政權的政策，沿用宋、元、明三朝的專制統治。而這一政策，不單只用於漢人，而是對所有中華民族內其他少數民族亦如是。只不過，後世學者，多以漢人角度，僅僅大書特書滿清對漢人高壓統治。滿清對漢人的統治政策是恩威並濟，即是高壓與懷柔並重，不服的，施以毒手，歸順的，則以收編。

滿清順治入關之時，對漢人的政策，可以歸納為三大點：清剿、分贓、以華制華。

首先，清剿方面。肅清殺戮，是必然手段，揚州十日、江陰慘案、嘉定三屠，一路南下，大開殺戒，血流成河。其次，分贓方面。清初有所謂「六大弊政」，即薙髮（剃髮）、易服、圈地、佔房（侵佔房舍）、投充（搶掠漢人為奴隸）、逋逃（逃人法）。清初曾頒令諭：一、八旗制度移入關內，全族皆兵。二、鼓勵滿人入關。三、圈地，使近畿五百里內全屬旗人所有。四、禁止滿漢通婚；禁止滿人自由擇業。「弊政」中的投充和逋逃皆為圈地所造成的直接結果。康熙帝親政後，立即下令永遠停止圈地，並逐步放寬對逃人的禁令，並最終裁撤督捕衙門。至於薙髮令，雷厲風行，亦是唯一貫徹始終的法令，「留頭不留髮，留髮不留頭」，因為強令漢人改易服飾，所以漢人對此反抗最為激烈，不少人因而人頭落地。

最後，以華制華方面，滿清冊封明朝降將吳三桂、耿仲明與尚可喜為王，以鎮守雲南、廣東與福建等地，史稱「三藩」。後來吳三桂帶頭作反，史稱「三藩之亂」，最終在1683年被完全消滅。

在高壓之餘，亦採取懷柔，欲籠絡人心，包括為明思宗發喪、任用漢人官員、開科取士、永不加賦(康熙五十一年，1712年)等。滿清比蒙古高明之處，在於懂得尊重漢文化傳統，同時亦深知漢文化的弱點軟肋所在。

思想禁錮與文教復興

到了康熙以後，清廷採取一系列與民休息的政策，社會開始平定起來。往後的政策，一方面是「文字獄」，結果是導致思想言論的禁錮，另一方面是獎勵文教，開科取士，編修文獻，帶來所謂「乾嘉學風」的鼎盛。

文字獄始於順治四年(1647年)，第一宗文字獄是「函可案」。一位法號函可的和尚因藏有「逆書」《變記》而被逮捕，後來流放到瀋陽。順治末年又發生莊廷鑨「明史案」，並驚動朝廷中的輔政大臣鰲拜等人。清朝諸例文字獄中，有名的有康熙時期的「南山案」、雍正時期的查嗣庭試題案和呂留良案等。乾隆初年，曾一度下詔停止文字獄。乾隆六年「謝濟世著書案」中，乾隆諭稱「朕從不以語言文字罪人」。但自乾隆十六年（1751年）「偽孫嘉淦疏稿」案，文字獄重現，知名案件有胡中藻詩案、蔡顯案、字貫案、尹嘉銓案、沈德潛反詩案。清朝為打壓漢人反清復明，屢興文字獄，以控制士人的思想。文字獄的案件多是無中生有，文字獄的打擊對象可以牽連甚廣，如此高壓之下，志節之士，蕩然無存。

至於獎勵文教方面，開科取士，不在話下。除正常開科，也不斷開設特別的「恩科」、「博學鴻詞科」等籠絡士子，大力尊崇儒學，從中選拔統治精英，以贏取漢人知識分子的支持。科舉功名，深深囚禁士人的心靈，八股文成為士子唯一的出路。為了轉移清初士人對明亡的反省，滿清以編修文獻，轉移視線，轉移心力，讓士人埋首於故紙堆之中。早在康熙帝時，編修《康熙字典》，乾隆帝重視學術，出版了《續三通》、《皇朝三通》與《大清會典》等史書。1773年，乾隆帝下令編纂《四庫全書》與《古今圖書集成》，成為全世界最龐大的類書。這些都成為了盛世的文化標誌。滿清為維護統治，嚴厲控制思想，編書期間，同時銷毀對清朝不利的書籍，據統計，總數為一萬三千六百卷。除焚毀書籍，還系統地對明代檔案進行銷毀。滿清對中國傳統文化的摧殘程度，不下於秦火。於是，乾隆以後，士人的學風，崇實學、重證據，注重考辨和考據，文字學、聲韻學、訓詁學大行其道，這種學風，稱為「實學」。由於盛行於乾隆和嘉慶年間，所以又稱為「乾嘉學風」。有學者認為清代學術在中國學術史上價值極大，梁啟超先生甚至稱之為「中國文藝復興」。清代學術的發展，有助修復不少已失傳了的文獻著作，而清代文人的實學風氣，在推動漢學的發展方面，確實發揮了重要作用。然而，誠如學者錢穆先生在《中國歷代政治得失》所言，中國經歷了盛世，但是當時「中國無言論自由，也沒有結社、出版自由，而且還不斷有十分可怕的文字獄。種種壓迫，而智識分子無法違抗，同時正因為他們（滿清皇帝）還懂得討好民眾。」文字獄和獎勵文教，是大棒和胡蘿蔔，雙管齊下，漢人士子，被收編得貼貼服服。

閉關鎖國

首先是海禁。清朝統一之初，清政府為禁止和截斷東南沿海的反清勢力跟台灣的鄭成功聯繫，曾五次頒佈禁海令，並三次頒佈「遷海令」，禁止人民出海貿易，並遷徙沿岸居民，移往內陸。1683年，清軍攻佔台灣後，康熙停止清初的海禁政策。但是康熙的開放海禁是有限制的，其中最大的限制，就是不許與西方貿易。康熙曾口諭大臣們：「海外如西洋等國，千百年後中國恐受其累，此朕逆料之言。」

清初對民間海外貿易厲行海禁政策，對於外國來華貿易，仍沿襲明代的朝貢制度，加以控制。對南洋和東南亞朝貢諸國，清朝有許多限制，例如貢期和隨貢貿易的監視等，都作嚴格的規定。對於西方國家來華商船的限制就更嚴。清朝只許它們停泊澳門，與澳門商人進行貿易，每年來華貿易的大小船隻，不得超過二十五艘。1685年，清廷放寬海禁後，才允許外商到指定口岸通商，並逐步建立一套管理外商來華貿易的制度，主要有公行制度和商館制度。在此期間，中國沿海以泉州、漳州、廈門、福州與廣州先後崛起，成為貿易大城，壟斷對外國際貿易。

乾隆年間雖有十年的「南洋海禁」，在乾隆二十二年（1757年），更撤銷閩、浙、江三海關貿易，但中國的海外貿易並未因此停頓或萎縮，而是不斷地發展，其規模和貿易總值超越前代。在乾隆十年期間，貿易額總值達到36,571,777兩，是明代高峰時期的三十五倍，僅廣州一地，貿易額就是明朝全部貿易額的十餘倍。雖然海外貿易有增無減，但總是西洋來華，而不是中國人往外跑。天朝的豐盛，外商的來華，反而進一步令中國故步自封。

另一項倒退，是教禁，禁止西洋教士來華傳教。明末來華的傳教士，博學多識，給明朝士大夫開闊了世界視野。滿清入關後，順治帝和康熙帝仍然對西洋教士予以器重。湯若望、南懷仁等教士，先後被任命為欽天監，他們利用職務之便來傳教，雖然一度受到康熙曆獄的打擊，不過隨着康熙帝開始親政後，翻案成功，傳教士重新執掌欽天監。康熙帝對於天文曆算、火炮之學很有興趣，曾叫徐日昇、白晉等人輪流進講。又以他們擔任通譯及處理外交事務，例如徐日昇、張誠隨索額圖，參加中俄尼布楚條約談判，充當翻譯和參謀。清朝對定居中國的西方傳教士，採取禮遇態度。在隨後的一百多年，欽天監皆由耶穌會士掌管。

不過到了十七世紀末至十八世紀初，天主教內部發生「禮儀之爭」。依照道明會傳教士的指控，羅馬教宗下令禁止傳教士使用耶穌會的中文詞彙「天」和「上帝」來稱呼天主，也禁止中國信徒祭拜祖先與孔子。這與當初意大利傳教士利瑪竇，以及其後的傳教士在中國傳教時所採取的本土化政策，截然相反。清朝政府對此十分不滿，認為這樣做有違中國敬孔祭祖的傳統。康熙帝於1700年批示：敬孔敬祖為敬愛先人和先師的表示，並非宗教迷信。雙方爭持不下，最後清廷下令必須遵循「利瑪竇規矩」傳教，不然就不准傳教，逐出中國，是為「禁教令」。1722年，雍正帝徹底推行禁教令，終止西方基督教在中國傳教的活動。到了道光帝時，連欽天監也不任用傳教士。

海禁和教禁成為清中葉對外政策的主調，而中國人的眼光，一直被局限於自己的黃土地。對世界的劇變，不聞不問。至於當時已經身居南洋一帶的華人，受到西洋殖民主義者清洗，甚至屠殺。清廷的態度，不但不代為出頭，反而視這些海外僑胞為逆賊，背離朝廷，受到洋人侵害，是咎由自取，理所當然。其中，有一個名為「蘭芳大總制共和國」（1776年–1886年）的南洋小國，位處今婆羅洲西面一角，是由華人建立的。這小國曾上書清廷，希望成為乾隆帝的保護藩國，結果是不得要領，最終亡於荷蘭人之手，併入印尼。

滿清的統治政策，高壓和懷柔雙管齊下，大收其效，從外表服飾，到內心深處，差不多徹底收服漢人，貼貼順順。中國人的心靈，牢牢地鎖在黃土地之中，只餘下民間烏合之眾，借邪教作亂，雖然一度在嘉慶時，白蓮教、天理教等鬧得很兇，但總不成大事。簡略而言，滿清的高水平統治，得以安享267年國祚，與其他漢人大一統的盛世朝代，國運相同。

歷史檔案室

十全大武功

乾隆皇帝是中國歷史上少有的高壽皇帝，在位六十年，太上皇三年，享壽八十六年，五代同堂。在位期間，開疆拓土，有所謂「十全大武功」。《十全記》紀其事：「十功者，平準噶爾為二，定回部為一，掃金川為二，靖台灣為一，降緬甸、安南各一，即今二次受廓爾喀降，合為十。」乾隆皇帝亦因此自稱「十全老人」。

歷史思考點

亡國與亡天下

中國歷史上，元朝及清朝以異族身份入主中原，成為中國歷史的正統之一，對一脈相承的華夏文明帶來衝擊。這對於傳統以漢族為本位的漢人來說，深受打擊，悲痛莫名。當時面對國破家亡、外族入主的漢人知識分子，一方面，不願意接受外族統治，另一方面，又不得不承認政治現實。於是，在矛盾之中，解決這一悲痛心理，只好一方面承認「亡國」，但另一方面，仍然希望中國固有的文化道統得以保存，猶望他日可以「復興」。因此，就出現清初大師顧炎武所謂「亡國而不亡天下」的說法（《日知錄》卷十三）。所謂「亡國」與「亡天下」的分別，簡單地說，「亡國」，即是前朝漢人朝廷覆滅，是「異姓改號」，只是政權改變而已。而「亡天下」，就是指整個中國道統文化的消失，禮義廉恥的喪失。「亡國而不亡天下」，意思是說，即使國家政權淪亡，亦要保持民族氣節，保存中國道統，正是天下興亡，匹夫有責。

清初之際，漢人知識分子對明朝覆亡悲痛欲絕，清初各大師（如顧炎武、黃宗羲、顏元等學者）莫不痛切反省國家的弊病。顧炎武的《日知錄》、黃宗羲《明夷待訪錄》等的著作，深切分析國家政治的種種問題。在他們心中，政治現實已經不能改變，只好寄望於將來，即使漢人政權已經淪陷，仍然盡力保存中國的道統文化。所以，當清朝一再邀請顧炎武出仕之時，顧炎武寧死不從，至今仍留下「七十老翁，尚欠一死」的壯語。但是，到了滿清要編修明朝歷史之時，顧炎武就派子弟參加，以確保前朝歷史不被曲解。由此可見，在漢人知識分子心中，朝廷政權可以覆亡，但是中國道統不能淪喪。這正好說明了，為可在滿清康熙以後，漢人士子在外族統治下，仍然出現康熙、雍正、乾隆、嘉慶時期的濃厚學術風氣。有謂「周弱而綿」，漢文化道統的力量，宏大深厚，培養了一批文化精英分子，在無可奈何的惡劣環境之中，仍然能夠盡心盡力，忍辱負重，保持氣節，存留道統，令人緬懷。

延伸思考

- 清人以十八萬旗兵入關，為甚麼以如此少數可以統一達四億人口的中國？
- 清初入關不久，宣佈「永不加賦」，即是不再增加農民的稅收。究竟清朝怎樣解決日益增加的政府財政支出？.
- 清人以繼承中國道統自居，試探索清人如何實踐此目標。

25

千古待變
—— 鴉片戰爭

康熙二十二年（1683年），鄭成功孫鄭克塽投降，清軍平定台灣。翌年，康熙二十三年（1684年），清朝正式開放海禁，准許百姓對外貿易，並在「粵東之澳門（一說廣州）、福建之漳州府、浙江之寧波府、江南之雲台山」分別設立粵海關、閩海關、浙海關、江海關，作為管理對外貿易和徵收關税的機構。江、浙、閩、粵四大海關，總領各自所在省的所有海關口岸。乾隆二十二年（1757年），乾隆帝以海防重地規範外商活動為理由，遍諭番商：「嗣後口岸定於廣東，不得再赴浙省」，是謂「一口通商」。這一上諭是讓「外洋紅毛等國番船」、「番商」只能將廣東作為指定通商口岸，不得再赴浙江等地。外國商人銷售商品和購買上貨都必須通過特許「行商」之手，清朝開始實行「閉關鎖國」政策。自1759年起，廣州是唯一通商口岸。以往廣州有「稽查管束夷人條例」，今兩廣總督復訂立「防範外夷規條」五事，主要用意在制止外人與人民往來。一為嚴禁外商在廣州住冬，如屬必要，可去澳門，次年必須返國。除來華貿易外，規定武器、米糧、硝磺、鐵鍋、廢鐵和各種鐵器不准出口。蠶絲、綢緞也有出口數量規定。1760年，恢復公行，專辦對外貿易，對外商嚴加限制，不准外商與官員直接接觸，指定須由公行與外商聯繫，使公行成為外商與中國官府聯繫的中介，著名的「十三行」就是這些壟斷進出貿易的中介商行。

英商輸入鴉片　逆轉貿易形勢

英國對清朝的閉關政策，反應最為強烈，從1759年（乾隆二十四年）到1833年（道光）期間，一方面派特使來華，請求開放貿易，另一方面，又試圖以小量兵力作試探，結果都是不得要領。當中，在1792年喬治·馬戛爾尼及1816年阿美士德兩人來華，最為矚目。兩名英國特使都因堅持不肯行三跪九叩之禮，令滿清皇帝大為不悅，結果是不歡而散。而其中馬戛爾尼曾向清朝提出六項要求，當中包括：

- 要求英國貨船能到浙江、天津等地停泊。
- 要求在北京設立商行。
- 要求在舟山佔一島嶼，以便英國人居住和收存貨物。
- 要求在廣州城劃出一地方給英國人居住，或者居住澳門之人出入自便。
- 要求准許英商從廣東內河航行到澳門，貨物不納稅或少納稅。
- 要求確定關稅條例。

乾隆帝拒絕英國特使馬戛爾尼的要求，隨之覆信批駁，信中有常被史家引用的說話：「天朝物產豐盈，無所不有，原不藉外夷貨物以通有無。」馬戛爾尼此行的記錄，在他的日記著作 *A Journal of an Embassy from the King of Great Britain to the Emperor of China* 中交代清楚。書中對清朝社會民生、官員作風、國家法律禮儀制度，均有仔細的觀察。馬戛爾尼一行，對中國的風俗有正面的評價，亦指出清朝表面風平浪靜，好像一艘古老破舊大船般，起動不得，稍有不慎，隨時翻船。

1795年，乾隆帝禪位於顒琰，即嘉慶帝。乾隆雖為太上皇，但依然「訓政」，直至1799年去世，嘉慶帝方得以親政。嘉慶帝在當太子時，痛恨貪官和珅，親政後賜死他，抄收其家產，然而沒有全面整頓政風，貪污腐敗的風氣有增無減。當時民亂不斷，有1796年白蓮教的川楚教亂、東南有海盜侵襲，華北又有天理教之亂。此時八旗兵與綠營軍紀腐敗，不堪使用，只能靠地方團練平定亂事。1820年，嘉慶帝崩，道光帝旻寧繼位。朝廷暮氣沉沉，滿朝文武，只知迎合謊報，貪污猖獗。滿清政權，由盛而衰，嘉慶、道光兩朝，雖然提倡節儉，然而未能匡正國家弊端。

十八世紀英國完成工業革命後，需要一個龐大的市場傾銷貨品，賺取金錢，而中國成為英國商品的傾銷目的地。但是十八世紀的中外貿易順差，嚴重地偏向於中國一邊，由於中國出產的茶葉、絲綢、瓷器等奢侈品在歐洲市場十分受歡迎，而英國商人帶來的西方工業製成品，國人卻無所需求。十八世紀，英國開始實行金本位貨幣政策，而清朝則以白銀作為貨幣，由於與清朝的所有貿易均以銀兩折算，令英國需要從歐洲大陸購入白銀作貿易用途，白銀一買一賣，英國利潤受損巨大。稅率方面，清朝對英國進口貨物，稅率是百分之二十，由於海關官僚的貪腐，使得除稅率之外，還產生許多不可預估的費用。在1830年以前，中國人在對外貿易上經常是出超，白銀不斷地從英國印度流向中國。為此，英國急謀改變貿易逆差的對策，利之所在，於是將成癮劑鴉片大量輸入中國，以改善經濟的困境。

鴉片由罌粟提煉而來，早在唐代，已經由阿拉伯人傳入中國，中國人稱其為「米囊」或簡稱「白皮」，明朝稱為烏香、鴉片或阿芙蓉。十六世紀晚年，海關開始對鴉片徵稅，主要用來做止痛安神的藥材，為求享受而吸食鴉片的情況很少。1620年，中國開始出現吸食鴉片的記載，漸成時尚。1729年，雍正帝以其淫蕩傷人，予以禁止，但所指為煙草與鴉片合製之鴉片煙，並非鴉片本身。1796年，嘉慶帝明令取締鴉片進口和種植，視為禁品。

隨着鴉片的大量輸入，從根本上逆轉貿易形勢。1773年，英國東印度公司在印度獲得了種植鴉片的壟斷權。自1800年起，英國從印度裝運鴉片來華，鴉片開始大量輸入中國。由於吸食鴉片會上癮，鴉片貿易愈做愈旺。「嘉慶初食者甚少，不二十年，蔓衍天下，自士大夫以至販夫走卒，群而趨之，靡而不返。」厚利所在，英商與沿海官員勾結，鴉片走私日益擴大，由道光元年（1821年）的4,000餘箱，到道光十八年（1838年）已激增至40,200箱。此後，鴉片泛濫導致的經濟問題也浮現出來。由於鴉片輸入激增，中英貿易出現變化，中國由出超變為入超。中國國內發生嚴重銀荒，造成銀貴錢賤，出現通貨膨脹。當時吸食者，上至貴族官僚、下至販夫士兵，隨着鴉片泛濫愈演愈烈，最終引起清朝的高度重視。

虎門銷煙

1838年6月，鴻臚寺卿黃爵滋上書道光皇帝。奏摺節錄如下：

> 吸食既久，則食必應時，謂之上癮，廢時失業，相依為命，甚者氣弱中干，面灰齒黑，明知其害而不能已，上自官府縉紳，下至工商優隸以及婦女、僧尼、道士、隨在吸食。故自道光三年至十一年，歲漏銀一千七八百萬兩。自十一年至十四年，歲漏銀至二千餘萬兩。自十四年至今，漸漏至三千萬兩之多。此外福建、浙江、山東、天津各海口，合之亦數千萬兩。以中國有用之財，填海外無窮之壑。易此害人之物，漸成病國之憂，日復一日，年復一年，臣不知伊於胡底！

道光帝深受感動。1838年12月底，清朝道光帝頒佈《欽定嚴禁鴉片煙條例》。12月28日至翌年1月3日，七天之內，召見林則徐八次，賜予林則徐紫禁城騎馬之殊榮，授以欽差大臣，查辦廣東海口事件，節制水師，清查鴉片來源之重任。林則徐前往廣州負責執行任務，這就是歷史上有名的虎門銷煙。1839年3月，林則徐抵達廣州後，與兩廣總督鄧廷楨、廣東水師提督關天培兩人合作，積極整頓海防，防禦外敵。3月10日，林則徐開始行動，發出曉諭兩道給各國夷人，說明通商之利，販煙之罪，限期將鴉片盡數繳官，不得絲毫藏匿，並要保證「嗣後來船永不敢夾帶鴉片」，如有帶來，一經查出，貨盡沒收，人即正法。林則徐更聲稱法在必行。另一道則給行商，責令繳煙、具結。

對禁煙一事，英國商人敷衍了事，林則徐於是下令中斷貿易，撤走英國商館中的華人買辦和僕役，並派士兵包圍商館。英國商務總監義律得知消息，於3月24日由澳門趕至廣州，與洋商被困在商館裏，跟外界溝通隔絕。3月27日，義律屈服，直接向林則徐具稟，願將英國人經手鴉片悉數清繳，總計共有鴉片20,283箱。其中，怡和洋行上繳鴉片7,000箱，寶順洋行上繳鴉片1,700箱，旗昌洋行上繳鴉片1,540箱。林則徐請示過道光帝之後，在虎門挖了三個大坑（每個長150英尺、寬75英尺、深7英尺），作為銷煙之用。「銷煙」是銷毀之意，並非單純用火燒，而是用石灰，沖入海水，令鴉片完全毀壞，無法再用。6月3日開始，進行銷毀，歷時22日。

戰爭爆發

1839年6月虎門銷煙後，林則徐繼續採取強硬立場，要求外國鴉片商人立下文書，保證永不夾帶鴉片到中國來，英國商人對此強烈抵制。

7月初，英國水兵在九龍毆斃華人林維喜。英國水手在九龍尖沙咀村行兇，毆傷村民多人，其中林維喜重傷致死。林則徐多次要求義律交出兇犯。義律緝拿兇犯後，拒不交犯，只處以罰款和短期監禁。

林則徐採取進一步行動，於1839年8月15日封鎖澳門，不准英國人逗留，嚴格執行對英商的經濟封鎖。8月下旬，義律與英國人乘英國船隻，轉往香港附近海面。9月4日，義律帶領兵船到九龍，要求購買食物不遂，實行開炮，中國水師炮台猛烈還擊，各有傷亡。

1839年8月初，中國禁煙消息傳到英國。英國國會對此問題進行激烈辯論。

1839年11月3日，英國軍艦在穿鼻洋開炮，衝突再起。廣東虎門發生穿鼻之戰。

1840年1月5日（道光十九年十二月初一），道光皇帝調林則徐為兩廣總督，並下旨斷絕與英國的貿易，禁止一切英國船隻進口，並將該國船隻盡行驅逐，復嚴禁他國商人，不許私代英商帶運貨物。

1840年1月16日，英國政府決定命令艦隊增援。2月，組織東方遠征軍，以英國開普殖民地好望角海軍提督、義律堂兄懿律任海軍統帥兼全權，義律為副全權。當英國外交大臣巴麥尊向英國國會報告，支持政府出兵的議員認為中國污辱英國國旗，妨害英國商務，劫奪英國財產，危及英人生命。反對派抨擊政府不早日取締鴉片貿易，國旗應保護公正與榮譽，不得保護毒品。4月7日，英國下議院經過激烈辯論，在維多利亞女皇影響下，最終以271票對262票，通過發動戰爭決議案，派兵前往中國。由於販運鴉片始終只是民間商業行為，並非英國國策，因此英國政府不正式宣戰，認為軍事行動只是一種報復，而非戰爭。

1840年5、6月之間，英國軍艦陸續抵達廣東珠江口集結，並封鎖珠江口，鴉片戰爭正式開始。戰事分為兩個階段，第一階段是由1840年6月至1841年5月，期間經歷了簽訂《穿鼻草約》、英軍佔領香港、清廷正式宣戰，和簽訂《廣州和約》。第二階段，自1841年8月到中英雙方簽訂《南京條約》，期間，英軍再次北上，所向披靡。

1840年6月，當時英軍評估形勢，認為中國廣東沿岸的防務嚴密，不宜強攻，改為北上，取易不取難。懿律率領英國軍艦，從廣東啟程北上，途經福建廈門。7月，進攻浙江舟山列島，佔領定海。再上天津，抵達大沽口外。1840年9月28日，林則徐、鄧廷楨被革職，欽差大臣琦善署理兩廣總督。英軍折返廣東。11月，英軍與琦善談判。

11月底，琦善至廣東，沒有採取任何措施加強廣東防務，反而將一切罪責歸咎林則徐。1841年1月7日（道光二十年十二月十五日）虎門爆發激戰。清軍水師大敗。琦善與義律簽署《穿鼻草約》。《穿鼻草約》由始至終並未經中國皇帝批准，因此該條約不具法律效力，而英國政府亦不滿所得的利益太少。

1841年1月26日，英軍登陸香港島後，舉行升起英國旗儀式，從此佔領香港島。

1841年1月27日，廣東敗報傳到北京，道光帝大怒，下旨對英宣戰，並任命奕山為靖逆將軍，戶部尚書隆文和湖南提督楊芳為參贊大臣，前往廣東主持軍務。

1841年2月26日，義律獲悉清朝對英開戰的消息，立即進攻虎門砲台，廣東水師提督關天培戰死殉國。3月2日，英軍進至廣州城下。5月26日，奕山向英軍求和。英軍以死9人、傷68人的代價，擊潰2萬滿清軍隊。5月27日，義律與奕山訂立《廣州和約》。5月29日，英軍自廣州近郊撤退，約有200多名英兵，為數千鄉民圍困於城北三元里，英軍死傷20人，是為「三元里抗英」事件。

1841年4月，關於《穿鼻草約》的報告傳至倫敦。5月，英國政府否決《穿鼻草約》，內閣會議決定召回義律，改派璞鼎查為全權公使來華，進一步擴大戰爭。璞鼎查8月10日進抵澳門。英軍再次北上，中英鴉片戰爭，進入第二階段。

英軍由1841年8月至1842年7月的軍事行動，除了在台灣雞籠港被擊退外，所到之處，勢如破竹，先後攻陷福建廈門、定海、鎮海、寧波、乍浦、上海、鎮江。中國的官兵，交戰即潰，幾乎死傷殆盡。

1842年7月21日，鎮江失守。英軍在鎮江的軍事行動，切斷了清朝經濟命脈京杭大運河的漕運。道光帝心灰意冷，無意再戰，答應英方要求，授權耆英、伊里布辦理交涉。8月11日，英國陸軍登陸江寧（南京）。同日，耆英自無錫趕到江寧，與英方議和。

南京條約

1842年8月清政府被迫在南京的靜海寺與英國政府議和，中國清政府全部接受了英國提出的議和條款。8月29日，中英兩方在英軍旗艦「康華麗」（亦譯「皋華麗」或「汗華」）號上，正式簽訂了中國近代第一條不平等條約——中英《江寧條約》，通稱為《南京條約》，中國名之為《萬年和約》。條約主要事項為：

- 開放廣州、福州、廈門、寧波、上海五處港口貿易（即所謂「五口通商」）。
- 割讓香港島給與英國。
- 賠償英國煙價600萬元（貨幣為墨西哥鷹洋）、商欠300萬元、兵費1,200萬元，共2,100萬元，先付600萬元，餘於四年內交清。
- 准英國人在港口自由貿易，不經行商。釋放被禁英國人，寬免與英國人有來往之中國人。進出口稅餉秉公議定則例。英國貨物按例納稅後，中國商人可遍運內地，不得加重稅例。兩國官員用照會往來等等。

英軍艦船陸續撤離中國，歷時長達兩年三個月的鴉片戰爭正式結束。

結語

鴉片戰爭與《南京條約》，開啟中國近代史，往後中國歷史上一連串的事件及引發的問題，都是以鴉片戰爭為開端，為最原始的源頭。割地賠款對清朝來說也是第一次，此後世界列強的侵凌紛至沓來，一系列不平等條約接踵而至，而一連串的政治動盪與改革從未止息，政治的後遺症影響至今。中外在政治、軍事、外交、經濟、國家力量、文化價值等全方位的角力，至今仍然強烈地進行中。

1843年10月8日（道光二十三年八月十五日）中英又訂一通

商善後條款——《虎門條約》。英國享有最惠國待遇和領事裁判權。1844年7月3日，中美五口貿易與章程在澳門望廈村簽字，通稱《望廈條約》。美國享有最惠國待遇。1844年10月24日，中法五口貿易章程在黃埔簽字，通稱《黃埔條約》。當時清朝政府不了解國際法，以為給予英人貿易之便，就可以換取國家長存，對英國人還視作芸芸眾多「外夷」之一，所以陸續喪失了許多影響深遠的主權。割地賠款、司法權、關稅權、外交權，甚至外國駐兵權，一一失去。「最惠國待遇」使得列強各國都可以有份攫取在華利益，令中國嘗盡不平等對待之苦。這些不平等條約，要到一個世紀後，即第二次世界大戰末期，才得以陸續廢除。

鴉片戰爭的引發，在英國的說法，淡化為貿易戰爭，推卸了販賣鴉片的罪惡。從貿易角度而言，即使中國的規定多麼不合理，交易不成，亦不足以構成開戰的理由。在過去五百年的殖民地擴張年代，強權就是一切，西方的炮艦至上的思想，直到第二次世界大戰之後，才省悟過來。

中國方面，滿清本身糜爛，閉關鎖國，最終避不開列強的無情炮火。有一點留待學者研究的，就是滿清對西洋的接觸，其實從無間斷，即使是貿易上種種的限制，自身對南洋的列強殖民地不聞不問，但是西方商船進口，每年是數以萬噸計算，為甚麼滿清對西方的進步，以及列強的野心，竟然好像一無所知？這點，留待有志者去研究。

五口通商，令中國傳統經濟開始解體。中國農民經濟，遭受外國商品嚴重衝擊之下，飽受摧殘，而失業游民，最終匯聚成了太平天國的大軍。根據《南京條約》，香港割讓給英國，英軍統帥璞鼎查成為香港第一任總督，英國官方中文譯名是「砵甸乍」。至於鴉片貿易，經此役之後，泛濫成災，再無中國人有膽量去提出禁煙！

歷史檔案室

律勞卑事件

威廉·約翰·律勞卑（William John Napier，1786年10月13日–1834年10月11日），英國皇家海軍職員和外交官，在1834年出任首位英國駐華商務總監。

律勞卑在1834年7月15日抵達澳門。後因律勞卑不理會當時清政府對外商的種種限制，引致中英貿易中斷。律勞卑指派三艘英艦強行進入珠江，在9月6日至11日期間，分別在虎門及黃埔，中英雙方發生連串炮戰。最終律勞卑未能以武力脅迫清朝，他在9月21日離開廣州，並在9月26日返抵澳門，而中英貿易在9月27日重開。律勞卑未幾在10月11日病逝於澳門，享年僅四十七歲。律勞卑臨終前指出只有戰爭才可以解決中英間的貿易糾紛，而時任他的秘書，就是後來力主出兵的義律。律勞卑事件可算是鴉片戰爭的前奏。（香港歷史博物館存有殖民地時期的律勞卑紀念石柱一座。）

歷史檔案室

道光皇帝對英國維多利亞女王的三道疑問

據《清通鑑》道光二十二年（1842年）所記，在《南京條約》簽訂前三個月，道光皇帝對臣下查問英國維多利亞女王是甚麼人，喻曰：「該女主年甫二十二歲，何以推為一國之主，有無匹配，其夫何名，何處人，在該國現居何職。又所稱欽差、提督各名號，是否係女主所授，抑係該弁員人等私立名色。」綜合而言，道光皇帝發了三道疑問。道光皇帝的第一個問題是：英女王年方二十二，何以被推為一國之主？第二個問題是：該女有沒有丈夫管束，丈夫對她如何？第三個問題是：一個女人當國王，能不能管住臣下？

維多利亞女王登上王位，是有法可依的。英國早在1701年就制定了《王位繼承法》，王位依據年齡順序傳給兒子，無子者則傳給女兒，無子無女的，傳給旁系親屬。相比之下，清朝也有以長為尊的傳統，但只是傳統做法，始終沒有成文法規，王位的繼承人完全取決於老皇帝的生前喜好。

第二個問題，則完全是個人的家事了。維多利亞於1840年結婚，嫁給了風度與學識俱佳、被稱為「流動百科全書」的德國表哥阿爾伯特（Prince Albert）。維多利亞女王自稱是全世界最幸福的女人。維多利亞女王夫婦二人，鶼鰈情深。

維多利亞女王能不能管住臣下，其實也不是問題。因為英國實行的是君主立憲制，政黨制和內閣制又決定了最高行政首腦──首相，是全國最優秀的人。這種體制集中的全是精英，並透過體制來調動全國的力量和資源。而大清，只是皇帝一個人忙於國計民生。

道光皇帝的三個問題看似簡單，其實反映的是權力來源、文化精神、國家機制三個範疇。這三個問題恰是國家和社會的核心問題。從第一個問題看，英國政治以法律來規範，真正是依法治國。從第二個問題看，英國社會充滿了自由和諧的平等精神。從第三個問題看，英國以制度集中最優秀的人才去管治國家。大清敗給大不列顛帝國，雖有很多原因，但歸根究柢是敗在這三個問題上。

歷史思考點

歷史有沒有「如果」

歷史研究，當中有趣而又無聊的，就是問「如果」。即是假設歷史可以回頭，其中的重要事實被改變了，歷史的進程將會出現甚麼改變？有趣的是，提問者可以天馬行空，自由想像。無聊的是，事實如此，無可挽回，即使歷史重演，又是同樣的結局，既然如此，何必多此一問。

對晚清的大時代，最熱門的「如果」歷史探究，就是晚清的憲政如果成功了，中國歷史會如何發展。就此課題，中國內地的學者有提出過，如果慈禧太后早死十年，或者是遲死十年，滿清會是甚麼模樣。晚清憲政，會出現甚麼的變局，是否可以成功。再追問下去，如果民初袁世凱不稱帝，中國是否提前半個世紀走上富強之路，日本就未必可以輕易侵略中國。或者回溯鴉片戰爭，如果英國不發動戰爭，滿清會否江山永享。諸如此類。

「如果」這種想法，其實是帶有「可惜」的成分，跟「懷舊」相似，多是對當時發生的事件抱唏噓的想法，同時又夾帶了對現狀的一種無奈。合理地說，對現狀感到滿意，多不會回首去想「如果」，也即是對現在的結果看不過眼，才會去追悔當初。秦始皇帝是暴君，所以歷史學家從沒有說出「如果」長子扶蘇不死就天下太平，正因為秦始皇是暴君，他一死，天下才得到解放，所以人人得而誅之，不談甚麼「如果」。

歷史是不可能回過來的。時光隧道，回到過去，是電影小說的橋段。以「如果」來看歷史，事實上，可能更鞏固對歷史發展必然性的看法。以「如果」晚清沒有出現鴉片戰爭為例，英國人不打來，滿清仍然是老模樣，皇帝依然是日日勞勞碌碌，官員依然是顢頇苟且，官兵依然是兵賊不分，士人依然沉迷科舉功名，地主士紳依然屯積良田，低下階層依然是文盲老粗，地痞流氓依然在偷雞摸狗，土匪馬賊依舊各踞山頭，以宗教名義作亂的民變時有爆發，舉國還是糜爛不堪。整個社會千載不變，整個大清好像進入僵化局面，千年如一日，出現所謂的「超穩定」狀態。滿清所等的，其實就是洋人的一炮，只有洋人的一炮，才可以打破如此的僵局。所以，鴉片戰爭怎會不出現？只不過，可能是換了主角，不是英國，而是法國、俄羅斯、美國，甚至是日本。戰爭名稱也可能換了個名堂，所以，用「如果」去緬懷歷史，意義不大。

歷史事件結局不好，為甚麼會出現如此不好的結局？簡單地說，是應對的條件不足，當事人的認知水平不夠。「如果」備戰充足，怎會出現敗局？「如果」道光帝知道國家落後，「如果」他知道英國人不是四夷的低等部落，他自然會做足備戰功夫，不會出現二三千英兵，橫掃中國沿岸數萬的清軍。「如果」慈禧太后知道身後不出五年就亡國，或者滿清醇親王載灃知道革命成功在望，憲政改革怎會一拖再拖？甚麼的水平，就得出甚麼的結局，何須再說「如果」？即使可以再回頭一遍，水平不變，結果也會相同。作為茶餘飯後的話題，未嘗不可以談歷史的「如果」。談「如果」，未嘗沒有好處，從「如果」的辯證，可以從反面入手，更加清楚分析歷史發展的趨勢，引證歷史的興衰。

延伸思考

- 國家力量的組成，包括了文化精神、行政制度、經濟財力、軍事力量等等，試比較滿清晚期中外各國的情況。
- 鴉片戰爭，英國轟開了中國的大門，此後，中國好像一蹶不振，任由列強凌辱，究竟當中的原因是甚麼？

- 清初不久，奉行閉關自守，只有限度開放廣州為唯一對外通商口岸，此舉與東南沿岸海盜如毛是否有關係？

26

西方為師
——從太平天國到洋務運動

《南京條約》簽訂以後的二十年，中國遭受列強進一步的侵凌，同時又出現國內大規模的內戰。對內方面，1851年，爆發太平天國的內亂。對外方面，英國與法國因為和清廷修約不成，趁中國發生內亂之際，於1858年發動英法聯軍之役。當所有外憂內患過去，滿清於1860年開始，嘗試學習西方技術，以圖自強，於是出現了洋務運動。太平天國以自行曲解的西方宗教為建國思想，妄圖民族救亡。而真正掌摑驚醒中國人的迷夢的，則是英法聯軍攻陷北京，火燒圓明園，令滿清終於低頭，向西方敵人拜師學藝，接踵而來的，就是洋務運動。

太平天國

《南京條約》之後，傳統農村經濟受到破壞，各地民變，紛紛起事，社會一片亂哄。1850年，道光帝崩，子奕詝繼位，翌年改元咸豐。

1840年屢次科舉失敗，並在廣州目睹第一次鴉片戰爭的洪秀全，立定心志，推翻「韃妖」(滿清)。1844年(道光二十三年），他與表親馮雲山、族弟洪仁玕從梁發《勸世良言》中汲取某些基督教教義，自行洗禮。是年，洪秀全和馮雲山到廣西貴縣一帶傳教。隨後洪秀全成立「拜上帝會」，將基督教聖經的《舊約》、《新約》分別修改為《舊遺詔聖書》、《新遺詔聖書》，作為教條。拜上帝會實行政教合一。拜上帝教的宗教規範還有《原道救世歌》、《原道覺世訓》、《原道醒世訓》、《天父詩》等，號召人們信仰「皇上帝」（上帝耶和華），擊滅「閻羅妖」（滿族皇帝），為實現「天下一家，共享太平」的理想而奮鬥。

1851年1月11日（道光三十年十二月十日），洪秀全生日，拜上帝會眾萬人在廣西金田村「恭祝萬壽」，後世人將這一天定為太平天國「金田起義」紀念日。3月23日，洪秀全在廣西武宣登基，稱太平王，後改稱天王。1851年秋，太平軍佔廣西永安州（今蒙山縣）。12月在永安城分封諸王，太平天國在南王馮雲山的構想基礎上建立了初期的官制、禮制、軍制，推行自創的曆法——「太平天曆」。

1852年8月，西王蕭朝貴進攻長沙市。9月12日，蕭朝貴陣亡。洪秀全、楊秀清聞訊後急率主力來到長沙城下，但此時清方已重兵雲集，太平軍攻長沙近三個月仍未能成功，撤圍北上攻克岳州。1852年12月23日，太平軍攻下漢陽。1853年1月17日，石達開率領太平軍攻克武昌。1853年3月19日（咸豐三年二月十日），太平軍攻克江寧（今南京）。太平天國就此定都南京，號稱天京。

太平天國定都天京，組建正規政府。當中有很多異於傳統的行政措施和機關，例如設置「聖庫」。「太平天國」國號的寫法，其中「天」字的兩橫上長下短，「國」字寫作「国」，內為「王」字。因清朝推行薙髮令，故太平天國蓄髮，因此太平軍被稱作「長毛」，清廷稱其為「長毛賊」、「毛賊」、「髮賊」、「髮匪」、「髮逆」等。又因洪秀全籍貫廣東省廣州府花縣，其他的太平軍將士亦多起自兩廣（即廣東、廣西），所以清廷亦稱其為「粵匪」、「粵賊」。

從1853年到1864年，太平天國與清廷互相爭持。太平天國打敗清軍前來圍剿的南北兩大營，又發動兩路北伐，最遠達天津近郊，可惜無功而還。太平天國又發動東征，攻打上海，江浙一帶，最後亦失敗告終。

太平天國定都天京之後，未能乘勝一舉殲滅清軍，反而讓清軍喘過氣來，重組實力，收窄對太平天國的圍剿，漢人士子曾國藩、左宗棠與李鴻章等，為保護儒家文化，紛紛組織湘軍與淮軍抵抗太平天國。另一方面，太平天國發生天京事變，東王楊秀清欲攬大權，為洪秀全所殺，內訌造成嚴重分裂，太平天國內部因權力鬥爭，引致國力急速衰退。

1864年7月19日（同治三年六月十六日），湘軍攻破天京。洪秀全之子兼繼承人洪天貴福被俘虜。1872年5月12日（同治十一年四月初六日），最後一支打着太平天國旗號作戰的太平軍部隊，翼王石達開餘部李文彩在貴州敗亡。

太平天國一役，是明清戰爭以來規模最大的中國內戰，對中國歷史影響深遠，太平軍的足跡遍及大半個中國，先後到過廣西、湖南、湖北、江西、安徽、江蘇、河南、山西、直隸、山東、福建、浙江、貴州、四川、雲南、陝西、甘肅諸省。太平天國失敗後，有一部分參加「捻軍」，繼續抗清，而散佈在長江南北的太平軍餘眾，傳佈了許許多多太平軍的英雄故事，影響了晚清江南人民的反清思想。孫中山童年時代，便以「洪秀全第二」自稱。

英法聯軍之役

《南京條約》之後，廣東民間排外情緒有增無減，當時的兩廣總督耆英亦沒有恪守《南京條約》，令英人七年來無法如常入住廣州城。後來1849年履新的廣東巡撫兼五口通商大臣葉名琛，亦默許民間排外活動，對一切外國投訴置諸不理。這些滿清大臣一心以為民心可恃，用以抵抗洋人的要求。1854年和1856年，英、法、美三國兩次提出修約要求，俄國也趁機謀求利益。但四國的修約要求，沒有得到清政府的允許，當時英、法正與俄國進行克里米亞戰爭，如火如荼，無暇東顧中國，「修約」問題也暫時擱置下來。然而，西方列強對中國的野心，自鴉片戰爭以後，食髓知味，始終虎視眈眈，等待機會。1856年，克里米亞戰爭以英法兩國獲勝而結束。同年，1856年2月29日，中國發生法國神父廣西西林馬賴教案（稱「西林教案」或「廣西教案」），以及1856年10月8日廣州的英國亞羅號事件，成為英法聯軍之役（亦稱「第二次鴉片戰爭」）的導火線。

有關廣西西林馬賴教案，事緣聖馬賴（原法語名字Auguste Chapdelaine，1814年2月6日–1856年2月29日）為法國天主教傳教士，屬巴黎外方傳教會，到中國傳教，不久後在廣西遇害（1856年2月29日）。而英國亞羅號事件，則是在1856年10月8

日，廣東水師在廣州海珠炮台附近碼頭，檢查裝有走私貨物的「亞羅」號船，並逮捕了船上十二名有海盜嫌疑的中國船員。英領事巴夏禮（Harry Parkes）指中國水師在該船捕人時，曾扯落船上的英國國旗，有損英國的權利和榮譽，要求廣州當局賠禮道歉及釋放人犯，限四十八小時答覆。葉名琛對英態度強硬，不賠償，不道歉，只答應放人。此舉令英國方面極為不滿，復以英國企圖修改《南京條約》亦遭清朝拒絕，英法兩國遂以此兩事件為藉口，聯兵攻打中國。

英法聯軍之役，戰事分為兩階段：第一階段，從1856年英軍炮轟黃埔開始，到1858年簽訂《天津條約》為止；第二階段，從1859年6月大沽口之戰，到簽訂《北京條約》為止。

1856年10月23日，英國海軍向虎門口開進，揭開了英法聯軍之役的序幕。英國海軍一度駛進廣州範圍開炮，而廣州民眾則焚毀英法等商館。但戰事隨即膠着，直到1857年9月英法聯軍集結，抵達廣州港外。12月12日，英法聯軍對兩廣總督葉名琛發出最後通牒，12月28日英法聯軍對廣州發起攻擊，次日攻陷。1858年1月5日，俘虜了葉名琛。葉名琛被擄至印度，並死於印度。英法聯軍北上，攻陷大沽、天津。6月，清朝與英、法、美、俄四國公使，簽訂了《天津條約》。

清廷以為簽訂《天津條約》可以換來太平，不過，英法海軍北上換約之時，硬闖大沽口而引發新一場戰爭，此為第二階段的戰事。

經過第一次大沽口之戰後，清廷大將僧格林沁奉命加強防務，修復戰後的砲台，加強了大沽炮口的防衛。1859年6月20

日，英、法海軍到達大沽口外，清廷要求英法公使往較北的北塘登陸，並由清軍保護到北京換約，但遭到英法拒絕。英法聯軍硬闖大沽口，遭到清軍開火攻擊，英法海軍還擊。戰事延至6月25日，英法聯軍死傷432人，四艘炮艦被擊沉，一艘重傷。這是鴉片戰爭以來，清軍第二次的勝利（前一次在台灣雞籠港）。

英、法兩國藉機重燃戰火，擴大戰爭。1860年7月英法援軍大舉來襲，攻陷大沽口，佔領天津。8月23日各方議和。由於爭執不下，談判再次破裂，清代表並擄去英國派往負責洽談停火之談判代表巴夏禮等39人。9月6日，咸豐帝對英法兩國宣戰。英法聯軍登陸後，直撲北京。僧格林沁部在通州八里橋與英法聯軍決戰，清兵全軍覆沒。咸豐帝及皇后貴妃等人，以北狩為名，逃往承德避暑山莊。1860年9月英法聯軍抵達北京，洗劫北京，並燒毀了北京西北郊的圓明園和靜宜園。

1860年10月，在俄羅斯公使調停下，英法聯軍與恭親王奕訢，除了完成《天津條約》的換約外，還加訂了中英、中法《北京條約》。英法聯軍之役才告結束。

兩條條約的較重要影響，是割讓香港的九龍半島給英國，准許華工勞務出口（即「賣豬仔」），准許自由傳教（這點是中方版本才有的，相信是當時充當翻譯的傳教士擅自加進去的）。還有是俄羅斯趁機入侵中國。《璦琿條約》、《中俄天津條約》、《中俄北京條約》、《中俄勘分西北界約記》等，中國割讓給俄羅斯的領土，東西兩邊，總共達150萬平方公里，鞏固了俄羅斯的東方勢力。

英法聯軍之役，令滿清朝廷，雪上加霜，火上加油，大清江山，岌岌可危，平定太平軍的漢人功臣，以救國自強為己任，開展了往後數十年的洋務運動。

洋務運動

洋務運動，又稱「自強運動」、「同治維新」，始於1860年，英法聯軍之役以後，是晚清最後五十年，清廷洋務派曾國藩、李鴻章、張之洞、左宗棠等大臣，以「師夷長技以制夷」、中體西用為方針而展開的革新運動。當時被稱為洋務派的恭親王奕訢與曾國藩等人，在消滅太平軍時，認識到西方船堅炮利的厲害，並鑑於兩次鴉片戰爭的失敗，所以展開洋務運動，以圖自強。1861年1月11日，咸豐帝批准了恭親王奕訢會同桂良、文祥上奏的《通籌夷務全局酌擬章程六條》，以富國強兵為目標的洋務運動從此開始。1861年，咸豐帝崩後，其六歲之子載淳繼位，即同治帝。咸豐帝本任命肅順等八大臣為「顧命大臣」，兩宮太后與恭親王奕訢發動政變，兩宮垂簾聽政，最後由兩宮之一的慈禧太后獲得實權。洋務運動在慈禧太后大力支持下，得以順利開展。洋務運動自1861年至1895年，持續約35年。洋務運動引進了大量的西方科技，以及各類西方著作文獻，培養了一批留學童生，打開了西學之門。洋務運動主張學習西方列強的工業技術和商業模式，通過官辦、官督商辦、官商合辦等模式，發展中國近代工業，並以軍事工業為開始時的重點，以富國強兵為目的。

洋務運動的內容，以軍事工業為首。在洋務運動初期，在各省開辦了新的軍事工業，引進機器生產技術，以加強軍事力量。如安慶內軍械所（安徽安慶，曾國藩主持）、天津機器製造局（天津，崇厚主持）、江南製造總局（上海，李鴻章主持）、漢陽兵工廠（湖北漢陽，張之洞主持）、金陵機器製造局（南京，李鴻章主持）、福州船政局（福州，左宗棠、沈葆楨主持）和西安機器局（西安，左宗棠主持）。

在軍事建設上，洋務派建立福建馬尾船政學堂，是為中國現代海軍的開始，並派員前往英、法、德、美等國，採購軍事裝備，成立了四支近代海軍——北洋水師、南洋水師、廣東水師與福建水師。其中北洋水師購買的「定遠」、「鎮遠」鐵甲艦號稱「遠東巨艦」，是當時遠東噸位最大、火力最強的艦隻。清廷又在旅順、威海等地修建了新的軍事基地。

在政治外交上，1861年3月11日，清廷設置中國首個外交機構——「總理各國事務衙門」（簡稱「總理衙門」），負責掌管對外事務，後來成為推動自強運動的主要機構。為了應對對外通商事務，於天津置三口通商大臣（1870年改為北洋通商大臣，由直隸總督兼任），將1844年在廣州設立的五口通商大臣衙門（1866年改為南洋通商大臣，由兩廣總督兼任）遷至上海，掌管當地的對洋通商事務。1870年李鴻章出任北洋通商大臣後，總理衙門的作用漸減，幾乎所有外交事務都由在天津的李鴻章處理。李鴻章成為滿清朝政第一人。

除了軍事建設，洋務派亦積極發展民用工業生產，成立招商局、交通銀行，開通電報、郵政，開礦冶煉，火車運輸，各種工業在此時陸續興起。為了應付外國外交、商務溝通，清廷在1862年於北京建立翻譯機構「同文館」，還有培養翻譯人才的

「廣方言館」等。1872年至1875年這三年間，清朝每年向美國派遣三十名幼童留學，他們大多成為日後中國的重要人物。其中著名的，有民國時期內閣總理唐紹儀與鐵路專家詹天佑。擔任副監督的容閎，負責選召近代第一批中國留學生。

後人評論洋務運動的成敗，認為只是在基礎建設入手，忽略了現代金融和現代政治的改革，然而中國新式軍隊（滿清新軍）、新思想（共和）、現代銀行體系、現代郵政體系、新式教育、鐵路、重工業（礦山鐵廠）等對未來影響深遠的發展，一切都是從洋務運動開始。洋務運動使得中國社會出現較安定的局面，史稱「同治中興」。只可惜，洋務運動維持三十多年，甲午戰爭爆發，中國敗給日本，北洋艦隊覆沒，洋務運動至此完結。雖然如此，中國已走上西化現代之路，仍然繼續大步向前。

歷史檔案室

晚清七十年大事年表

- 1820年，道光帝即位。
- 1834年，英國特使商務總監律勞卑來華，求通商失敗。
- 1839年，林則徐抵廣州，禁煙開始，並於虎門銷毀鴉片。
- 1840–1842年，鴉片戰爭，中英簽訂《南京條約》。
- 1848年，英兵進入廣州城，被民眾所拒。
- 1850年，道光帝崩，咸豐帝繼位。
- 1851年，洪秀全於廣西金田村起義，建立「太平天國」。

- 1853年，洪秀全太平軍攻入南京，定為國都，並改名為「天京」。
- 1856–1860年，英法聯軍之役，清政府先後簽訂《天津條約》、《北京條約》。
- 1861年，咸豐帝崩，同治帝繼位。慈禧太后垂簾聽政。洋務運動開始。
- 1864年，「太平天國」亡。
- 1872年，日本佔領琉球群島。
- 1875年，同治帝崩，光緒帝即位。
- 1883–1885年，中法戰爭。中法簽訂《中法新約》，法國佔領越南。
- 1885年，中日兩國簽訂《天津條約》。
- 1894–1895年，中日甲午戰爭。中日簽訂《馬關條約》。日本佔領台灣。
- 1895年，康有為發動「公車上書」。廣州起義失敗。
- 1896年，中俄簽訂《中俄密約》。
- 1898年，德國租借山東膠州灣，法國強借廣州灣。英國租山東威海及香港新界。康有為「百日維新」及「戊戌政變」。
- 1899年，美國提出對華的「門戶開放政策」。山東義和拳興起。
- 1900–1901年，八國聯軍之役。中外簽訂《辛丑條約》。
- 1901年，清政府設立督辦政務處，籌劃新政。

- 1904年，日俄戰爭，爭奪中國東北利益。
- 1905年，清政府派五大臣出洋考察憲政。清政府廢除科舉制，改辦新式學堂。孫中山創立中國同盟會，提出三民主義。
- 1906年，清政府宣佈「預備仿行憲政」。
- 1908年，清政府公佈「欽定憲法大綱」。光緒帝及慈禧太后先後去世，宣統帝溥儀即位。
- 1910年，資政院舉行第一次開院禮。各地諮議局相繼成立。
- 1911年，慶親王「皇族內閣」成立。5月四川「保路風潮」。10月武昌起義。
- 1912年，清室遜位。中華民國成立。

歷史思考點

「中學為體」的東方模式

1860年代，中日兩國分別發起了自救行動，晚清有洋務運動，日本有明治維新。中國的洋務運動，顧名思義，就是辦理洋務，當中的指導思想是魏源的名言「師夷長技以制夷」。而日本明治維新的指導思想是福澤諭吉（1835年1月10日–1901年2月3日）的「脫亞論」。從日後1894年甲午戰爭結果作判斷，這場救國比賽，新日本完勝舊中國。日本大勝，中國慘敗，當中的原因有很多，難於在此三言兩語可以說得清楚明白。這裏要探討的，不是中日比較，而是中國式的改革，「師夷長技以制夷」這種指導思想，究竟是甚麼東西，它對晚清洋務運動的成敗有何影響。

首先，必定要肯定「師夷長技以制夷」這種指導思想的積極作用，如果沒有這種中和折衷的思想，恐怕再過多五十年，晚清也辦不起甚麼洋務運動，中國早就亡給新興的日本軍國。面對五千年未有的變局，「師夷之長技以制夷」突破了中國五千年來的自我中心的禁錮，中國人至少再不能不承認落後，再不能不面對現代現實，再不能不服膺西洋「西學」，至少被迫「願意」去接受中土以外的文明。洋務的目的，是去「制服」夷人，所學的，不外是對手的「長技」而已。因此，在這種心態下，洋務運動才勉強得以開展。不久，張之洞的〈勸學篇〉「中學為體，西學為用」的思想，更進一步全面闡發了以我為主、外來文化服務於我的大中華萬歲思想。「中學」是指以孔孟之道為核心的儒家學說，而「西學」是指近代西方的先進科技。「中學為體」，中華文化是主體；「西學為用」，「西學」只是為了「中體」服務，除了服務，「西學」並無價值可言。有了張之洞的「中學為體，西學為用」，晚清先進的洋務官員，才可理直氣壯地去大辦洋務。

「中學為體」的折衷思想，可謂成也蕭何，敗也蕭何，當中促成了洋務的開始，但也桎梏了向西方學習的動機。其實，中國接觸近代西方，始於明末，不可謂不早，距離鴉片戰爭爆發之時，至少也近三百年，期間，有中國人到過歐洲，回國後，亦寫成書籍。另一方面，西方商船大量湧到中國南方港口。明清之際，中外交流，根本是絡繹不絕。然而，中國人對西方社會似乎毫不感興趣，無動於衷，遑論西方的科學進步和民主改革。天朝大國，依然故我，現代西方和傳統東方，恍若隔世，相距千年。到了船堅炮利的西方以武力打開中國古老大門之時，中國被迫向敵人學習，但是「體、用」之說，明顯是不肯承認落後，不肯面對現代現實，不服膺西方的優越。過去五千年，漢文化的優越，形成了中國人的自矜自憐，即使周邊少數民族入主中原，亡國而不亡天下，漢人仍然是這樣「阿Q」。「阿Q」的心態，認為漢文化永遠是最高級的文明，連周邊外族都要前仆後繼，進入大中華領土，可見漢文化的優越吸引。殊不知，明清的新對手，是文明程度比中國更高的環球霸主。

至於日本的「脱亞論」，確實比中國的「中學為體，西學為用」高明。不過，其實日本根本未有真正脱離亞洲，只是在優勝劣敗的思維下，放棄以中國為「老大」的看法，轉而學習西方文明，然後圖霸遠東，吞併朝鮮和中國。日本「洋體和魂」，只肯承認「體、用」的落後，引入西方科技，一旦學成之後，就對西方的老師，美國、英國等等反面不認人，狠打一番，絕不手軟。日本文化在骨子裏始終未能真正學習到西方文化的神髓，欠缺了西方的普世價值的精神，只以表面的技術為追求目的，這與中國的文化問題，如出一轍。日本優勝中國之處，在於日本的文化包袱少於中國而已。

從體系角度來看，科技工藝只是體系的一部分，子系統包含在母系統之中，此外，還有管理部分、應用部分等等，以至整個國家文化體系，子系統只是整體系統中的一環而已，表面的技術學習，並不能保證達到預期的效果。東方的「體、用」模式，反映的是骨子裏仍然是自我中心。中國和日本這百多年來都學不到西方，在於虛妄自大，拒絕虛心學習，甚至是反過來，要反超前，證明自己的優越性，總之是信自己的方向，走自己的路，建設有自己特色的改革。日本發動太平洋戰爭，中國「超英趕美」、「三面紅旗大躍進」，這些舉措，只不過與「中學為體，西學為用」，是一體兩面的思維。中國要走進現代世界，還得虛心誠意學習。

延伸思考

- 試探索中國人在鴉片戰爭前後，對西方文明的觀感態度如何。
- 晚清時期，西方傳教士大批湧入中國傳教，原因是甚麼？為甚麼他們無視中國官府的禁令而去傳教？
- 研究晚清政局，往往少提當時經濟金融發展，而經濟金融是現代國家建設的重要一環，試從經濟金融角度，分析洋務運動的成績。

27

膏肓病夫的夢魘
——甲午戰敗

中國自1860年以後的三十多年，國勢大致平穩，期間在1879年，日本正式吞併琉球群島，另外在1883年12月至1885年4月（即清光緒九年十一月至十一年二月間）的中法戰爭，雖然均以滿清讓步為結果，但是中國的局勢，總的來說，尚算太平。不過，在平靜表面的掩蓋下，沒頂的洪濤，即將湧至。

日本，這個東亞的近鄰，沉睡了將近三百年，在1853年「黑船事件」中，美國海軍准將馬休・佩里率艦隊直入江戶灣，以及1854年1月，幕府與美國簽訂《日美神奈川條約》之後，爆發了「倒幕運動」、「大政奉還」、「王政復古」等事件，最終睦仁天皇在慶應四年陰曆四月十四日（1868年4月6日）發表「五條御誓文」，開啟了「明治維新」的歷史序幕。

「明治維新」一名的考據，乃睦仁天皇取《易經》中的「聖人南面而聽天下，嚮明而治」為年號「明治」。「維新」是來自《詩經・大雅・文王》的「周雖舊邦，其命維新」。名字雖然取自中國古書，但是在思想上，卻是完全投入現代新世界，當時日本殿堂級思想家福澤諭吉的「脱亞論」，成為日本改革的中心主調。

從1868年到1880年間，日本推行明治維新，使日本快速發展，成為東亞第一大國，為躋身世界強國之列，奠定了不可逆轉的現代化基礎，成為日本現代化的起點。正因如此，傳統以中國為中心的遠東秩序，在西方船堅炮利的摧殘下，新興的日本蠢蠢欲動，伺機挑戰中國的地位。豐臣秀吉敗於中國之後的三百年，日本侵略中國的野心，再次火紅燃燒起來。

1872年，剛起步改革的日本，已按捺不住，首先向琉球開刀，宣佈琉球為日本的「內藩」，又於1873年出兵台灣。兩次事件，結果是清廷讓步。得手後的日本，劍指亞洲大陸，向朝鮮窺伺，即使有袁世凱等大臣提出警告，但是滿清朝廷，仍然毫無防範。1875年，以「江華島事件」為契機，日本和朝鮮簽訂《江華條約》，承認朝鮮為獨立自主的國家。1884年（清光緒十年，甲申年），朝鮮親日本的「開化黨」發動政變，即是「甲申之亂」，叛亂迅速被當時清廷駐朝鮮的袁世凱所平定，但是日本在外交上卻節節勝利。1885年3月，中日兩國簽訂的《天津條約》，約定兩國共同撤出駐朝的兵力，日後若再派兵，必須通知對方。1894年（清光緒二十年，甲午年），朝鮮親日的「東學黨」作亂，清廷出兵，知會日本，而日本藉機大舉運送兵力到朝鮮，並佔領漢城及朝鮮境內的交通要道。「東學黨」很快被清軍平定，清廷按《天津條約》所定，依外交途徑與日本交涉，共同退兵，然而日本拒不撤兵，中日雙方出現對峙，戰爭已經迫在眉睫。

1894年7月23日，日軍強迫朝鮮大院君成立傀儡政權，並要求清廷撤軍。中國方面，李鴻章仍寄望以外交解決爭端，列強出面調停，同時礙於駐朝兵力不足，於是派北洋水師的濟遠號和廣乙兩艘巡洋艦，護送運兵船高昇號（清廷向英國租用）和炮艦操江號（運輸武器物資）前往朝鮮增援。7月25日，日本聯合艦隊第一游擊隊的吉野、浪速、秋津洲三艘巡洋艦，在豐島海域不宣而戰，突然襲擊清海軍護航艦隊。廣乙號重傷自毀，濟遠號敗走，日艦俘虜操江號，擊沉高昇號，船上七百餘名官兵悉數遇難。日軍偷襲得手，甲午戰爭爆發。7月28日夜，日本陸軍進攻牙山清軍，發生激戰，清軍不支，退向平壤。8月1日（農曆七月初一），中日雙方正式開戰。

新日本完勝舊中華

戰事分為海戰及陸戰兩部分。當中的海戰，最為世人熟悉，亦是戰爭關鍵所在。海戰除了豐島戰事，主要是黃海大東溝戰事及山東威海衛的戰事。陸戰方面，戰事主要發生在朝鮮平壤以及遼東旅順。整個戰爭，可分為前後兩個階段，前以朝鮮半島為戰場，後以中國境內為戰場，但都是以中國失敗而結束。

陸戰方面。9月15日，日軍分三路總攻平壤，中日雙方，爭持激烈，傷亡慘重。當高州鎮總兵左寶貴中炮陣亡後，定鎮總兵葉志超棄城而逃，清軍旋即潰敗，朝鮮全境，因而失陷。其後，日軍越過鴨綠江，攻入遼東半島。10月10日，日軍攻陷大連灣。10月25日，旅順陷落。日軍在旅順進行大屠殺（另一次在日俄戰爭），僅留下三十六人活口，用來埋屍。因為日軍補給不足，在遼東半島的戰事，中日一直僵持到翌年。

海戰方面。1894年9月17日（農曆八月十八日），爆發黃海大東溝戰事，雙方使用主要是英國製造的鐵甲兵艦，進行近代史上第一次的大規模現代鋼鐵軍艦海戰。1894年9月15日北洋艦隊在丁汝昌率領下，到達大連灣，護送陸軍四千人。9月16日北洋艦隊抵達鴨綠江口大東溝外。

9月17日，在中午時分，中日雙方皆在11時15分和11時30分發現敵方，並駛向對方。12時50分，雙方艦隊相距5,300米，北洋水師旗艦定遠首先開炮。12時53分，日本聯合艦隊旗艦松島號發炮還擊。定遠主桅中彈，在飛橋上督戰的丁汝昌身負重傷。從此時起，北洋艦隊失去了統一指揮，各自為戰。激戰五小時後，北洋艦隊損失巡洋艦五艘，包括經遠、致遠、超勇、揚威和廣甲（觸礁棄船），但完成護航，運載清劉銘傳淮軍十二營陸軍，登陸鴨綠江岸。日艦僅傷五艘，先行撤離戰場。

大東溝海戰，清軍傷亡六百餘人，經遠艦沉沒，管帶林永昇戰死，致遠艦管帶鄧世昌與艦同沉殉國。日軍傷亡亦達三百餘人，陣亡的包括赤城號艦長。濟遠和廣甲逃離戰場，濟遠管帶方伯謙因此被處決，廣甲艦長吳敬榮革職論處。

黃海海戰，為整場戰事的戰略關鍵，勝出的一方，不單是贏了一場艦艇戰力的較量，更是心理和戰略的比拼。黃海海戰，無疑是中國慘敗，但是經搶修後的戰船，仍然可以奮力一戰，正因為中國輸了，整個北洋艦隊未敢主動出擊，龜縮在威海衛，後來李鴻章指示丁汝昌放手一搏，但整支艦隊竟然無心戀戰，坐以待斃，使日本聯合艦隊輕易控制了黃海的制海權。反觀，如果日本輸掉黃海海戰，害怕退路被斷，必然退兵再等候其他機會，甲午戰爭的結局，就會改寫。至少日本對中國的侵略，會被拖延下來。所以，歷來評論甲午戰爭，焦點都放在黃海海戰。

1895年，海戰進入第二階段。復修後的日艦再次出擊，直搗中國海軍大本營。1月20日，日軍共兩萬五千人，登陸山東榮成。1月30日，日軍集中兵力，進攻威海衛南岸炮台。2月3日，日軍攻陷威海衛城，海軍基地劉公島成為孤島。2月10日，定遠號彈藥告罄，劉步蟾下令將艦炸沉，隨後劉步蟾生吞鴉片自殺。2月11日，丁汝昌自殺。2月17日，日軍登陸劉公島。在英國籍海軍軍事顧問建議下，由廣丙號管帶、日後民國第一任海軍總長薩鎮冰，向日軍伊東中將獻降。北洋艦隊全軍覆沒。整場戰事，中國除了提督丁汝昌殉國外，還有七名艦長殉國。日本海軍取得全勝後，於1895年3月，轉攻台灣。3月24日澎湖失陷。

1895年4月17日（清光緒二十一年三月二十三日、日本明治二十八年），清廷與日本於下關（今日本山口縣下關市）簽署《馬關條約》。清朝割讓台灣、澎湖和遼東半島，失去藩屬國朝鮮，開放長江中游水域、沙市等成為通商口岸。李鴻章建立的北洋艦隊全面覆滅，直接促成了清廷「百日維新」，同時埋伏了1904年日俄戰爭的危機。日本得到巨額賠款兩億兩白銀（約三億日圓），進一步加強日本實力，加速了侵略中國的步伐。

原以為滿清可以戰勝，結果反而是日本一躍而成為世界新列強。就戰果而言，日本戰勝，實屬必然。日本戰前的處心積累，戰時傾全國之力，無論在情報、策劃、裝備、人才等各方面，整個軍事體制，皆達到當時日本能力的巔峰。反觀滿清，毫無準備，一盤散沙，各方派系，內部權鬥，亂七八糟，李鴻章之感慨，是以他一人之力，對抗全個日本。滿清最致命的失敗原因，還在於戰略嚴重錯誤，將海軍當作陸軍使用，採取「保船制敵」的策略，避免開戰，自欺欺人，海軍戰船變成得物無所用。儘管北洋海軍在黃海海戰表現英勇，以弱制強，但是朝廷的腐敗，白白葬送中國近代第一代海軍精英，而日本則完全發揮海軍主動攻擊的優勢，深入敵陣，將中國海軍徹底消滅。如果滿清能獲勝，才是戰爭史上的奇蹟。

甲午戰爭的結果，導致以中國為中心的東亞國際秩序崩潰，代之而起的，是新興的日本成為東亞的霸主，這是一場在東亞的歷史上具有劃時代意義的戰爭。新日本完勝舊中華。中日往後的發展，天壤之別，日本工業得到騰飛，特別是軍事工業，到了第二次世界大戰，日本可以造出全世界最大的戰艦，而中國重工發展就一落千丈，反過來跑到日本去購買軍艦，永豐艦（後來改名為中山艦）就是出自日本三菱重工。日本吞併朝鮮，初步實現了豐臣秀吉的夢想，而台灣被割讓，導致往後中國的分裂狀態。日本獲得的賠款，等於自己全國六年的財政收入，日本利用這筆從對華戰爭而來的不義之財，進一步擴張軍備，奠定日後全面侵華的基礎，同時，亦為1904年日本在東北亞打敗俄羅斯，鋪平道路。

日本殖民統治台灣長達半個世紀，直到第二次世界大戰完結，中國才收復台灣。日本對台灣的統治，埋下了中國日後分裂、台海兩岸對峙的伏線。而日本對台灣的影響力，至今仍非常大。

中國因為甲午戰敗慘敗於日本，這是近代中國走向現代化的路途中一次毀滅性的失敗。原來的洋務運動和新建的中國海軍，為中國帶來十多年的和平，然而，這一虛弱的和平，被日本血腥破壞之後，中國受列強侵淩的局面，立即又熾熱起來。在一片失魂落魄的情況下，藥石亂投的維新，以及激進暴力的革命，迅速主導了中國未來政治發展的方向。

歷史檔案室

北洋艦隊

洋務運動，清朝新建海軍。1866年清廷在福州馬尾成立總理船政事務衙門，以沈葆禎為船政大臣，自製船艦。1867年即建立福州船政學堂以培養海軍軍官，福州船政局是中國近代海軍的搖籃，甲午海戰出色的將領，多是由此而來。1872年和1876年，清廷分別派使團前往海外學習。1868年8月，第一艘中國製造的蒸汽軍艦「恬吉」號下水。沈葆楨和丁日昌離開後，福州船政局開始衰落。1880年李鴻章在天津成立天津水師學堂，張之洞在廣州成立水陸師學堂（1887年），曾國荃在南京開辦南洋水師學堂（1890年）。1885年10月，清政府成立海軍衙門，以醇親王為總理大臣。三十餘年，清朝分別建立了四支海軍艦隊，分為北洋、南洋、福建和廣東四支艦隊。其中北洋水師實力最為強大。受北洋大臣節制的是北洋艦隊，受南洋大臣節制的是南洋艦隊，受福州船政局節制的是福建水師，受兩廣總督節制的是廣東水師。而北洋艦隊在當時被評論為世界第八、遠東第一的海軍艦隊。然而四支艦隊資源獨立，互不統屬，也不互相合作。

1884年中法之戰，福建海軍在毫無防備下，任由法國海軍重創在福建馬尾港內，南洋水師、福建水師遭到消滅。1892年，李鴻章以慈禧太后賀壽名義，在威海衛舉行兵艦閱兵禮，將參加的廣東海軍等各軍艦留在北洋艦隊，形成一方獨大。其他艦隊，實力太弱，無法禦敵。

北洋艦隊麾下擁有威震遠東的「八大遠」：德國造鐵甲艦「定遠」和「鎮遠」，德國造裝甲巡洋艦「經遠」、「來遠」和防護巡洋艦「濟遠」，英國造的防護巡洋艦「致遠」、「靖遠」，福建船政建造的近海防禦鐵甲艦「平遠」。此外，北洋艦隊還有英國造撞擊巡洋艦「超勇」、「揚威」以及炮艇、魚雷艇等，共計二十餘艘艦艇和數十艘輔助艦艇，總噸位三萬四千多噸。

這支海軍的各艦管帶或高級軍官，幾乎全為福州船政學堂畢業，多位曾前往英國留學或實習，方伯謙、林永昇及薩鎮冰等人，畢業於英國格林威治皇家海軍學院，七成以上的艦長曾赴英、德等國深造受訓，是大清國第一批接受了近代正規軍事教育的軍事人才。艦隊內亦一直有外國人擔任軍官，成軍初期的總監督（或作總教習、總查）為英國人琅威理(Capt. William M.Lang),至甲午戰爭時則為德國人漢納根。無論是裝備水準,還是將士素質,北洋艦隊都足以一時稱雄亞洲。但是到1890年後,北洋艦隊即已「停購船械」。李鴻章也稱「自光緒十四年(1888年)後,並未添購一船。操演雖勤,戰艦過少」。中國海軍就如此錯過了當時世界海軍技術突飛猛進階段的黃金機會。甲午戰前,大量西方觀察者認為中國將獲勝。然而,英艦隊遠東司令裴利特曼說:「是役也,無論噸位,員兵,艦速或速射炮,新式艦,實以日本艦隊為優。」甲午海戰,雖然失去有效指揮,但是北洋艦隊的各個艦長管帶,都表現高質素的戰鬥精神,英勇抗敵。

甲午戰爭中,北洋艦隊全軍覆沒,隨後列強瓜分中國,使旅順、大連、威海衛、膠州灣與廣州灣等海軍基地,相繼喪失。八國聯軍之後,大沽等地沿海砲台,又被列強下令拆毀,清朝已無海防可言。1909年,清廷決定成立海軍處,並將殘餘的戰艦,重編成巡洋和長江兩艦隊。1910年改海軍處為海軍部,力圖重振海軍。

歷史檔案室

甲午海戰的析疑

對黃海海戰曾流傳若干說法,但逐漸為後世所否定,今列出部分:

(1) 豐島海戰，高昇號清軍在被日本攻擊前，曾向日艦開槍，射斷日艦旗繩，寧死不降。對此有如下解說：事實上根本無此事，只是後人編扯的故事，自我安慰。海上作戰，因海浪顛簸，連大炮亦瞄不準，需要發射多炮，才可以命中一彈。一枝長槍，射程不足，如何可以百步穿楊，打中射程外的繩索？即使真的可以，何不射殺日軍指揮官？不過，高昇號清軍在被轟前，以長槍還擊，可能有其事，螳臂擋車，亦屬英烈。

(2) 致遠艦管帶 (艦長) 鄧世昌在船上豢養狗隻，有違軍紀。對此有如下解說：飼養動物是當時全球海軍的習慣，除了當作吉祥物，起心理治療作用，同時亦有實際功能，例如抓老鼠，所以，當時是以養貓的居多。養牛的亦有，甚至是養熊。

(3) 北洋艦隊的炮彈，以泥沙充當火藥，打不響，俗稱「啞彈」。對此有如下解說：當時的炮彈分為兩種，一種是「開花彈」，即是破甲爆炸彈，另一種是實心彈，內填泥沙，靠初爆力，直撞對方，但是因為不會引起爆炸，對敵船起不了作用。傳說中以泥沙充當火藥，實情是實心彈。黃海大戰，實況是北洋艦隊所帶的開花彈嚴重不足，甚至有戰船只帶數枚，一開戰，隨即用光。北洋艦隊只能用實心彈，所以，即使有日艦中彈，亦能逃出生天，不被擊沉。致遠艦管帶鄧世昌因彈盡，而想以船撞向日軍旗艦同歸於盡，最後功敗垂成，飲恨殉國。歸根究柢，就是艦隊根本不想開戰，連基本的彈藥都不足，怎能得勝？

（4）致遠號在追逐日艦時，被對方魚雷打沉。對此有如下解說：從各方資料，包括日軍的航海記錄，都無提及向致遠號發射魚雷。致遠號沉沒，可能是日艦集中對付致遠號時，有炮彈引發船上的魚雷爆炸，而非直接受魚雷射擊而沉沒。

（5）致遠號因追逐日艦吉野號而被打沉。對此有如下解說：根據現代人實時沙盤推演，重新研究當時海戰實況，發現致遠號追逐的真正目標，是日本聯合艦隊旗艦松島號，不是吉野號。一直以來的錯誤說法，來自英國1895年的海軍年鑑。致遠號追逐旗艦松島號，是斬將搴旗的壯舉，與敵酋同歸於盡，可惜功敗垂成，碧海遺恨。

（6）北洋艦隊對敵時，錯用雁行隊形，以致未能發揮艦隻火力的表現。對此有如下解說：北洋艦隊的隊形是正確的，因為北洋艦隊的戰船，舷邊炮火很少，主要是向前的大炮，只有雁形才可以充分發揮船隊火炮的力量。而當時傳統流行一字縱隊陣，加上記錄的是洋人，對中國北洋艦隊的戰船不熟悉。1904年的日俄戰爭，對馬海戰，雙方都是用一字縱隊陣來對決。

（7）慈禧太后挪用北洋艦隊的軍費，用來修建頤和園。對此有如下解說：事實相反，反而是戰爭開打後，慈禧太后動用私房錢，拿出了300萬兩貼補海軍，支持北洋艦隊。所謂挪用軍費，是李鴻章為了幫助慈禧太后修建頤和園，借用籌辦北洋艦隊軍費為名，迫使地方督撫大吏獻上金錢。然而，海軍軍費長期不足，確是不爭的事實。在甲午開戰前，日本政府的軍費支出已經接近年度財政總支出的三成。而清廷當時的財政收入與日本差不多，但軍費支出卻只有1.6%，海軍每年實際經費只有100多萬兩，僅能滿足基本開銷。

＊　＊　＊

黃海戰敗，北洋艦隊覆滅，確是中國慘痛的教訓。前事不忘，後事之師，正確的認識歷史真相，才有助反省，走正確的道路。至於黃海戰敗的種種説法，還有不少，都有待有心人士逐一分析合理可信之處。黃海戰敗，中國敗在不懂得海軍的特點，將海軍當作陸軍使用，同時，由於根本不想開打，完全陷於被動捱打，怎會不敗？戰勝才是奇蹟！

歷史檔案室

明治維新

明治維新使日本建立起穩固的中央政府和新的社會體系，為日後躋身世界強國之列，打下不可逆轉的現代化基礎。在1860年前，中國與日本面臨的情況幾乎是一樣的。然而，日本於1853年以後，被迫開關，《日美親善條約》、

《日美友好通商條約》等等條約隨之訂立，此舉激起了日本民族主義，有識之士紛紛提出改革，以廢除不平等條約，達到富國強兵。明治新政改革的指導思想是福澤諭吉的「脫亞入歐」主張，改革最大的目標就是要躋身歐美列強之列。日本經歷了短短十多年，成功推翻德川幕府，成立了天皇政權，在政治、軍事、工業、商業、文化各方面，以西方為榜樣，取得驚人成就。例如煤產工業，由1875年，年產600,000噸，到了1895年，年產5,000,000噸。製造蒸汽商船，由1873年26艘，到1894年169艘。鐵路鋪設，由1872年的18英哩，到1894年的2,100英哩。

至於教育，日本明治政府非常重視，在全國普及義務教育，開始時的計劃，是將全國劃分為八個大學區，各設一所大學，大學區下設三十二個中學區，各有一間中學，中學區下設210個小學區，每個小學區設八所小學。總計全國有八所公立大學，245所中學，53,760所小學。教育機關頒佈《教育敕語》，建立全國知識系統，灌輸孝道、忠君愛國等思想。

歷史思考點

弱國無外交

「弱國無外交」這句話，道盡了中國百年的辛酸。中國軍備積弱，中央政府顢頇無能，處處只能仰人鼻息，造成中國外交上的節節敗退。然而，這句話只說明了中國外交的困境苦況，並沒有說清出現這困局背後的原因。另一句名言是「外交是內政的延續」，中國外交困難，明顯是內政不堪的結果，這是不爭的事實。當國人自己內訌，互相傾軋，各顧私利，自然給予外人有機可乘。更何況中國地大物博，外人必定垂涎三尺，對華的野心，必然引來無窮的憂患。可惜的是，中國歷經百多年的外交困窘，未能汲取教訓，從內政着手，建立開明、有效的政治制度，反而以人事來建設。儘管有精明的領袖，亦只是曇花一現，日子久了，老舊問題，再次湧現。

李鴻章晚年總結自己的一生：「我辦了一輩子的事，練兵也，海軍也，都是紙糊的老虎，何嘗能實在放手辦理，不過勉強塗飾，虛有其表，不揭破猶可敷衍一時。」李鴻章的說話，道出了即使再有高明的手腕，政治制度一天不完善，國家政治一天不會好，極其量，只是虛與委蛇，敷衍一時，最終都歸於失敗。李鴻章算得上是一代忠臣，自己深知滿清內政問題，但是無能為力，對外交的處理，只好妄想「以夷制夷」，所以有《中俄密約》的出現，結果可想而知。進入中華民國，袁世凱為求稱帝，與日本簽署賣國的《二十一條條款》。所以，「外交是內政的延續」，此言不假。

弱國其實並非無外交，問題只在於國內政治的情況。古代春秋時期，中原鄭國，就是小國，後來鄭國出了一個子產，由他執政，國家政治重上軌道，連孔子都稱讚子產，幾乎以子產為偶像。現代的新加坡，國土細小，彈丸之地，然而，內政外交都使人另眼相看，不敢小覷，更是東盟國家中數一數二的軍事強國。由此看來，「弱國無外交」，並非一面倒。當然，遇上弱肉強食的年代，小國始終是處於下風，如何解救，要看領導者的識見智慧。

中國的外交困境，一直是內政不堪的延伸，加上中國的世界觀，以天朝自我為中心，自然是昧於對外的無知，綜觀中國百多年的外交史，當然是不堪入目。「弱國無外交」這句話，對中國來說，是至理名言，不過，不應該成為外交敗退的藉口，或者是借外交來欺恐國人，謀取私利，否則外交上的錯失永遠存在。「弱國無外交」，再加上「外交是內政的延續」這兩句說話，應該是用來提醒中國徹底反省，建立開明、有效的政治制度，這樣才可以使中國躋身世界潮流之中，而不被淘汰。

延伸思考

- 試列出日本對華侵略的言論依據，並分析這些言論背後的支持理據是甚麼。
- 晚清時期，中日面對列強威脅，兩國反應的快慢和成就並不同，當中有何啟示？
- 清朝對四周屬國的政策如何？晚清如何去保護他們？結果如何？

28

遲來的夢醒
——八國聯軍

「八國聯軍」是指1900年（清光緒二十六年），德、日、英、美、法、俄、意、奧八國，為了鎮壓義和團，保護各國使館及僑民，聯合組成的一支遠征軍，總人數約五萬人。年值庚子，事件因義和團而起，所以又稱為「庚子之亂」或「義和團之亂」。

甲午戰爭後，中國知識分子將戰敗的原因歸咎於本國體制落後，洋務運動的改革不及日本明治維新。維新派康有為與梁啟超等，於1895年發動「公車上書」，請求光緒帝深入改革政府架構、教育體制等多個層面，期望深入革新國體。1898年，慈禧太后退居幕後，於是光緒帝在康有為的幫助下，實施維新運動。但是由於維新做法挑動各方既得利益，激起保守派的反抗，連原本中立的官員亦不支持康有為。康有為在諸多阻撓下，竟然妄想借助軍力，發動政變，奪取慈禧太后的實權，胡亂找來袁世凱，以圖軍事奪權。結果就是袁世凱向主子榮祿告密，事件令慈禧太后大怒。慈禧太后以「聽信逆臣蠱惑，改變祖宗成法」為由，軟禁光緒帝，處決譚嗣同、康有溥等「六君子」。康有為與梁啟超逃難日本。由於維新只進行了103天就結束，被稱為「百日維新」，而歲次為戊戌，所以又稱為「戊戌變法」。政變之後，慈禧太后本想廢掉光緒帝，但因列強阻止才作罷，光緒帝被幽禁在北京中南海瀛台。而慈禧太后就此次政變，耿耿於懷，對列強更加仇恨。

1896年，清廷為連俄制日，簽訂《中俄密約》。後來密約洩露，外國鑑於清朝已無力自衛，紛紛瓜分中國以維護各自在華利益，美國於是在1899年，提出門戶開放政策，以平衡列強在華勢力為藉口，保護美國自身在華利益。中國長期受列強欺辱，地方仇洋排外情緒日漸高漲。義和團之類的排外團體，應運而生。義和團，原名為「義和拳」，開始時在山東鬧事，但被當時任山東巡撫的袁世凱所逐，於是他們轉到河北及北京活動，打着「扶清滅洋」的旗幟，專門攻擊毫無反抗能力的教堂及西洋教士。慈禧太后以為「拳民」可用，縱容義和團，讓他們來「扶清滅洋」。於是「拳民」任意襲擊殺害外國及中國的基督教徒，燒教堂、拆電線、毀鐵路、搗毀售賣洋貨的商舖、打進天津租界，又攻擊外國使館。各國公使要求清廷取締義和團，但未獲回應。慈禧太后不理會各國抗議，反而向十一國宣戰，引發八國聯軍攻華。

1900年5月31日，北京東交民巷各國使館被圍。6月10日，各國駐天津領事及海軍將領召開會議後，決定組成聯軍。八國聯軍的軍事行動，正式開始。

日本駐清使館書記杉山彬和德使克林德代表，兩人先後在6月11日和6月20日被打死。到了6月21日，清廷以光緒帝的名義，向英國、美國、法國、德國、意大利、日本、俄國、奧匈帝國、西班牙、比利時、荷蘭等十一國同時宣戰。8月14日，聯軍勢如破竹，直撲北京城。8月15日，聯軍攻佔北京，慈禧太后和光緒帝倉皇離京，逃亡西安。八國聯軍得勝後，全力清剿義和團。1901年9月，十一國與清廷簽訂《辛丑條約》，聯軍解散。

《辛丑條約》由李鴻章代表清廷簽署。李鴻章原本不願北上收拾殘局，不得已才臨危受命。李鴻章心力交瘁，簽約不久便即去世，享壽七十八歲。據傳李鴻章病重彌留之際，俄國公使尚逼他在不利於清廷利益的條款上簽字，境況堪憐。李鴻章生於1823年2月15日，卒於1901年11月7日。

據《辛丑條約》，清廷賠償重款，賠款達四億五千萬兩（即按當時中國人口計算，每人一兩銀作為賠償額），並以海關關稅作擔保，主權喪失更多。另外，列強可以派兵駐守北京天津一帶；到了1937年，發動「七七事變」的日軍，就是駐京的日軍。八國聯軍的行動，直接造成京津一帶清軍的潰敗，而僅有的海軍亦被列強瓜分，令清廷剛從甲午戰敗而復甦的軍事力量，進一步被摧殘。德、日、俄三國，從義和團事變起，加緊對華的進逼，彼此衝突加劇，直接導致1904年日俄戰爭。義和團事變時，李鴻章、張之洞、劉坤一、袁世凱等東南各行省之總督巡撫，為保護各自地盤，自行宣佈中立，不跟從朝廷對外宣戰的敕命，史稱「東南自保」。從此清廷權威低落，地方各省自主性提高，進入民國以後，軍閥割據，源頭可以追溯於此。至於革命事業，在八國聯軍之役以後，開明之士，紛紛投向革命黨，

謝纘泰「時局圖」反映列強的侵凌

自此，革命由少數先進基督徒發動，改為大批開明愛國人士參與。革命之火，火速燎原。

歷史檔案室

清朝被列強勢力瓜分情況

英國從1842年鴉片戰爭的《南京條約》、1860年的《北京條約》與1898年的《展拓香港界址專條》，獲得現今香港地區，清廷割讓香港島。十九世紀末，英俄兩國簽訂英俄協定，私自劃分帕米爾地區，並且侵佔藩屬國緬甸與喜馬拉雅山諸國家。1886年《中英緬甸條約》，清廷被迫承認緬甸為英國所有。

俄羅斯藉由1858年《瑷琿條約》與1860年《北京條約》，獲得黑龍江以東的土地，包括庫頁島等地。1900年，趁八國聯軍的機會，又強佔黑龍江以北的江東六十四屯。1864年藉由《中俄勘分西北界約記》與1881年的《伊犁條約》獲得葱嶺以西土地，即今中亞吉爾吉斯坦和塔吉克斯坦地方，俄國並且陸續佔領中亞諸藩屬國。

法國於1884年中法戰爭期間，佔領藩屬國安南、南掌。葡萄牙藉《中葡和好通商條約》永居管理澳門。

日本於1872年正式吞併琉球國，又於1895年的《馬關條約》獲得台灣與澎湖列島，並強迫清朝放棄藩屬國朝鮮，朝鮮後來被日本吞併。

甲午戰爭後，列強聯合瓜分中國，遼東半島旅順和大連，被俄國與後來的日本領有，山東威海衛被英國領有，山東膠州灣被德國領有，廣州灣被法國領有。

歷史思考點

中國窮不窮

現代中國人解釋中國的落後，以及種種不好的政治、文化、社會現象時，往往以中國貧窮來開解。中國究竟是不是窮國？

古代中國，在世界經濟發展中，一直位列前茅。據著名的英國經濟學家安格斯・麥迪森（Angus Maddison，1926年12月04日–2010年04月24日）《中國經濟的長期表現（公元960–2030）》的研究，1750年（乾隆十五年）中國GDP是世界最高的，佔世界GDP份額32%。中國自唐宋以後到十八世紀約900年之久，中國經濟體的實力一直穩居全世界的榜首。至於唐朝或以前，因年代久遠，資料不全，不作胡亂推測，不過，若以宋朝的經濟表現，唐代或以前中國的經濟，理應是世界前列。據麥迪森估測，北宋立國之時，佔世界經濟總量的22.7%。到了1820年，鴉片戰爭前夕，清朝GDP佔世界GDP總量的32.9%。以上的數字，不同學者有不同的意見，有認為麥迪森高估了中國歷史上的GDP總量和人均GDP，不過，清朝GDP數值在1840年前凌駕於歐洲之上，這一說法應當正確。

除了上述的分析資料，從文獻所知，宋朝期間，當時的亞洲國際貿易，宋錢是結算的第一貨幣，是東亞地區的流通貨幣，相當於今日的世界貨幣——「美元」。從地球氣候研究的歷史發現，宋朝的碳排放量，佔當時世界的三分之一。另外，唐末黃巢之亂，黃巢在廣州就一下子殺了二十萬阿拉伯等地的番商，可想而知，當時中國沿海貿易之興盛，從而可以推斷，古代中國的經濟是世界前列。

從以上的種種研究來推論，中國絕對不是窮國。今天，人們覺得中國是貧窮落後，應該是因為中國經歷了晚清列強的侵淩，以致出現的錯覺。無疑，近代中國因為不平等條約而引致民窮財盡，一方面是傳統中國社會面對西方挑戰未能有效回應，故步自封。另一方面，中國傳統社會未能突破本身發展的關口，經濟繁榮導致人口激增，然後是經濟發展的勢頭消退。耕地不足，人口膨脹，貧富分化，矛盾尖銳，引起了社會動盪，一治一亂，周而復始。十八世紀是世界歷史的分水嶺，英國工業革命、美國獨立戰爭、法國大革命，這些重大事件迅速改變了全世界，西方國家創造了奇蹟，打開了可以持續發展、不斷前進的歷史通道。1700年（清康熙三十九年），中國每人平均GDP仍為600美元，處於停滯狀態，而歐洲的每人平均GDP已攀升到927美元，近於經濟將要起飛的階段。雖然如此，中國仍然不是窮國。

中國並不是窮國，而是富裕國家。中國走不上西方式現代化的道路，也不是因為窮，而是文化因素、政治因素。中國既然不窮，為甚麼人們總覺得古代中國人是窮困的？

國家不窮，但是中國平民是窮人，這個印象是真實的，究其原因，其實是皇帝不願意、不批准人民富有。更清楚地說，在皇帝眼中，首要關心的，只是自己政權的穩固，只要人民可以溫飽就算了，免得人民富有起來，富可敵國，威脅王權。所謂「富可敵國」，這在皇帝眼中絕對是不容許的。相傳宋太祖有一則「一文錢買天下」的故事，當時宋太祖召見了全國首富，以一文錢為投資，放到首富的錢莊，並約定以一日一倍的利息計算，一年後，宋太祖就連本帶利取回，即是第二天本息是兩文錢，第三天是四文錢，如此類推。在每天100%的複利率下，一年後，首富就此破產。這則故事，反映了「仇富」是昔日已經存在的政治、社會問題，而且是出自皇帝！「仇富」是中國傳統政治文化！漢武帝的經濟政策，其中一項是「限民名田」，即是限制富人購買田地。而漢武帝的專賣政策，實際上由政府專營，盡賺中間利潤，名義上卻是打擊「姦民」，「姦民」就是富有商人。《鹽鐵論》中，句句都是以「豪強」、「姦滑」稱呼富商。中國歷朝對富商的防範，不遺餘力，秦始皇帝及漢武帝等一代雄主，都將各地富豪遷徙京城附近，以收監視之效。政治上，只有皇帝可以富有，民間只能捱窮。社會上，致富的途徑是從商，偏偏中國社會就將職業等級排序為「士農工商」，社會盡力地抑壓商人的地位，而另一方面，又大力抬舉讀書人。中國傳統士人的出身，以科舉功名為唯一目標，正好盡入天子的股掌之中。由此可見，中國不是窮國，而確是有窮人。窮人的出現，是皇帝所樂見，也是歷代皇帝的精心安排。畢竟，中國人民是善良的，只要人民有基本溫飽，皇帝就不怕他們造反，天下自然太平。至於人民是否需要富有，就不是皇帝的責任。理論上，只要皇家富有，自然可以應付種種國家問題。對於王權而言，人民富有，反而是國家動亂的根源。

「仇富」成為了中國政治傳統，進而成為社會文化的一部分。「仇富」的論理基礎，源於孔子的「不患寡，患不均」，社會不怕貧窮，只怕貧富懸殊，於是，「均富」不成，就形成了「均貧」。朝廷上下無本事去令人民致富，卻有十足本領去使人民「均貧」，而且「均貧」成為天經地義，合乎聖人的道德。當然，孔子是否「仇富」，不得而知，孔子一心追求平等，然而「患不均」卻造成了極嚴重的貧富懸殊，這是統治者與被統治者的貧富懸殊。所以，中國並不窮，只是每個中國人都被迫去做窮人！更甚的是，每個中國人都心甘情願去做窮人！

還要補充一點，貧富懸殊之下，統治者的財富究竟去了哪裏？在宮廷裏，財富化成了金碧輝煌的瓊樓玉宇，或者手工精緻絕倫的珠寶玉器。另外，達官貴人所分到的財富，多置良田或土地房產。無論是甚麼，這些統治者的財富都不是用作發展國家教育，也不是支持工商業，更遑論是用於建造軍事工業。所以，這些財富並未有現代經濟投資概念的作用，根本不能再投入社會，沒有再發揮經濟效果，只能用作消費，白白耗損，而無資本累積。中國農田再多的米糧豐收，也不及一艘現代戰艦的造價。沒有再投資，教育搞不起，科研又落後，工商業更是被動，怎會有真正的富裕呢？中國的落後，絕對不是人民貧窮所致。只有貧窮，中國人才找到藉口去掩飾自身的醜陋和不足！人民貧窮，反而是中國君權政治格局中，皇帝樂於見到的局面。

延伸思考

- 比較英、法等傳統殖民主義大國，與日、俄、德等新興的殖民主義國家，對華的侵略手段，有甚麼不同？
- 為甚麼美國人提出對華採取「門戶開放」，原因是甚麼？有沒有成效呢？
- 試計算晚清各項賠款的總數，並分析其中的購買能力，從中探索中國的財富力量如何。

29

新天新地新中國

——辛亥革命

清朝經歷了甲午戰爭及八國聯軍之役，國勢如江河日下，更似日薄西山，當時救國之道，主要分為立憲派與革命派兩條改革路線。

1901年，立憲派康有為、梁啟超等推動立憲運動，梁啟超發表《立憲法議》，希望讓光緒帝成為立憲君主。「立憲派」又稱「保皇黨」。而慈禧太后為挽清朝衰落危局，有意仿效日歐的改革而推行清末新政。而革命派對清廷的改革徹底失望，他們鼓吹推翻清朝，建立共和政體。

清廷方面，推行新政以自救，也承諾實行立憲，改革亦進行得如火如荼。立憲一時成為國人眼中救亡圖存、富國強兵的靈藥。1905年9月24日，清政府原定派遣大臣五人（鎮國公載澤、戶部侍郎戴鴻慈、兵部侍郎徐世昌、湖南巡撫端方、商部右丞紹英）出洋，考察各國政治，因在京奉鐵路正陽門東車站，遭遇革命黨人吳樾刺殺，被迫延期。1905年10月26日，清廷改派山東布政使尚其亨、順天府丞李盛鐸，會同載澤、戴鴻慈、端方出洋。考察團沿途獲得所考察14個國家的高規格接待。考察團回國後，清廷決心實行預備立憲。1907年（光緒三十三年）清廷籌設資政院，預備立憲，並籌備在各省開辦諮議局。1908年7月頒佈《各省諮議局章程及議員選舉章程》，責成各省在一年之內成立諮議局。同年頒佈《欽定憲法大綱》，以確立君主立憲制政體，成立代議會。在立憲派成員的請願下，清廷宣佈把預備立憲縮短三年，預定在1913年召開國會。1908年，光緒帝與慈禧太后皆去世，三歲的溥儀繼位，即宣統帝，隆裕太后垂簾聽政，溥儀父親醇親王載灃擔任監國攝政王。隆裕太后與載灃實際掌握國家大權，載灃將袁世凱罷免。清政府中央高層一直內鬥不已，而地方督撫大吏亦操很大的自主權力。滿清政局，異常複雜，千古待變，迫在眉睫。宣統元年（1909年），各省諮議局紛紛設立。宣統二年（1910年）九月初一日，資政院舉行第一次開院禮。議員二百名，欽選、民選各一半。

宣統三年四月初十（1911年5月18日），清政府宣佈廢除軍機處，實行內閣制，任命內閣總理大臣和諸大臣組成內閣。由慶親王奕劻組成中國歷史上第一個現代意義上的責任內閣。然而，由於閣員中過半數為皇族，顯示出清廷毫無立憲誠意，所以時人譏之為「皇族內閣」。「皇族內閣」令立憲派大失所望，立憲派於是紛紛轉向支持革命。清廷政局形勢，急轉直下。全國譁然之下，滿清政府走向末日，已成定局。

1894年，孫中山等在夏威夷檀香山建立興中會。1904年，黃興等在長沙成立華興會。1904年，蔡元培等在上海成立光復會。興中會主要在華南地區一帶活動。光復會在江蘇省、浙江省、上海一帶活動。華興會主要在湖南省活動。文學社在湖北活動，共進會在長江流域活動。而後來成立的同盟會，是全國革命力量的一個鬆散同盟，同盟會會員還在各地建立了各種同盟會的外圍組織。各革命組織的主要領導人有孫中山、黃興、宋教仁、蔡元培、趙聲、章太炎、陶成章等。1905年8月20日，孫中山在日本聯合興中會、華興會、光復會，成立中國同盟會，並提出「驅除韃虜、恢復中華、創立民國、平均地權」綱領。革命派聯合舊有反清勢力如三合會、洪門等，在華南地區發起十次起事，並將勢力滲入華中、華南的清朝新軍。1908年起，革命黨人將發動群眾起義的重點轉向新軍。革命黨人在新軍內進行秘密革命活動，向士兵宣傳革命。由於廢除科舉制度，許多青年知識分子投入當時興辦的新軍當兵，成為新軍新力量。海外華僑亦功不可沒，出錢出力，身赴國難。在黃花崗起義中遇難的黃花崗72位烈士中，華僑佔了29人。

1911年（中國農曆辛亥年，清宣統三年）10月，爆發「辛亥革命」。在同年5月四川等地爆發了保路運動。事緣在5月9日，清政府實行鐵路國有政策，宣佈收回由民間出資建造的粵漢鐵路、川漢鐵路。背景原因是：滿清晚年的改革，導致社會上的金融市場失控，最終在1911年爆發金融危機，清廷政府亦蒙受重大損失，所以強行將民間資本，收歸國有。這一舉措，當然引起湘、鄂、川、粵四省士商的強烈不滿，掀起了四省保路運動，其中尤以四川最為強烈。9月7日，四川總督趙爾豐誘捕保路同志會領袖，封閉鐵路公司和同志會。這一舉措激起了大量群眾到四川總督衙門請願，趙爾豐下令清兵彈壓，打死30餘名請願群衆，釀成「成都血案」。9月8日，成都附近農民在中國同盟會和會黨組織哥老會的領導下，組成保路同志軍起義，圍攻省城，與清兵交戰，附近州縣群眾紛紛響應，幾天內民眾發展到20多萬。9月25日，同盟會會員吳玉章、王天傑等人領導榮縣獨立。清朝政府得知激起民變，成都被圍後，非常驚恐，急忙將四川總督趙爾豐免職，並調渝漢鐵路督辦端方署理四川總督，率一部分湖北新軍入川。是時全國革命黨人加緊活動，革命大有一觸即發之勢，湖北空虛，從而導發了武昌起義。

武漢新軍大部分被調入四川，武漢防務非常空虛，革命黨人認為這是發動起義好機會。1911年9月24日，文學社與共進會，在武昌召開由雙方負責人和新軍代表60餘人參加的聯席會議，會上組建了起義的領導機構——起義總指揮部。文學社負責人蔣翊武被推舉為總指揮，共進會負責人孫武被推舉為參謀長，共進會負責人劉公被推舉為政治籌備處總理。起義總指揮部設於武昌小朝街85號文學社機關（張廷輔寓所），籌備處設於漢口俄租界寶善里14號（臨時租用的住宅）。起義定於1911年10月6日（農曆八月十五日，中秋節），後因準備不足，起義日期推遲到10月16日。10月9日共進會領導人孫武，在漢口俄租界寶善里14號秘密製造炸彈時，發生事故，孫武被炸傷。俄國巡捕前來搜查時，孫武和劉公等人及時逃脫。後來劉公派妻子和弟弟返回去取起義的文件和旗幟等，不幸被俄租界巡捕抓獲。湖廣總督瑞澂聞得此事後，下令全城戒嚴，搜捕革命黨人。文學社負責人蔣翊武聞訊，決定當夜發動起義，並派人給各營送信。當天晚上，彭楚藩、劉復基在起義總指揮部被捕，楊宏勝在運送彈藥的路上被捕，10月10日晨，三人被斬首。

鑑於起義事洩，武漢新軍工程營後隊正目（相當於班長）熊秉坤等人決定提早起義，並拉來隊官（相當於連長）吳兆麟作為起義軍臨時總指揮，熊秉坤為參謀長。1911年10月10日（農曆八月十九日）晚，共進會士兵程定國與正目金兆龍，打出武昌起義第一槍（另一說是熊秉坤打出第一槍）。起義新軍首先發難，攻佔楚望台軍械庫，其他新軍隨即響應。吳兆麟、熊秉坤率起義部隊攻打湖廣總督府，在武漢南湖炮隊的炮擊下，起義軍在次日黎明前，佔領總督衙門，湖廣總督瑞澂逃走。11日上午，武昌落入革命義士手中。

10月10日，武昌起義成功，南方各省紛紛宣佈獨立。革命軍與清廷軍隊於武漢和南京等地，爆發激烈戰鬥。11月1日，攝政王載灃被迫解散皇族內閣，任命袁世凱為內閣總理大臣組閣。袁世凱一方面於武漢戰爭力壓革命軍，另一方面卻暗中與革命黨人談判，最後達成南北議和，清帝遜位。1912年1月1日，中華民國於南京宣佈成立，孫中山在南京就任臨時大總統。2月12日，袁世凱迫使清室退位，宣統帝溥儀的母后隆裕太后接受清室《優待條件》，發佈《遜位詔書》，宣佈清宣統皇帝退位，並授權袁世凱組織臨時共和政府，將權力交給袁世凱。清朝政權滅亡，標誌着中國兩千多年來的君主制度正式結束。革命黨人的革命口號迅速從「驅除韃虜」轉為「五族共和」，以求統一分崩離析的中國。隨後孫中山讓位予袁世凱，南北統一，袁世凱定都於北京。因正統觀使然，清亡時不少漢臣如鄭孝胥等，依舊忠於大清，終身以滿清遺老自居。後來，1917年張勳組織辮子軍，於北京擁護宣統帝溥儀，復辟清政權（史稱「張勳復辟」），但只持續12天而終。

宣統退位後，1912年2月13日，孫中山提出呈辭，並向南京臨時參議院推薦袁世凱接任。2月15日，臨時參議院選出袁世凱任臨時大總統，議決臨時政府仍設在南京，並電袁世凱前來受職。袁世凱未受任前，政務仍由孫中山繼續執行。袁世凱以北京兵變為由，堅持遷都北京。

1912年3月8日，臨時參議院通過《中華民國臨時約法》，試圖通過內閣制對大總統的權力加以限制。3月10日袁世凱在北京宣誓就職中華民國第二任臨時大總統。此時，孫中山在南京仍未解任，而袁世凱在北京已經宣誓就職，形成了南北兩個臨時大總統的局面。不久，孫中山履行承諾，辭去臨時大總統一職，政權完全歸袁世凱掌理。進入中華民國以後，政壇上一片混亂，袁世凱為個人稱帝的夢想，不惜解散國會、政治暗殺國民黨宋教仁，同時向日本求助，秘密簽訂《二十一條條款》（1915年），而袁世凱的野心，招來革命黨人的反彈，討袁行動，引發了第二次革命。袁世凱的「洪憲帝制」，引來眾叛親離，袁氏個人亦因此而羞憤而死。袁世凱死後，政局在短期內卻出奇地平靜，然而，袁世凱手下的軍閥卻蠢蠢欲動，孫中山則在廣州另組南方政權，以致南北政權對立。及後北京段祺瑞總理政府，因與總統黎元洪爭論是否出兵參與第一次世界大戰，導致政府內的「府院之爭」，間接出現「張勳復辟」的鬧劇。之後的段祺瑞政府向日本出賣國權，引發「護法之役」和「五四運動」。「五四運動」是當時知識分子認為政治改革不足以救中國，因此要進一步發動文化改革。軍閥割據，一發不可收拾。中華民國初年的政局，權爭混亂，一直延續至日本侵華。孫中山與其他革命者，一直致力新中國的成長。當1925年孫中山逝世，遺囑「革命尚未成功，同志仍須努力」，正好是當時政治革命艱難的寫照。然而，辛亥革命卻是同時期世界三大古老帝國革命中，歷時最短、過程最順利的一場革命，另外兩場革命，分別是俄羅斯的十月革命（1918年）和土耳其的革命（1918年）。無論如何，辛亥革命為中國政治開創了一片新天新地。

歷史檔案室

清末新政

- 1901年，清政府設立督辦政務處，籌劃新政。1906年後易名為會議政務處，作為實施新政的中央辦事機構。同年決定全面改革陸軍，計劃在全國練新式陸軍三十六鎮，以取代八旗、綠營及地方防營。當中北洋新軍六鎮直屬朝廷，由袁世凱編練的「武衛右軍」擴編。
- 1902年，管學大臣張百熙奉命擬定壬寅學制，於1903年頒佈，但未能實施。
- 1904年，清政府頒佈實施張百熙、張之洞、榮慶擬定的癸卯學制。
- 1905年，清政府廢除科舉制，改辦新式學堂。同年諭令釐定縣級以下行政官制。

- 1903年10月，清政府頒佈《獎勵遊學畢業生章程》，鼓勵赴日本留學。後來清政府又為留學生設立考試，通過考試者授遊學畢業進士、舉人等。9月，清政府下詔訂定新中央官制，設十一部。
- 1906年9月1日，宣佈「預備仿行憲政」。度支部頒佈《清理財政明定辦法六項》，負責統一各中央地方衙門收支、統籌外債借還、考核各省銀號，以及規定對各省越時造報財政之懲處。
- 1907年，清政府設修訂法律館，掌修訂各項法律。頒佈外官制，削減督撫財權及軍權。民政部統領全國巡警道。
- 1908年，完成並於1911年頒佈施行《大清新刑律》，廢除酷刑。清廷頒佈《欽定憲法大綱》，明確宣佈「九年後實行立憲」，並擬定《各省諮議局章程》，設立城鎮鄉以至廳州縣各級自治研究所，並定於1914年完成。
- 1909年和1910年，分別起草完成了兩部《大清商律草案》。各省諮議局紛紛設立，各省選舉了以地方士紳為主的諮議局議員。
- 1910年，清政府頒佈施行《大清現行刑律》，編製第一次全國預算。

  頒佈《國幣則例》二十四條，統一銀幣及銅幣的重量和成色。
- 1910年（宣統二年九月初一日），資政院舉行第一次開院禮。議員二百名，欽選、民選各一半。監國攝政王載灃代行蒞選，頒諭嘉勉議員。各地諮議局相繼成立。

- 1911年，清政府起草完成《大清民律草案》。此外，清政府還初步建立了現代審判制度，創建了大理院、高等審判廳、地方審判廳和初級審判廳，實行四級三審制。法政學堂在各地建立，以培養法律人才。中國出現首批現代意義上的法官。
- 1911年5月8日(宣統三年四月十日)，慶親王內閣成立。

歷史檔案室

中華民國臨時政府組織

1912年1月1日，孫文在南京正式宣佈中華民國成立，並宣誓就任臨時大總統，在「臨時大總統就職宣言書」中，強調：「國家之本，在於人民。合漢、滿、蒙、回、藏諸地為一國，即合漢、滿、蒙、回、藏諸族為一人。是曰民族之統一。」

1月2日，孫文通告各省廢除陰曆，改用陽曆，以民國紀年，1912年為中華民國元年。同日，各省都督府代表聯合會會議通過《臨時政府組織大綱修正案》，修改了有關臨時大總統及副總統的選舉規則及職權的條款。

1月3日，各省都督府代表聯合會會議推選黎元洪任臨時副總統，並通過了孫文提出的臨時政府內閣各部總長、次長名單，正式組成中華民國臨時政府。臨時政府下設十個部：陸軍部總長黃興兼任參謀本部總長，海軍部總長黃鍾瑛，外交部總長王寵惠，司法部總長伍廷芳，財政部總長陳錦濤，內務部總長程德全，教育部總長蔡元培，實業部總長張謇，交通部總長湯壽潛。此外，還有總統府秘書長胡漢民、法制局長宋教仁、印鑄局長黃復生。

1月11日，各省代表會議通過以《中華民國臨時政府組織大綱》為綱領，以南京為臨時首都，以紅黃藍白黑五色旗為中華民國國旗，象徵五族共和之意。

1月28日，各省都督府代表聯合會會議成立中華民國臨時參議院，並選舉參議員，推選林森、陳陶遺任正、副議長。

歷史檔案室

清帝遜位的經過

1912年1月29日，清廷召開御前會議，會上決定退位，以取得革命黨人的優待條件。

2月3日，隆裕太后授予袁世凱全權，與南京臨時政府商定清朝皇帝退位條件。

2月10日，南京參議院通過《清室優待條件》和張謇起草的《清帝退位詔書》。優待條件第一部分，即大清皇帝辭位之後優待之條件，重點有以下各項：

一、大清皇帝尊號不廢，民國政府待之以外國君主之禮。
二、民國每年撥四百萬元供皇帝支出。
三、皇帝暫居宮禁，日後移居頤和園。
四、清王室的宗廟陵寢，永遠奉祀，並由民國派兵保護。
五、德宗崇陵所有產用經費由民國支出。
六、宮內執事之人，繼續留用，唯不得再招閹人。
七、皇室私有財產，由民國派兵保護。
八、禁軍編入民國陸軍。

歷史思考點

新中國憑甚麼自處於現代世界

辛亥革命百年以來，正面評價是不少，而且肯定了革命對中國的貢獻。然而，回頭看，也有若干的懷疑，特別是民初期間，中國軍閥混亂，日本加緊侵華，中國人民飽受苦難。持懷疑態度的，認為保留君主的漸進改革，比暴力的革命，可能更使中國在穩定中發展。這個看法也有其意義，可以促使國人反思得來不易的革命成果，為何一下子就煙消雲散，而中國的革命鬥爭，好像沒完沒了。自辛亥革命以後，就是不斷革命。

無論如何，辛亥革命使中國在接受新世界的文明上出現了大突破。誠然如胡適所說，中國歷史上有「三千年的太監，一千年的小腳，五千年的酷刑」，而這些都在民國期間廢除了，「革命做到這二十年的空前大進步，不是孔夫子之賜，是大家接受新世界的新文明的結果。」對於新文明，孫中山以「三民主義」來作總結及開導，為中國的發展，開創了指導理論。辛亥革命完成了當中的「民族」自救，如果不是日本的侵華野心，民初的中國早應可以走上小康局面。而剩下的「民生」、「民權」的實現，孫中山先生只能遺下「革命尚未成功，同志仍須努力」的名句，留下夢想，讓後人去追求。

今天回首革命事業，感慨是革命之後，百年之內，仍然找不到中華民族的出路，在現代化過程，天朝的自我形象，既崩潰，又陰魂不散，比起西方先進國家，無論物質文明，或者精神文明，中國都被比了下去。中國既不甘心接受西化，又要竭力去建立自己的獨特模式，以此顯得高人一等，可說是集自卑與自大於一身。所以，革命之後，中國何去何從，就像一艘在驚濤駭浪中失去方向的孤舟，而中國人面對的困窘，延續至今。

回顧歷史，千年前的中國，漢唐盛世，以儒學教化天下，以德治養育萬民，安百姓，撫四夷，建立東亞天朝朝貢秩序。然而，昔日漢文明的光輝，早已經是明日黃花，中國四鄰，曾經因中國文化而哺育長大的日本、朝鮮、越南等，都群起反彈當代的中國，甚至鄙視中國，敵視中國。今天時代劇變，新的世界秩序，由西方文明建立，中國何去何從？綜觀現代世界，西方文明的足跡，各自精彩，各有貢獻，拼合而成今日的摩登世界。現代西方先進國家，都曾經為現代世界作出特殊貢獻，才得以立足世界列強之中。法王路易十四世，史稱為「太陽王」（The Sun King），建立現代國家金融體系，使法國成為現代金融帝國。英國的議會政治，以及環球文官行政體系，建立了日不落帝國。美國的現代管理思想，使美國至今仍然是世界獨一強國。面對新世界、地球村的年代，中國憑甚麼去自處於今日的地球。論中國對世界文明的貢獻，仍為世人樂道的是四大發明、絲綢青花瓷、儒家思想，然而，這些都是昨日的光輝。傳統中外文化交流的歷史，中國是文化輸入大國，不是文化的出口大國，因此，中國對現代文明的貢獻是甚麼，將會決定中國在現代世界的地位和成就。自2013年北京政府提出的「一帶一路」倡議，看似為現代中國在國際舞台上找了一條新出路，然而成效是見於百年之後，現階段還是模糊的國際交往，中國如何藉此而復興，尚有待努力經營。中國迷航，已經是數百年來的事情，辛亥革命的出現，使中國終於走進了現代世界，不過，中國人卻找不到昔日漢唐景象。面對新世界，中國文明應該如何走下去，中華文化應該對新世界作出甚麼貢獻，才可以使中國、以致全人類都受惠，這是新時代對現代中國的挑戰考驗。

延伸思考

- 為甚麼列強最後沒有瓜分中國？試探討其中原因。
- 晚清最後十年，也曾提出一連串改革，為甚麼最終不被國人接受？
- 民國初年的北洋軍人，在後來多被描繪為土豪老粗，實際上，這批軍人很多都是飽學之士，生活嚴謹。為甚麼他們會有這種負面形象？另外，為何這批北洋軍人最終以失敗告終？

30

一寸山河一寸血
——全面抗日

1931年9月18日，爆發「九一八事變」，日軍吞佔了中國東北，日軍對華侵略，節節進逼。到了1937年7月7日，北平爆發「七七事變」，日軍全面侵華。從1937年7月7日到1945年8月15日，中國全面抗日戰爭期間，國軍與日軍共有22次大型會戰，中國多達4,500多萬人死傷。日本侵華，是中國近代史中第二次遭到日本毀滅性的破壞，第一次是1894年的甲午戰爭。1937年，日本全面侵華，中國幾近亡國。戰後，中國成為二戰主要戰勝國之一，絕大部分不平等條約得以廢除；同時，中國參與創建聯合國，並成為五個聯合國安全理事會常任理事國之一。中國從鴉片戰爭以來的歷史發展谷底，走回上升軌道。然而，代價之大，史無前例。

戰前日本進逼

日本在明治維新之後，國力大幅提高，積極向外擴張。1872年侵佔琉球群島。1874年，日本入侵中國的台灣製造牡丹社事件，事後清政府與日本簽訂《北京專約》。1878年，日本設立直屬於天皇的參謀本部，執掌用兵、作戰等軍令事務，內閣無權過問，由此確立「統帥權獨立原則」，標誌着日本正式邁向軍國主義。1894年，中日甲午戰爭爆發。1895年，滿清戰敗求和，被迫訂立《馬關條約》。1889年，《明治憲法》規定天皇總攬統帥權。1900年，規定內閣陸軍大臣和海軍大臣由現役武官專任。

1900年，中國發生庚子拳亂，引發八國聯軍事件，日本加緊入侵中國。中國積弱不振，成為日、俄兩國覬覦侵略目標。1904年，日俄戰爭，俄國戰敗，與日本訂立《樸次茅斯和約》，日本取代俄國在中國東北的地位，盡得中國東北和內蒙古東部稱為「滿蒙」地區的利益。日本1910年通過《日韓合併條約》，吞併朝鮮半島。日本利用朝鮮半島作為跳板和前沿基地，進一步侵略中國。

與此同時，日本國內學者對侵略中國的言論，甚囂塵上。著名的福澤諭吉（1835–1901）「脱亞入歐論」（1885年），或者內藤湖南（1866–1943）的「唐宋變革論」（見其1914年《支那論》），都以侵略中國為主調，以日本取代中國在東亞的領導地位。此種思想，緣於元朝滅南宋，有所謂「厓門之後無中國」，日本認為中國道統已亡，只有日本才能繼承中國古代道統正宗，加上元軍兩次攻打日本失敗，日本早已經輕視中國。到了晚清，日本在甲午之戰中戰勝中國，日本就以東亞主人的身份，部署全面侵華。

1914年6月，第一次世界大戰爆發。8月，日本因與英國同盟關係，對德國宣戰，中國則宣佈中立。日本以參戰國身份出兵山東半島，入侵膠州灣，奪取德國租借地，進而兵臨濟南，佔領膠濟鐵路全線，把中國視同敵人一般。1915年，日本跟袁世凱簽訂《二十一條》，徹底取代德國在山東的權益。

1927年6月27日至7月7日，日本內閣制定了《對華政策綱領》，確立了先佔東北、內蒙，進而侵佔全中國的擴張政策。隨後，日本首相田中義一又向天皇上奏了《田中奏摺》，明確提出了「惟欲征服支那，必先征服滿蒙；如欲征服世界，必先征服支那」的總戰略藍圖。《對華政策綱領》和《田中奏摺》，標誌着日本侵略中國的戰爭不可避免。

1928年5月3日國民革命軍北伐，經過山東濟南城時，日本以保護僑民為名，阻撓國民革命軍北伐，炮轟濟南城，攻佔濟南城，與中國北伐軍發生戰鬥，蓄意屠殺中國軍人與民眾六千餘人，殺害中國外交部交涉員蔡公時等十七人，事件稱為「濟南慘案」。中國軍民6,123人罹難，1,701人傷殘，蔣介石下令北伐軍「忍辱負重」，撤出濟南，繞道北上。

1928年6月4日，奉系軍閥張作霖的專列火車，開到皇姑屯車站以東的京奉、南滿兩鐵路交叉點的橋洞時，被日本人埋在橋下的炸藥炸得粉碎，張作霖傷重不治。這就是「皇姑屯事件」。張作霖的兒子張學良繼任後，立即宣佈東北系軍加入中華民國政府，而民國政府統一全國的事業，暫告完成。

九一八事變

1931年9月18日，日軍發動「九一八事變」，完全侵佔中國東北。中日之戰，於此開始。

1932年1月28日，日本海軍陸戰隊進攻上海閘北，「一二八事變」爆發，即第一次淞滬會戰（淞滬抗戰）。駐守上海的中國軍隊第十九路軍（粵軍）展開回擊，雙方陷入僵持。2月28日，英國、法國、美國三國公使介入調停。5月5日，中日雙方簽署《淞滬停戰協議》，規定中國軍隊不得駐紮上海，而日本取得在上海駐軍的權利。

1932年3月1日，日本在東北建立「滿洲國」政權。日本並在上海、華北等地不斷挑起軍事衝突，蔣介石主張「抗日必先剿匪，攘外必先安內，安內以攘外，剿匪以抗日」，避免對日衝突擴大，同時對中國共產黨進行圍剿。

1932年3月9日，溥儀到達長春，成為日本關東軍傀儡，就任偽滿洲國「執政」。

1933年5月31日，中日簽署《塘沽協定》，中國政府軍退出熱河和冀東，日本打開了通往華北的大門。同月，原西北軍將領馮玉祥，在張家口成立察哈爾民眾抗日同盟軍。

1935年，日本策劃製造華北事變。6月11日，梅津美治郎就華北問題提出備忘錄。7月6日，何應欽覆函全部承認日方要求，即所謂《何梅協定》。1935年8月5日，日本外相廣田弘毅提出對華三原則。9月，日本再度製造輿論，要求「華北五省（察哈爾、綏遠、河北、山西、山東）自治」。11月25日，日本策動的，由宋哲元為委員長的冀察政務委員會成立。

1936年11月25日，日本與德國在柏林簽訂《反共產國際協定》，翌年意大利也加入這個協定，形成「柏林—羅馬—東京」的軸心國聯盟。

1935年8月1日，中國共產黨發表《為抗日救國告全體同胞書》(《八一宣言》)，呼籲全國各黨派、各階層、各軍隊團結起來，停止內戰，一致抗日。

1936年12月12日，張學良、楊虎城發動「西安事變」。張、楊聯合發表通電，提出了改組南京政府、停止一切內戰、開放民眾愛國運動等八項抗日主張。當時，中國共產黨派周恩來等到西安參加談判，迫使蔣介石作出了停止「剿共」、聯合紅軍抗日等六項承諾。蔣介石接受了與中國共產黨合作共同抗日的主張，抗日民族統一戰線得以初步形成，為實現全國抗戰奠定了基礎。

七七事變　全面抗日

1937年7月7日，日軍在北平附近挑起盧溝橋事變，戰爭全面爆發。7月7日晚上，日軍在宛平軍事演習時，以一名士兵失蹤為由，要求進入宛平縣城搜查。日軍遭到中方拒絕後，隨即向宛平城和盧溝橋發動進攻，中國軍隊第二十九軍吉星文率團反擊，在盧溝橋兩岸，中日雙方爆發軍事衝突，盧溝橋事變成為中日全面戰爭爆發的標誌。7月11日，日本首相近衛文麿內閣決定向華北增兵，升級事態為「北支事變」。7月17日，蔣介石發表《對於盧溝橋事件之嚴正表示》(第二次廬山講話)，正式表明準備全面抗戰的方針。1937年7月27日，日本近衛文麿決定對華用兵。

1937年8月19日，蔣介石發表紅軍改編命令。8月20日，蔣介石下達大本營第一、二號訓令，頒佈《國軍戰爭指導方案》

盧溝橋上的「盧溝曉月碑」

和《國防作戰指導計劃》：聲明決心維護中華民族生存和國家領土完整，對於入侵的「敵國倭寇」「以武力解決之」，提出「以達成持久戰為基本主旨」，確定戰爭戰略方針和作戰原則，明確大本營的組織系統，將中國軍隊分為五個戰區。8月21日，中國和蘇聯兩國締結《中蘇互不侵犯條約》，蘇聯開始軍援中國抗戰。8月22日，陝北紅軍正式改編為國民革命軍第八路軍，朱德、彭德懷任總、副指揮，葉劍英任參謀長，轄三個師，計三萬人。9月22日，江南紅軍合組為陸軍新編第四軍，葉挺、項英任正副軍長，轄四個支隊，計一萬餘人。9月22日，中共中央發表《共赴國難宣言》。中國國民黨中央通訊社發表《中共中央為公佈國共合作宣言》。9月23日，蔣介石發表《對中國共產黨宣言的談話》，承認中國共產黨合法地位。第二次國共合作和抗日民族統一戰線正式成立。

淞滬會戰與南京大屠殺

1937年8月13日上午9時15分，上海決戰揭幕。中方稱「八一三戰役」，日方稱「第二次上海事變」。中華民國派出中央軍精鋭，中日雙方約有100萬軍隊投入戰鬥，戰役持續三個月，粉碎日本「三月亡華」之戰略，日軍宣稱死傷4萬多人，國軍統計死傷30萬人。戰事打至11月12日夜，上海淪陷，淞滬會戰結束。其中10月26日，上海主要陣地失陷，退向上海西部，國軍第五二四團團長謝晉元率領，由約430人組成一個加強營，繼續固守四行倉庫，在上海孤軍作戰，號稱「八百壯士」。

蔣介石選擇在上海與日軍決戰，出於德國軍事顧問團團長亞歷山大·馮·法肯豪森的建議。兩人主張「上海必須固守」，因為華北平原無險可守，日本機械化部隊可橫行無忌，輕易全殲中國軍隊，到時整個華北及華中地區，盡落入日軍手上，中國再無軍力對抗。同時，自古以來，統一中國的方向，都是從北而南，而長江在現代軍事裝備面前，再無天險的優勢，假如日本輕易取得長江以北土地，日軍可以在長江任何一段渡河，中國必然全國淪陷。反而引誘日軍在上海決戰，即使戰敗，日軍所有精銳已經投入上海，只能沿長江溯游而上，中國軍隊可依長江兩岸山勢之利，作長期對抗。戰爭往後的發展，一如蔣介石所料，雖然日軍攻陷上海、南京、武漢等地，最終未能沿江推進，而中國才能維持八年抗戰。

1937年9月中旬，淞滬會戰期間，山西太原會戰爆發。中國共產黨率領「八路軍」，在第二戰區司令官閻錫山配合下，取得了平型關戰役、忻口戰役、娘子關戰役等戰役的勝利，打破了日軍不可戰勝的神話。

日本攻佔上海後，日軍開始進攻中華民國首府南京。1937年11月20日，中華民國政府宣佈將首都和所有政府機關，由南京遷往陪都重慶，而軍事作戰中心則是先遷往武漢，直到武漢會戰後，再遷往陪都重慶。

1937年12月13日，日本軍隊侵佔南京後，進行「南京大屠殺」，超過30萬無辜的中國人被日本軍隊殘暴地殺害（遠東國際軍事法庭統計為26萬）。日軍進入南京後，大肆劫掠、姦淫、屠殺。下令進行屠殺的日本司令官是松井石根，殺戮最嚴重的師團長是谷壽夫。

1938年2月到5月期間，徐州會戰。中國軍隊最終取得台兒莊戰役的勝利，以斃傷日軍一萬多人的戰果，成為中國抗戰以來最大的勝利。但是南北兩線日軍源源不斷增兵。1938年5月19日，日軍最後佔領徐州，6月6日佔領河南省會開封。6月9日，蔣介石命令在花園口炸開黃河南岸大壩，事件稱為「花園口決堤」。此舉雖然暫時阻擋了日軍南下，但是也造成了黃河下游的大規模水災，造成上百萬民眾直接死亡，或間接因饑荒而死，哀鴻遍野。

戰略相持

1938年6月至10月的武漢會戰，是抗日戰爭中規模最大的會戰，參戰日軍達30多萬人，中國軍隊達110萬人。10月25日，湖北重鎮武漢三鎮相繼陷落。在歷時四個多月的武漢會戰中，中國軍隊傷亡40萬人，日本損失8萬人，中國軍民以巨大的犧牲，換來了戰爭的戰略相持階段。

1939年9月，德國向波蘭不宣而戰，第二次世界大戰正式爆發。日本分別於1939年和1940年發動了掃蕩重慶周邊的隨棗會戰和棗宜會戰。在這兩場危及戰時陪都重慶的戰役中，國軍第33集團軍司令張自忠將軍殉國。

1939年9月至1944年8月期間，日軍四次進攻長沙，日軍共傷亡10.7萬人，國軍共傷亡13萬人。

1940年8月至1941年1月間，中國共產黨「八路軍」，在華北發動了「百團大戰」。隨後日軍推行治安強化運動，華北日軍兵力達到47萬。

1940年8月1日，日本政府公佈《基本國策綱要》。外相松岡洋右鼓吹建立所謂「大東亞共榮圈」。

1940年9月27日，《德意日三國同盟條約》在德國柏林簽訂，軸心國形成。中德兩國至此，徹底斷絕外交關係，中止一切軍事合作。

1941年6月22日，德蘇戰爭爆發。德軍入侵蘇聯。

抗戰期間，國民黨與共產黨先後三次爆發軍事衝突。1939年11月28日，山西「晉西事變」。1939年12月，胡宗南炮擊陝甘寧邊區共產黨根據地。1941年1月4日至14日，安徽新四軍「皖南事變」。

太平洋戰爭期間

1941年12月7日，日本偷襲珍珠港。12月9日，美國向日本宣戰，太平洋戰爭爆發。12月9日，《中華民國政府對日宣戰佈告》、《中華民國政府對德意宣戰佈告》發表，中國國民政府正式向德、意、日宣戰。

1941年12月7日，日本偷襲珍珠港事件後僅數小時，立即入侵英屬香港。香港時間12月8日早上8時，由酒井隆指揮的日本軍隊從深圳向香港發起進攻。12月25日，香港總督楊慕琦投降，香港淪陷。同時，日本接連攻克馬來西亞、新加坡、荷屬婆羅門、菲律賓等地，英、美、荷在東南亞的殖民地，盡為日本攻佔。日方繼而出兵緬甸，意圖切斷滇緬公路，孤立中國。另一方面，日本繼續南下，出兵澳大利亞。

1942年1月1日，中、蘇、美、英等二十六國代表在華盛頓簽署共同宣言《聯合國家宣言》，中國進入了與美英蘇共同領銜簽字的四大國之列。1月3日，盟軍為更有效地協調作戰，成立了中國戰區，蔣介石任中國戰區（包括泰越）盟軍最高統帥。

1942年2月25日，中國應英國政府要求，抽調精鋭部隊第5軍、第6軍、第66軍，組成中國遠征軍第一路軍進入緬甸，協同英、緬軍對日作戰，使日軍遭到沉重打擊。中國軍隊曾取得仁安羌大捷，解救被日軍圍困的英軍7,000人。

1943年10月和1944年5月，中國遠征軍在緬北與日軍陷入苦戰。

1943年11月2日至12月20日，常德會戰。日軍沿長江北上，希望打開長江三峽的缺口，攻入重慶。中國軍隊死守湖南常德，守軍幾乎以全體殉國的情況下，保住常德。

1943年11月，美英中三國政府首腦羅斯福、邱吉爾、蔣介石在埃及首都開羅開會，通過《開羅宣言》，要求戰後日本歸還自1895年佔領中國的所有領土，包括台灣及其附屬島嶼。

1944年4月至12月期間，日本動用12個師團、41萬人的龐大兵力，在中國發動了豫湘桂戰役，即「一號作戰」，企圖打通中國大陸南北交通線，將日本和東南亞、西南太平洋戰線連接起來，以挽救太平洋戰場的危局。4月，中國豫湘桂大潰敗開始，37天失38城。豫湘桂戰役歷時八個月。

1944年5月，由衛立煌將軍指揮的中國遠征軍，強渡怒江，發起滇西反攻，收復西南失地，搶通中印公路。

1945年1月27日，中印公路完全被打通，中英兩軍會師於芒友。中印公路首次通車，蔣介石將之命名為「史迪威公路」，由印度運入的作戰物資，可從陸路進入。至3月，中國遠征軍在緬北、滇西反攻中，解放緬甸領土8萬餘平方公里，收復滇西失地8.3萬平方公里，共斃傷日軍4.8萬餘人，消滅了日軍第18、56師團。

日本戰敗

1945年2月以後，盟軍逐步逼近日本本土。1945年4月9日至6月7日，日軍先後發「湘西會戰」。這是中國抗日戰爭中最後一場會戰，此戰又稱「芷江攻略戰」。

1945年2月，英、美、蘇三國首腦羅斯福、邱吉爾、史太林在蘇聯的克里米亞半島簽訂《雅爾達協定》，規定在歐洲戰爭結束後三個月內，蘇聯應對日宣戰。中國沒有被邀請參加。由於美英是以犧牲中國的主權（例如承認外蒙古獨立），來換取蘇聯對日出兵的條件，故此《雅爾達協定》也被稱為「遠東慕尼克陰謀」。

1945年4月25日，聯合國大會召開。5月8日，德國無條件投降。

1945年7月26日，美、英、中三國共同發表《波茨坦公告》，敦促日本無條件投降，否則將予以日本「最後之打擊」。

1945年8月6日、9日，美軍分別在日本廣島、長崎投下原子彈。蘇聯紅軍在8月8日對日宣戰，發動「八月風暴行動」，出兵中國東北。8月9日，中共中央主席毛澤東配合蘇聯出兵，發表《對日寇的最後一戰》聲明，號召中國人民一切抗日力量，進行全國規模的大反攻，與盟國一起對日本作最後的決戰。

1945年8月10日下午7時，日本政府正式向中、美、英、蘇四國發出《日本請降照會》。下午7時50分，日本政府請降書已請由瑞士、瑞典轉達盟方，日本願意接受盟方《波茨坦宣言》之各項規定，無條件投降，但僅要求保留天皇仍為日本元首。

1945年8月14日，中國與蘇聯簽訂《中蘇友好同盟條約》。15日，是日正午，日本裕仁天皇通過廣播發表《終戰詔書》，宣佈無條件投降。9月2日，日本向同盟國投降簽字儀式在日本東京灣美國戰列艦「密蘇里號」上舉行。日本政府代表、外相重光葵和日本大本營代表梅津美治郎，在投降書上簽字，中國派徐永昌參加簽字見證。9月9日上午9時，在南京陸軍總部舉行的中國戰區受降儀式上，何應欽代表最高統帥，主持中國戰區日本投降簽字典禮。日本中國派遣軍總司令岡村寧次向中國陸軍總司令何應欽投降，八年抗日戰爭正式告終。9月3日被定為中國人民抗日戰爭勝利紀念日。

1945年10月25日，中國戰區台灣省日軍投降儀式在台北舉行。台灣被日本殖民統治達50年之久，到此由中國正式收復。

審判日本戰犯

戰後，盟國在東京成立遠東國際軍事法庭，但由於日本跟美國的政治協商成功，所以只對東條英機為首的28名日本甲級戰犯宣判有罪，其他數十名重要戰爭嫌疑犯予以釋放。對於裕仁天皇的處置，在1943年開羅會議上，西方代表曾有在戰後廢除天皇一設想，但因為美國考慮到佔領日本的政治現實，保留天皇制度，並且豁免起訴，最終使裕仁逃過一劫。

中國戰區於1945年12月，在南京、上海、北平、漢口、廣州等十處成立戰爭罪犯軍事法庭，對日本戰犯和漢奸進行審判，並判處各種刑期。日軍中將酒井隆，被押解到戰犯軍事法庭受審，證據確鑿，判處極刑正法。

1947年2月24日，香港法庭判處第一名日本戰犯野間賢之助死刑。1948年12月23日，日本戰犯東條英機、土肥原賢二、廣田弘毅、板垣征四郎、木村兵太郎、松井石根、武藤章七人，在東京巢鴨監獄執行絞刑。

1947年3月10日，中國國防部審判戰犯軍事法庭，判決侵華日軍第六師團長谷壽夫（南京大屠殺主謀、華南派遣軍司令官，中將軍銜）死刑，4月26日押赴雨花台執行槍決。

1947年5月19日，南京大屠殺日本主犯之一田中軍吉，由日本押解到上海。6月11日，松本潔（外號「嘉山之虎」）經戰犯法庭判處死刑。6月17日，日本戰犯米村春喜、下田次郎行刑。

1948年1月28日，南京大屠殺之中的「百人斬」兇手——田中軍吉、野田岩、向井敏明——押赴南京雨花台刑場執行槍決。12月22日，經過多方求證之後，松井石根因參與南京大屠殺，被東京遠東國際軍事法庭判處死刑絞死。

戰爭統計

人命傷亡

1947年2月15日，聯合國提出報告草案，抗日戰爭期間，中國平民約有900萬死於戰火，另有800萬平民死於其他因素，

9,500萬人成為難民。另外，又有統計，中國抗日戰爭直接傷亡合計可能達2,062萬人，累計因為戰爭而直接傷亡人口，軍民合計至少3,480萬人。如果加上戰時失蹤被俘等人數，戰爭直接使中國人死亡、傷殘及失蹤，共計超過4,500萬。當時中國人口不過4.5億人。抗日戰爭直接奪去中國十分之一的人口。這個數目尚未計算在戰時飢餓致死、疾病失救、兒童夭折等等間接因素而死的人數。

經濟損失

經過中國歷史學家多年研究考證計算得出，在抗日戰爭中，中國損失財產及戰爭消耗達5,600餘億美元，另一說6,500億美金(按1945年貨幣折算)。至於戰後遣返日本軍民回國，中國政府承擔巨大款額，這些是未有計算在戰爭的損失之中。

日軍傷亡統計

中國抗日戰爭，時任中國國軍參謀總長何應欽將軍，在《開戰之前敵我兵力比較》中，對比「七七事變」中日軍力。開戰之初，日本兵員總數為448.1萬人，其中現役兵、後備役兵、預備役兵為戰鬥兵，數量199.7萬人。協助日軍的中國「皇協軍」最多時超過100萬(抗戰期間，總人數約210萬)。陸軍常備師團17個，海軍艦艇190萬噸位，空軍飛機2,700多架。據日本厚生省(相當於衛生部)1964年調查後統計，日軍在侵華戰爭中死亡的人數約為455,700人。另一說日軍損失483,708人，而傷者達1,934,820人(中華民國國防部1946年統計)。另外，日本《日本陸海軍事典》引用厚生省1956年3月的調查資料，從1937年7月7日到1945年8月15日，日軍在中國關內戰死40.46萬人，在東北戰死2.65萬人，在台灣戰死3.74萬人。1945年8月15日後，由於八路軍、新四軍、蘇軍繼續對日作戰，日軍又在中國關內戰死5.11萬人，在東北戰死2.02萬人。以此計算，共有近54萬日軍死亡。至於「皇協軍」的傷亡，中國方面的統計（合國共兩黨）為118萬人。戰爭結束時，中國接收投降日軍128萬餘人，投降皇協軍146萬餘人。

中國軍隊傷亡的統計

據中華民國國防部1946年的統計，中國政府軍作戰傷亡3,227,926人、病亡422,479人，總計損失3,650,465人。軍令部統計自七七事變以來陸軍陣亡1,319,958人、負傷1,761,135人、失蹤130,126人，空軍陣亡4,321人、負傷347人。中國政府軍犧牲上將8人，中將41人，少將71人。抗日戰爭中，中國先後徵發兵員1,400萬人，中國國政府軍兵力最高時達500萬人。

根據解放軍出版社出版的《中共抗日部隊發展史略》一書中的〈八路軍、新四軍、華南抗日游擊隊人員損失統計〉，中共軍隊八年損失統計為：傷290,467人，亡160,603人，被俘45,989人，失蹤87,208人，共計584,267人。

2015年7月14日，中國國務院新聞辦公室調查研究，抗日戰爭中，中國軍隊傷亡3,500萬以上，佔各國傷亡人數總和三分之一。

戰爭影響

抗日戰爭是自1842年鴉片戰爭以來，中國第一次全面戰爭勝利。在如此懸殊的巨大差距下，中國軍隊依然頑強奮戰，中國軍民犧牲數以千萬人，拖延可能被派遣到太平洋作戰的日本部隊，減少美國在太平洋戰區之壓力，使蘇聯避免東西兩線同時作戰，中國戰場在第二次世界大戰中很重要。中國抗日的貢獻，也使中國成為五個聯合國安全理事會常任理事國之一，並且取消絕大部分不平等條約，收回大量國權。中國軍隊的頑強奮戰，保住了家園，參戰軍民，無論是中央嫡系，或是地方雜牌軍，或是國軍，又或是共產黨軍隊，都是用自己的血肉之軀，來迎戰日軍的飛機大炮，顯示了中華民族不屈的抗戰精神。

抗日戰爭令中國民窮財盡，國民政府以及民間社會幾近破產，導致抗戰勝利後，政府各級官員不斷貪污，社會繁榮未能恢復。中國政府於戰後負責遣返日本軍民回國，達六百多萬人，費用之大，獨力承擔，令中國政府財政雪上加霜。中國社會瀕臨破產。日後，中國政局的轉變，中國的分裂，與戰爭的損耗有極大的關係。

另一方面，因為國際形勢的急劇轉變，美蘇冷戰的出現，使中國失去收回1895年前日本所佔領土地的機會，只收回台灣及澎湖。其他領土，因國力所限，未能收回。

自1894年甲午戰爭開始，中國經歷了日本兩次毀滅性的侵略，中國舉國上下受到的傷害，無法形容。中國今天得以復興，日本亦從戰敗完全復原過來。兩國在七十年代，亦曾有過蜜月友好的日子，表面看來，雖然兩國大規模再戰的機會不高，但兩國的關係底下還是充滿緊張，表現出來是東海釣魚台列島問題，實際上則是中日兩國主導東亞話事權的爭奪。中國的復興，確實不能夠迴避日本的競爭，中日關係何去何從，暗地裏拉扯着中國發展的後腿。另一方面，日本實力，戰後今非昔比，日本發展亦避不開中國。再者，中日關係，背後更暗藏美國的身影。中國復興，對美國的全球戰略及其國家安全，構成競爭，而日本在戰後幾乎成為美國附庸，美國怎會放任中日關係自然發展？更甚的是，日本的地理位置，正正位於美國西進亞洲的大門，中美日的關係必然糾結不清。由此看來，中日兩國的情況，應是合則兩利，爭則俱傷。回顧日本侵華的慘痛歷史，現代中國人的悲憤，仍然是隱隱作痛，然而，仇恨不能幫助中國復興，今後中國若要復興，成為世界的強國，還得靠本身自覺的努力，同時也要廣闊的胸襟和遠大的目光。因此，處理日本侵華的罪責，歷史慘痛，不應忘記，但不必糾纏，不妨以寬大的胸懷，自強不息，從新一代人的幸福出發，為世界追求和平大同。

歷史檔案室

中國海軍的戰績

抗戰爆發時，中國海軍的編制、艦艇數量、裝備品質、官兵數量等，均無法與日海軍實力相比。中國海軍艦艇總排水量為6.8萬噸，噸位不足日本十分之一，日本海軍總體實力幾乎是中國海軍的20倍。中日海軍實力懸殊，中國海軍無法在海上拒敵，只能退守海防。

中國海軍根本沒有力量與日本海軍正面交手，開戰之始，就只能在長江的江陰附近江面，自沉艦艇，形成堵塞線。1937年8月12日，為了建立江陰封鎖線，中國海軍就在江陰鑿沉了40餘艘軍艦與商輪。在接下來不到一年的時間，「甯海」、「平海」和「中山」等幾艘主力戰船，相繼被擊沉，海軍艦艇全部喪失，中國海軍幾乎是名存實亡了。然而，中國海軍仍然奮戰到底，轉為沿江要塞的防禦戰，阻止日軍利用長江西進。整個抗日戰爭，中國海軍對侵華日軍的作戰，強弱懸殊，戰績不甚起眼，但仍是抗戰到底。

歷史檔案室

中日航空決戰

抗日戰爭開始之初，中國空軍僅有戰機305架，各式飛機加起來共600架，分屬九個大隊與一個直屬隊。抗戰八年中，中國空軍共擊落日機1,543架，擊傷330架，出動轟炸、驅逐、偵察、運輸等飛機計18,500架次，作戰達4,027次。中國空軍損失各種飛機2,468架，6,164人殉國（其中飛行人員661人）。與日軍相較，中國空軍居1：9的絕對劣勢。

抗戰初期，中國空軍力量十分薄弱，處於絕對劣勢，但是中國空軍表現出奇英勇，分別有「八一四筧橋空戰」、「八一五杭州空戰」、「四二九武漢空戰」等輝煌戰績。但是始終寡不敵眾，抗戰初期，中國空軍是以全體犧牲來換取對日軍的勝利。而這批中國空軍精英，多是出身當時上流家庭，更多是歸國青年華僑，以「航空救國」為己任，用年輕的生命報效國家，義無反顧。

中國抗戰期間，先後得到蘇聯及美國援助，包括軍機、彈藥裝備，以及空戰人員。到了美國對日本參戰之後，美國對華進行大量援助，美國派空勤人員到中國參戰，包括「飛虎隊」、美軍第14航空隊和第20轟炸機隊，以及「中美特種技術合作所」，中國空軍逐漸扭轉劣勢。

歷史思考點

歷史觀點的選擇

編寫歷史，當中所表達的訊息，往往是撰寫人的個人觀點，所以有謂：寫歷史，不過是借古事發揮當下的企圖。因此，編寫歷史的意義，主導歷史思想看法，大於真正的歷史事件陳述保留。英國作家奧威爾說：「誰掌握過去，就掌握未來，而誰掌握現在，就掌握過去。」因此，有人認為，國家政權之內，誰掌控解釋歷史的話語權，誰就掌控政權的未來。所以，如何選擇歷史觀點，如何解釋歷史事件，亦即是如何借用歷史教育人民，就成為政治上的重要課題。

隨着知識普及，大眾對歷史知識掌握多了，自然對歷史的啟示，有不同的理解，不同的反思。以當代而論，中國在民初期間，以顧頡剛、錢玄同為首的，出現疑古學風。無獨有偶，西方在過去數十年，流行後現代主義，使西方學術界對歷史的研究，充滿新的批判思維。對當代中國影響甚深的，則有馬克思主義的唯物歷史觀。現在重點談談後現代主義。扼要而言，後現代主義內容主要是懷疑論，這是對現代世界危機所帶來的問題，作出質疑批判。後現代主義的思考工具，起源於「詮釋學」，這原是對基督教《聖經》的解釋工具，應用到後現代主義，使後現代主義思潮得以發揚光大。後現代主義就是對現存的學問，作出重新的詮釋，對資料作根本的考量。後現代主義起源自上世紀六十年代，在美蘇冷戰結束之前，西方思潮的主流，以資本主義觀念與社會主義觀念的互相對抗為主，基本上是二元對抗的世界。與此同時，社會危機、精神危機、人文危機等，在歐美國家此起彼落，社會充滿了焦慮疑惑，不確定的不安，激情的澎湃，特別是人們行之有效的制度和其價值觀念，面臨極大的挑戰。在各種危機紛擾之中，哲學家、心理學家、藝術家等紛紛從各自的研究領域，去尋找擺脱危機的途徑方向。後現代主義是對過去半世紀歐美現代化對世界帶來所謂啟蒙，作出質疑。後現代主義是以哲學式的疑問，對歐美為代表的現代世界，提出基本價值與規範的質疑。因為後現代主義以批判思考為主調，所以並非是某一種思想的代表，而是一個時代的潮流，所以為後現代主義作明確客觀的定義，或者分辨當中的派別，是非常困難的。

對後現代主義的理解，有以下數點值得注意：

後現代主義不應當作對思潮學說的攻擊工具，而是一種思考的路徑、風格，可說是持懷疑論的態度去看世界。這是一種對不變的思想學說作出另類看待的批判工具。所以，後學者不應拘泥於當中的學說主張或學術用語，而應直接取其治學研究精神。

後現代主義否定普遍的二元說。後現代主義建構符合情境的知識，重視特有的知識、價值和行動，以符合個別情境的適應性。因此，後現代主義有助於從兩極化、普世化、相對主義的思考中解放出來。

後現代主義不以政治取向為思考重點。事實上，後現代主義者不再認為歐洲文化是支配世界的中心。因此，後現代主義應有更廣闊的政治見識，應洞悉世事，而不是聚焦於政治立場取向。

後現代主義承認社會上的真正不公平，一方面承認政治現實上的不公平，以及其帶來的問題。因此，後現代主義不應流於空談，不應流於成為知識性的言論，因這樣無益於世。另一方面，後現代主義對政治的關注，不離開懷疑論。後現代主義既不是高不可攀的高談闊論，又不會隨波逐流，最終脱不開現實的束縛。

後現代主義的思潮，影響所及，對歷史學的研究以及歷史教育，影響明顯。扼要而言，後現代主義是持批判的姿勢，尋找另一途徑去思考，而不是以固定的位置點去思考世界的問題。所以，後現代主義的歷史學觀點，是突破固定的歷史觀念，不是門派學説的固定思考，更不是服膺於政治需要，而是重新去思索歷史事件的影響與現代人的關係，從開放的態度，以人為本位，去展開文明的對話，去理解世界的需要。從這點着眼，研究歷史，大可跳出前人固定的框架，更加可以拋棄歷史是為統治者而寫的任務，還原「歷史真相」。

至於歷史教育方面，後現代教學法的意義，本質上是一門藝術，旨在教會學生怎樣閱讀，怎樣避免刻板地理解文本，怎樣辨別這些文本的意義，以及其得以表現出來的方式。從最廣泛的意義來説，後現代教學法指的是教導學生如何將自己的生活經歷，置於更為全面的文化背景中去解讀。歷史教育家、課程學者可以借鑑並汲取各種後現代主義哲學流派的價值與基本理念，把他們滲透於現代歷史課程領域，建構一個多層次的跨學科課程，鼓勵學習者去探求一種全新的世界觀，以人為本位，強調學習中的對話，將歷史教育從平庸的概括化，支離破碎的評論，轉變為實用的教學活動。

如果不拘泥於名詞定義，後現代主義給社會的貢獻，就在於提出了對傳統的反思批判。人類的文明史，至少已經經歷了一萬年，中國文明，從軒轅黃帝起計算，至少有五千年，現代如何去繼承人類文明，並作出貢獻，這是每一代人都應該深刻反思的。中國歷史的傳統，以維護政治正統出發，到了現代民智已開的時候，學問研究大可百花齊放，互相切磋，這樣才可以使人類文化發揚光大。今後歷史研究、歷史教育的發展，走的方向，應該是提供一個機會，讓人們從政治或者固有成規中解放出來，透過對話，以人為本，反思合理的人類未來發展。

延伸思考

- 面對列強入侵，中國積弱，辛亥革命以來，中國改革力量總以暴力救亡，不斷革命，以拯救民族危機。這種路線做法，對中國政治發展有甚麼影響？
- 近代中日兩國各自走上自強救國道路，戰前日本成功，而中國明顯落敗，但近數十年，中國發力趕上，大有凌駕日本之勢。在這場國力的競賽中，如何評價中日兩國的表現，以及其成敗因素？
- 回顧近代中國百年艱辛，對國家民族發展有甚麼總結？